国家教材建设重点研究基地项目成果

核心素养操作性转化

——中小学课堂教学与考试评价实施路径

陈友芳——著

中国教育出版传媒集团
高等教育出版社·北京

内容提要

教育是一条流淌的河，核心素养在河的彼岸。如何让学生到达河的彼岸？如何判断学生有没有到达河的彼岸？这就是“核心素养的操作性转化问题”。作者集二十年参与顶层设计的心得，集十年扎根基础教育田野的经验，深入探索如何在课堂教学中发展学生的核心素养，如何在考试评价中测评学生的核心素养。本书提供了一系列适用于各学段各学科的新技术，包括双层多维细目表技术、学科思维属性考查等价技术、必备知识情境化模式下的试题难度控制进阶技术、基于学科任务完成质量的等级评分量表技术，以及深度教材分析技术和辅助教学设计技术。这些新技术具有深厚的理论基础，均经受了实践检验，其中还有融入信息不对称博弈理论后对教育评价的深入思考，以及对学科本质的全面审视与反思，是作者“怀抱着教育的梦想，贴着中国大地行走”的结晶。

本书提供的一系列操作性转化技术，不仅可以供中小学各学科教师阅读和参考，也可以作为教育研究者和管理者的学习资料。

前言

——写在本书出版前的心里话

快退休了，一生虽然碌碌无为，但也活得有些传奇色彩。一直想用一些关键词给自己的一生画个像。如果要用关键词给自己画像，下面这些关键词是必不可少的。

贫穷与超越。我出生于一个偏僻而且贫穷的小山村，能够成为村里的第一个大学生，得益于我的父母。尽管我的父母文化程度不高，但他们非常重视教育，再穷也会供孩子读书。我的父母真正影响我一生的，是“争颈”二字。他们从小就把“争颈”灌输进我的灵魂，并一直深深地影响着我，直到今天。这个词的内涵，如果不是生活在我的家乡，很难准确理解。生活在小山村，又是村里的独姓，我的父母和我们兄弟就难免遭受一些村民的欺负，但父母总是告诫我们：面对别人的欺负，不要正面与人冲突，这是没有意义的行为，而是要通过自身的奋斗让自己变得更优秀，使别人日后不敢轻视你。也就是说，“争颈”并不单纯指奋斗、争气，它的精髓是“以自己的更加优秀超越命运的不公”。这本书首先要献给我那远在天国的父母，感谢他们教给我“争颈”精神，是它支持着我走过了职业生涯中许多的坎坎坷坷。这本书本身就是我自己“争颈”的产物，是我父母“争颈 ”精神的具体体现。

专业游牧人。我最怕别人问我是学什么专业、研究什么专业的，不知道该怎么回答。我的大学本科是在岳麓山脚下读的，学的是教育学和心理学，在此期间，我还念过经济学，创办过管理科学与工程专业，个人比较擅长博弈论和微观经济学，尤其是信息不对称博弈理论。但是，从 2015 年起我决定回归教育科学，并从 2019 年下半年起与同事们共同创立了科学技术与社会研究院，培养科学教育方向的硕士生和博士生。2024 年下半年，我被调到学校的教育科学学院，可谓彻底归队。我在多个跨度极大的专业间游走，虽看似一无所专，但也因此拥有跨学科优势。我希望在退休前能够利用自己的这一优势为中国基础教育做点事情。自己积近十年心血写就的这本书，体现了跨学科对我的思考与研究的影响。这本书要献给那些在我的跨学科学习道路上帮助过我的每一位老师，特别是我的硕士生导师毕世杰先生和我的博士生导师王则柯先生，他们对我的教诲让我终生难忘。

顶层设计参与者。从 2004 年下半年开始，我就先后担任普通高中部编和统编教材主编，2014 年底又开始参与义务教育课程标准和普通高中课程标准的修订工作，同时又参与了新高考的考试内容改革。用部分一线老师的话来说，我是学科教育教学领域的“三栖明星”。许多大专家虽然也参与基础教育的顶层设计，但通常只局限在个别环节，像我这种横跨“课程标准—教材—考试评价”的人在国内并不多见。这份独特的经历让我对中国基础教育有了更为深刻的认知，使我不会局限于某个基础教育环节审视中国基础教育，而是能够平衡各个环节的需求，更全面地思考中国基础教育的发展之路。我能够走上这条“三栖明星”之路，特别要感谢人民教育出版社原副总编辑朱明光老师的赏识和提携。这位温厚的长者是我人生道路上最重要的恩人之一，他将我带入顶层设计圈，让我能够从更高的视角看待基础教育。因此，这本书也要献给朱明光老师。

田野深耕人。我原本是一个喜爱抽象思考的人，这是我读大学本科和硕士研究生期间认识我的人都有的共识。但是，2000 年我去北京大学国家发展研究院的前身中国经济研究中心培训时，著名经济学家周其仁教授改变了我的人生轨迹，他给我们讲述了他如何研究真实的经济学，而不是黑板上的经济学，这对我是一种心灵的震动。于是，我决定效仿周其仁先生，长期扎根中国大地，探求真实的学问。我那时选择的是扎根企业，但是扎根后发现自己怎么也写不出一流的论文，觉得自己的前程堪忧，心里无比彷徨。大约 2015 年暑假，有人无意中提醒我：你本来就是学教育学的，又参与了那么多国家顶层设计，为什么不扎根一线课堂？这句话让我如梦初醒。于是从 2015

年下半年起，我开始组织在研制课程标准和主编教材时认识的学科教育专家，一起长期扎根基础教育课堂。差不多十年过去了，我无怨无悔，尽管在大学校园内也有不少老师和领导在议论：陈老师搞不出正儿八经的学问，只好去搞不入流的基础教育。

贴地而行的梦想者。从2015年下半年起，我先后在广东、广西、湖南三地深耕基础教育田野，与国内顶尖的学科教育专家一起，不仅在一线参与指导教师的教育教学，而且亲自给中学生授课。我们团队的行动哲学是“怀抱着教育的梦想，贴着中国大地行走”，我总是用袁隆平先生的话告诫团队成员和研究生。有人问袁先生：你为什么不坐办公室，这么大年纪还下试验田？袁先生说（大意）：我是研究水稻的，办公室又不长水稻，当然得去试验田。我对团队成员和学生说：我们的试验田在哪里？在一线课堂，在中小学校！

踏入基础教育田野不久我就发现：正如发展中国家存在“中等收入陷阱”，我国学科教育研究普遍存在“中等研究陷阱”。很多研究浮在空中，往下不能解决教育教学实践中的重大问题，往上缺乏理论深度，看不到教育教学的底层逻辑。因此，我就总是对团队成员和研究生说：不要怪大学老师看不起搞学科教育教学的人，要获得别人的尊重，得靠自己去争取，那就是要做顶天立地的学问。

如今，“怀抱着教育的梦想，贴着中国大地行走”“做顶天立地的学问”成为我们团队扎根基础教育田野的自觉追求。基于田野实践的理论思考，我近几年也陆续在国内发表了一系列具有影响力的论文。这些论文有一个共同的特点：不是概念先行、理论先行，而是从解决课程改革和考试评价改革中的实践问题出发，进行深入的理论思考；坚持问道，寻找教育教学的本源或底层逻辑；术从道出，致力于解决教育教学中的实际问题。由道而术、由术而道，自己和团队成员的思考不断深入，只要对比我的论文和这本专著，大家应该会发现我的思考总在不断修正、不断深入。渐渐地我就萌发了一个想法：系统地总结自己的思考，写一本专著。

这本专著是顶层设计与基础教育田野实践相结合的产物。我一直说：我是典型的“做中学”，一边帮教育部相关部门干活，一边进行基于项目和问题的课程与教学论补课。在我深耕基础教育田野的这些年，广东省佛山市南海区教育局、禅城区教育局，广州市天河区教育局，广西壮族自治区北海市教育局，湖南省长沙市金海高级中学等单位均对我们团队给予了长期的信任和支持。

现在想想自己刚开始时在一线的做法，自己都觉得羞愧不已，完全是不顾实际的书呆子做法。但在这个过程中我们不断了解教师和学生的需求，不断反思和修正自己的工作方案，在我的电脑文件夹中，为各地拟定的工作方案数不胜数。同时我也在不断寻找解决所面临的各种问题的关键环节，思考和研究解决问题的技术，寻找这些技术的理论支撑。从最初的束手无策与随波逐流，到渐渐地形成了有自己特色的解决方案，这个方案的核心是“一个中心两个关键环节”，也可以称为“一点两面”。

“一点”是指以培养研究型教师为中心，指导他们研究课程标准、教材、命题及教学设计等，把培养研究型教师作为区域教育高质量发展的人才保障。“两面”是指将命题操作性转化和课堂教学操作性转化作为质量提升的关键环节，一方面提升教师核心素养立意的命题能力，另一方面则是提升教师核心素养立意的课堂教学能力。从实际效果看，这些地区的教育教学质量均大幅提升，甚至在全国都有一定的名气。本书就是解决这些区域实践问题而形成的操作性转化技术的系统呈现。

要解决这些操作性转化问题，必须找到管用的问题解决方法，得问道。道在哪里？我们不断思考学科的本质，思考学科教育教学的本源，并最终将理论总结为本源性学习与教学理论。这本书是本源性学习与教学理论的实践成果之一，接下来还会推出一系列成果。

这本书的最大特点是：所介绍的技术不仅具有极强的可迁移性，各学科均适用，而且包括了大量的语文、数学、英语、物理、化学、生物学、历史、地理、科学、思想政治（道德与法治）等学科的案例，涵盖小学、初中、高中三个学段，适合各学科的教师阅读。读者可以选择自己感兴趣的学科案例进行学习。特别要说明的是，本书选择的试题绝大部分都是近几年的中考和高考真题（个别经典题目除外），课堂教学案例均是根据最新版教材进行设计的。

本书不是教材，而是对近十年来笔者和团队成员的实践经验的系统总结，集中介绍了我们在核心素养操作性转化方面的创新性技术：一是考试评价方面的操作性转化技术，二是课堂教学方面的操作性转化技术。两个部分不是平分章节，更多的章节被分给考试评价方面的操作性转化技术。这是因为本团队在这个方面有着更多的创新性探索。这本书围绕考试评价介绍的操作性转化技术有双层多维细目表技术、学科思维属性考查等价技术、必备知识情境化模式下的试题难度控制进阶技术和基于学科任务完成质量的等级评分量表技术。它们共同组成了基于学科任务的核心素养测评理论。围绕课堂教学方面的操作性转化技术主要有深度教材分析技术和辅助教学设计技术。它们共同构成了基于关键问题解决的课堂教学理论。此外，本书还介绍了在课堂教学中如何以“做事”体现学科本质，如何以基于学科本质共识的多维共识在课程层面深入理解“教—学—评”一致性。

本书提供的一系列操作性转化技术，不仅可以供高中各学科的教师阅读和参考，也可以供小学和初中各学科的教师阅读和参考。本书虽然没有面面俱到，但是能够让读者对核心素养如何走进考试评价和课堂教学这个问题有豁然开朗之感。本书存在的不足，有待笔者团队及感兴趣者继续完善和探索。

再次回到我的行动哲学：怀抱着教育的梦想，贴着中国大地行走！

谨以本书献给所有为我国基础教育事业孜孜以求的人。

陈友芳

2025 年 1 月 16 日

目录

第一章 导论

导论部分的主要内容包括：核心素养的内涵，国际上有代表性的核心素养框架，中国核心素养框架的构成与具体内容，中国话语体系下核心素养框架的特殊性，基于核心素养的三大基本特征提出的操作性转化问题，并将其与传统实施问题的差异进行对比，分析了操作性转化问题中需要应对的主要挑战。虽然有很多是常识性知识，但本章依然提出了一些独到的看法，包括提出核心素养形成的两条路径及中国核心素养框架形成路径的特殊性，并在对核心素养基本特征的独特认识下提出操作性转化问题。

第一节

核心素养的内涵及国际上代表性核心素养框架

或是因为无法让核心素养进入实际操作，或是因为对核心素养的理解有差异，当前一线教师仍然对核心素养概念存在很多困惑。因此，在正式讨论核心素养的操作性转化问题之前，我们依然值得花一些时间了解核心素养共识是什么，了解各国为推动核心素养共识进入基础教育实践所做出的努力。

一、核心素养的内涵

置身于经济全球化、信息化和知识经济时代，复杂问题、新颖问题和不良结构问题层出不穷，这是每一个公民在现代社会生活中必须应对的重要挑战。为了提升学生应对这些挑战的能力，世界各国对此的共同回答是：通过基础教育改革致力于发展学生的核心素养，以促进他们的终身学习和终身发展。为此，各个国际组织、国家和地区纷纷研制自己的核心素养框架，积极推动基础教育变革，系统地培养新一代人才，以便更好地适应未来社会发展。

那么，究竟什么是核心素养呢？在英文中，表示“素养”的 competence 既是一个专业术语，也常用于日常语言。在日常用语中，人们通常将 competence 和 ability、capability、capacity、efficiency、skill 等词语交叉使用。即使是在专业领域，competence 一词也被广泛用于语言、心理、教育、管理、人力资源等诸多领域，它的内涵始终缺乏清晰的界定，① 因此，我们也很难说究竟哪个外文词汇可以完全代表中文世界的“素养”。

经济合作与发展组织（Organization for Economic Co-operation and Development，OECD，简称“经合组织”）采用 competencies 表示素养，并将核心素养表达

① 杨向东. 关于核心素养若干概念和命题的辨析［J］. 华东师范大学学报（教育科学版），2020（10）：48-59.

为 key competencies，以回应一个核心问题：身处 21 世纪的个体在应对和解决复杂的、不确定性的现实生活情境时应该具备哪些综合性品质？美国 21 世纪技能联盟（Partner-ship for 21st Century Skills，简称“P21”）则采用 skills 表示素养，还有一些欧洲学者呼吁使用 bildung 一词。由此可以发现，不同国家或国际组织对核心素养的理解并不完全相同。但归根结底，它们都在试图回答同一个问题：如何从学生学习结果的角度回答未来社会发展所需要的人才究竟是什么样的。①

中国学者也对核心素养的内涵进行了深入研究。张华对“素养”与“核心素养”进行了如下界定：素养是人在特定情境中综合运用知识、技能和态度解决问题的高级能力与人性能力。核心素养又称“21 世纪素养”，是人适应信息化时代和知识经济社会的需要，是解决复杂问题和适应不可预测情境的高级能力与人性能力。核心素养是对农业和工业时代“基本技能”的发展与超越，其核心是创造性思维能力和复杂交往能力，并强调核心素养具有时代性、综合性、跨领域性与复杂性。② 中国学生发展核心素养框架则将核心素养界定为学生应该具备的、能够适应终身发展和社会发展需要的必备品格和关键能力。随后，人们又在此基础上将价值观念融入其中，强调核心素养是个体适应未来社会生存与发展所需的关键能力、必备品格与价值观念。③ 义务教育和普通高中课程标准普遍采用这一理解，即核心素养是学生通过课程学习逐步形成的正确价值观、必备品格和关键能力，基于这一含义的核心素养已经成为中国基础教育研究界与实践界的共同理解。这一共同理解也把核心素养理解为“三维目标”（知识与技能、过程与方法、情感态度与价值观）的整合，这是中国话语体系对核心素养的共识，这一共识蕴含了中国教育人的创造性贡献。

理解核心素养的内涵，达成群体的理解共识，是为了更好地研究核心素养框架。自 20 世纪 90 年代起，世界上各国际组织、国家先后开展了有关核心素养框架的研制，构建了各具特色的核心素养框架，并用于指导基础教育课程改革。经合组织最早启动核心素养框架的研制，基于经合组织研制的核

① 崔允漷. 追问“核心素养”[J]. 全球教育展望，2016（5）：3-10，20.

② 张华. 论核心素养的内涵[J]. 全球教育展望，2016（4）：10-24.

③ 余文森. 论学科核心素养的课程论意义[J]. 教育研究，2018（3）：129-135.

心素养框架原型，不同国际组织和国家根据自身的实际情况和对未来社会发展挑战的理解，对其进行了创造性转化。

二、国际上有代表性的核心素养框架

在经济全球化、信息化和知识经济时代的浪潮下，终身学习与个人成长紧密相连，如何培养能够适应未来社会发展、具备创新能力的人才，已成为许多国际组织和各国政府共同面临的全球性关键议题。在此背景下，经合组织、欧盟、联合国教科文组织、美国、澳大利亚、芬兰、新加坡、日本等均研制了核心素养指导性框架。

（一）经合组织的核心素养框架

经合组织的核心素养框架是世界上第一个完整系统的核心素养框架，具有开创性价值。经合组织的核心素养框架研制汇集了社会学家、人类学家、心理学家、经济学家、历史学家、统计学家、教育学家、政策制定者、政策分析者、工会、雇主、机构等众多专家和利益相关者，至少调动了 12 个国家的专业力量，以求全面系统完整地回应未来社会的挑战。经合组织的核心素养框架已经历经多年的理论与实践检验。①

1997 年，经合组织启动了“素养的界定与遴选：理论和概念基础”项目，开启了对核心素养框架的研制。在该项目中，经合组织将核心素养分为三大类型：交互使用工具的能力、在异质群体中有效互动的能力和自主行动能力。但是，随着时代的变革，社会对学生核心素养发展的要求也发生了相应的变化，经合组织与时俱进，于 2015 年启动了“教育 2030：未来的教育和技能”项目，旨在回答两个备受关注的问题：学生需要什么样的知识、技能、态度和价值观，才能茁壮成长；教育系统如何才能有效地发展学生所需的知识、技能、态度和价值观。2018 年 4 月，经合组织发布了《OECD 学习框架 2030》。该框架以“幸福 2030”为共同愿景，旨在培养新时代真正意义上的“有能力的人”，培养敢于创新、勇于担当、善于解决问题的新型人才。② 在该框架中，经合组织提出了“OECD 学习罗盘（learning compass）”。

---

① 张华. 论核心素养的内涵［J］. 全球教育展望，2016（4）：10–24.

② 舒越，盛群力. 聚焦核心素养 创造幸福生活：OECD 学习框架 2030 研究述要［J］. 中国电化教育，2019（3）：9–15.

采用“罗盘”这一比喻，旨在强调如何利用知识、技能、态度与价值观实现“在陌生环境中自定航向（navigating oneself）”。位于罗盘中心位置的是学生，突出强调学生的主体性，父母、教师、同伴和社区则构成了一个便于学生调节自身行为的社会环境。那么，要实现幸福 2030 这一共同愿景，学生应当具备哪些素养呢？经合组织强调新兴跨领域素养是核心素养的重中之重，并提出了三项新的、跨领域的，但又内在相互关联的变革能力，即创造价值、承担责任和协调矛盾困境，并阐明了培养这些素养所必备的知识、技能、态度与价值观。OECD 学习框架与 OECD 学习罗盘如图 1-1 所示。

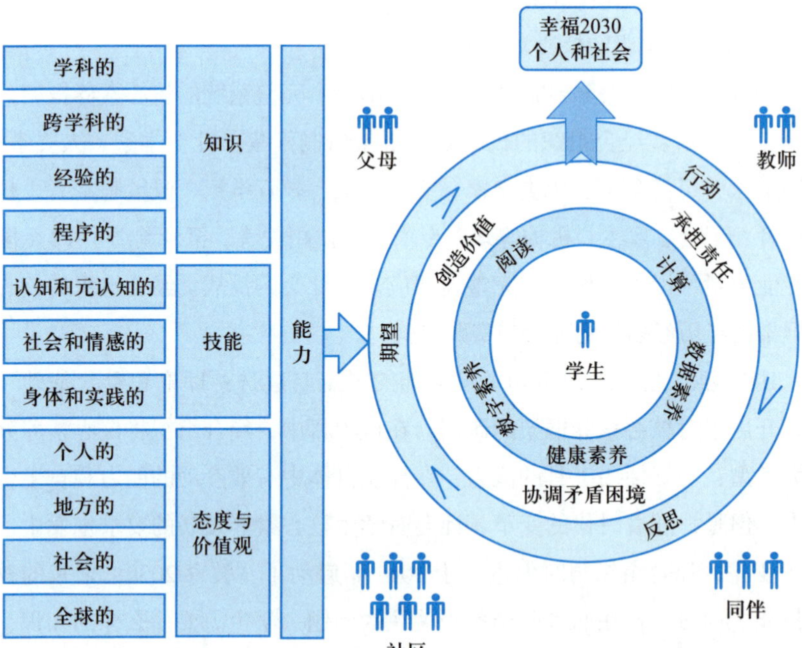

图 1-1 OECD 学习框架与 OECD 学习罗盘

经合组织研制的核心素养框架对其他国际组织、国家和地区建构核心素养框架模型产生了深远影响。它们均试图建立符合自身实际情况的核心素养框架，以此来指导各国或本国的基础教育实践。

（二）欧盟的核心素养框架

欧盟的核心素养框架旨在使全体欧盟公民都具备终身学习的能力，因此，欧盟委员会将核心素养定义为“为了终身学习的核心素养”，体现了这一框架为终身学习服务的主旨。2006 年 12 月，欧盟委员会发布了《欧洲终身学习核心素养参考框架》，其核心素养框架包括母语、外语、数学与科学技术素养、信息素养、学习能力、公民与社会素养、创业精神、艺术素养等八个领域，并且每个领域均由知识、技能和态度三个维度构成，同时从以上三个维度给出了各个素养的描述性定义。此外，欧盟的核心素养框架还强调语言、文字、数学、信息能力是终身学习的基础。①

（三）联合国教科文组织的核心素养框架

受"终身学习"教育理念的深刻影响，联合国教科文组织于 1996 年在《学习：财富蕴藏其中》报告中明确提出了 21 世纪社会公民必备的基本素质，即终身学习的五大核心支柱。为了进一步发展和完善这一理念，联合国教科文组织与美国布鲁金斯学会于 2013 年联合发布了《全球学习领域框架》。这一框架在联合国教科文组织的五大核心支柱的基础上进行了深入拓展，涵盖了身体健康、社会情绪、文化艺术、文字沟通、学习方法与认知、数字与数学、科学与技术等七大关键维度，旨在构建一个理想的学习型社会，进而创造出更加美好、和谐的人类生活。②

（四）美国的核心素养框架

美国的核心素养框架研制历程可回溯至 21 世纪初。早在 2000 年，美国教育界便着手探讨学生需要掌握的基本技能和知识，以适应未来社会的挑战。2002 年，美国正式启动 21 世纪核心技能研究项目，并成立了美国 21 世纪技能联盟。同年，该联盟发布了《21 世纪素养框架》（即"P21 框架"），并在 2007 年进行了修订和更新，为美国基础教育提供了明确的方向性指导。由于美国重视受教育者的未来职业发展，因此 P21 框架非常关注 21 世纪社会的职场需要。

P21 框架的核心技能、与之配套的课程以及支持系统之间的相互关系可以用彩虹图呈现（图 1–2）。彩虹外环为学生的学习结果，即三项技能，每项技能又由若干核心素养构成，三项技能包括生活与职业技能（灵活性与适

① 师曼，刘晟，刘霞，等. 21 世纪核心素养的框架及要素研究［J］. 华东师范大学学报（教育科学版），2016（3）：29–37，115.

② 张娜. 三大国际组织核心素养指标框架分析与启示［J］. 教育测量与评价，2017（7）：42–49.

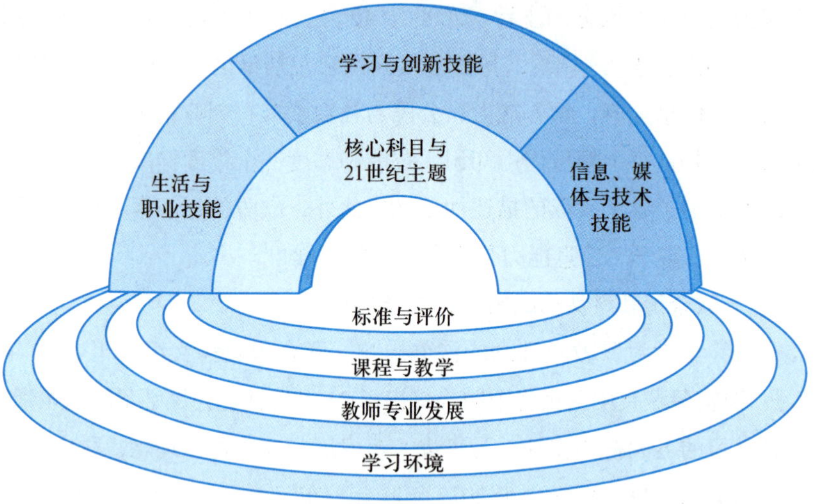

图 1-2　美国的核心素养框架彩虹图

应性、主动性与自我导向、社会与跨文化素养、效率与责任、领导与负责)、学习与创新技能(创造力与创新、批判思维与问题解决、交流沟通与合作)以及信息、媒体与技术技能(信息素养、媒体素养、ICT 素养)。每一项核心素养的落实都要依赖基于素养的核心科目和 21 世纪主题的学习，即彩虹图的内环部分。彩虹图的底座部分呈现的是该框架的四个支持系统，包括核心素养的标准与评价、课程与教学、教师专业发展和学习环境。这个支持系统是培养 21 世纪核心素养的基础。总体而言，美国倡导的核心素养聚焦学生的全方位成长，包括跨学科能力的培养、灵活适应力的提升、实践应用能力的锻炼，以及个体包容性的增强和持续发展潜能的激发。这一教育理念旨在助力学生在未来取得个人生活和职业发展的双重成功，实现健康、全面的发展。①

(五)澳大利亚的核心素养框架

澳大利亚在 2008 年发布的《墨尔本宣言》中将“促进教育的公平与卓越，培养青少年成为成功的学习者、自信且富有创造力的个体和主动明智的公民”确定为核心素养发展的总体目标。基于这个总体目标，澳大利亚提出

① 师曼，刘晟，刘霞，等. 21 世纪核心素养的框架及要素研究[J]. 华东师范大学学报(教育科学版)，2016(3)：29-37，115.

了公民必须具备的七项通用能力（读写、计算、信息与通信技术、批判性和创造性思维、道德行为、个人和社会能力、跨文化理解）和三大跨学科主题（土著居民和托雷斯海峡岛民的历史和文化、亚洲文化及澳大利亚与亚洲的啮合、可持续发展）。澳大利亚基础教育阶段的课程体系将七项通用能力融入各个学科，以更好地达到总体培养目标。①

（六）芬兰的核心素养框架

芬兰基于核心素养的基础教育改革虽然是一个较为缓慢的过程，但被国际公认为比较理想的模式。芬兰的核心素养框架的突出特点是十分重视跨学科融合，鼓励突破学科之间的界限，开展跨学科学习。2014 年，芬兰国家教育委员会发布《基础教育国家核心课程 2014》，启动了基于核心素养的教育改革。芬兰提出的七大核心素养包括多元读写能力、信息通信技术能力、照顾自己与管理日常生活、思考与学会学习、文化素养与互动表达、职业能力与创业素养、参与构建可持续发展的未来，并分别介绍了每一种核心素养的具体内涵。此外，芬兰在基础教育阶段重视帮助学生认识到所学知识与生活现象之间的紧密联系，并深刻理解这些知识对个体生活、社区发展、社会进步和人类文明进步的深远意义。②

（七）新加坡的核心素养框架

新加坡的核心素养框架以人为中心，强调学校教育要“以人为本”，注重培养有责任感的合格公民，因此，新加坡政府以建设“思考型学校和学习型国家”为总体目标。其核心素养框架由内到外共包含三部分内容，即核心价值观、社会情感能力和 21 世纪新技能。其中，核心价值观处于框架的中心，是框架中的核心与决定性因素；核心价值观决定了培养什么样的社会情感能力，即社会意识、自我意识、自我管理、自我决策、人际关系管理；进而决定需要培养学生哪些新的 21 世纪技能，即培养学生的交流、合作与信息素养，公民素养、全球意识、跨文化素养，批判性与创新性思维；从而最终实现新加坡政府提出的四个理想的教育目标成果，即自信的人、主动的学习

---

① 王烨晖，辛涛. 国际学生核心素养构建模式的启示［J］. 中小学管理，2015（9）：22–25.

② 周佳伟，王祖浩. 基于核心素养的课程体系建构：芬兰《国家基础教育核心课程 2014》评述［J］. 比较教育研究，2018（11）：91–97.

者、积极的贡献者和热心的公民（图 1–3）。[①]

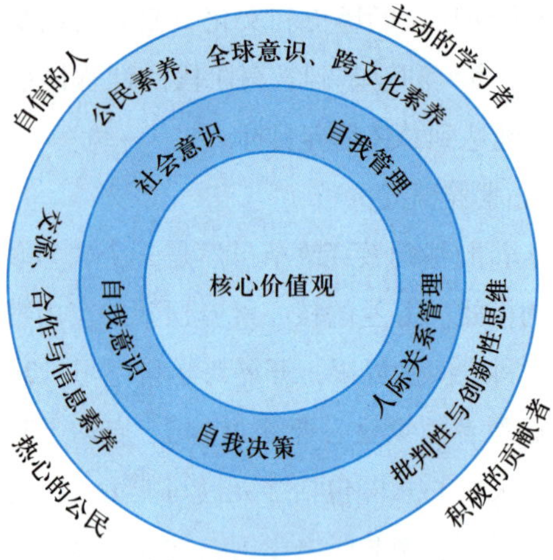

图 1–3　新加坡的核心素养框架

（八）日本的核心素养框架

为了培养能够适应 21 世纪生活的日本人，日本强调超越以教授读、写、算为内容的基础性教育目标，建立更高层次的教育目标，即培养学生能在 21 世纪生存下去的能力，即 21 世纪的生存能力，又称为“21 世纪型能力”。日本强调的 21 世纪型能力主要由基础能力、思维能力、实践能力三部分组成（图 1–4）。基础能力是思维能力的重要支撑，包括语言技能、数量关系技能和信息技能；思维能力居于核心地位，包括解决和发现问题的能力、创造力、逻辑思维能力、批判思维能力、元认知和适应力；实践能力是思维能力的方法引导，包括自律、建立人际关系、社会参与等各项能力和可持续发展的责任感（图 1–4）。[②]

---

① 师曼，刘晟，刘霞，等. 21 世纪核心素养的框架及要素研究［J］. 华东师范大学学报（教育科学版），2016（3）：29–37，115.

② 左璜. 基础教育课程改革的国际趋势：走向核心素养为本［J］. 课程 · 教材 · 教法，2016（2）：39–46.

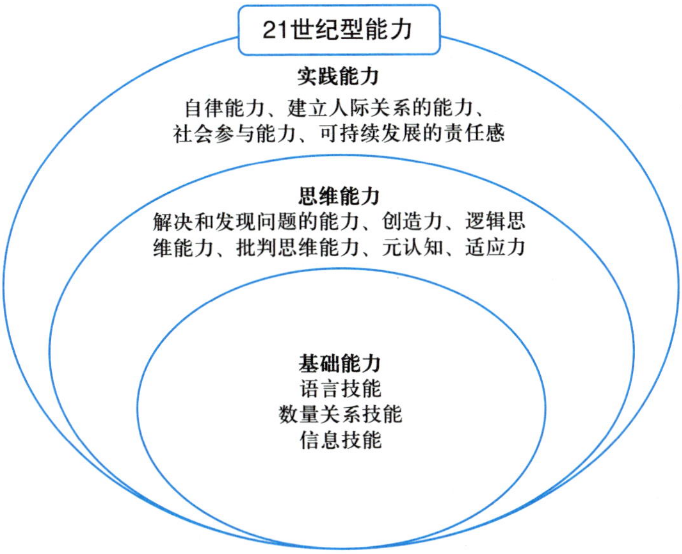

图 1-4　日本的 21 世纪型能力

第二节

独具特色的中国核心素养框架

我国新一轮基础教育改革和新高考改革以核心素养作为落实立德树人根本任务的抓手，对比其他国家和国际组织的核心素养框架，我国研制的核心素养框架有自己的特色及独特的形成方式，构成了新时代中国教育科学的自主话语体系。

一、中国核心素养框架的研制背景与基本构成

世界主要国家和国际组织研制的核心素养框架虽然各有不同、各具特色，但这些框架均广泛认可核心素养蕴含的“以人为本”的教育理念，以核心素养回答“培养什么人、怎样培养人、为谁培养人”这一时代重大问题。基于核心素养的回答不仅继续注重传统的知识与技能学习，更强调学生的全

面发展和终身发展，特别是关注个人与社会的统一和协调发展。[1] 为了满足学生未来全面发展和终身发展的需要，为了适应未来社会发展要求以及紧跟世界发展的时代步伐，我国也及时开启了核心素养框架的研制工作，以推动基础教育育人方式的转变与深化。

关于全面深化课程改革落实立德树人根本任务的意见

2014 年 3 月，教育部印发的《关于全面深化课程改革 落实立德树人根本任务的意见》提出了“核心素养”概念，强调要根据学生的成长规律和社会对人才的需求，把对学生德智体美全面发展总体要求和社会主义核心价值观的有关内容具体化、细化，深入回答“培养什么人、怎样培养人”的问题。

经过两年多的努力，我国于 2016 年 9 月正式发布中国学生发展核心素养总体框架。中国学生发展核心素养体现了社会主义核心价值观的要求，具有科学性、时代性、民族性等典型特征。它紧紧围绕立德树人根本任务，充分反映新时代社会发展对人才培养的要求，着重强调中华优秀传统文化的传承与发展，系统落实社会主义核心价值观的基本要求，充分体现民族特点，强调立足中国国情，凸显中国特色。围绕中国学生发展核心素养体系，我国构建起了世界上独一无二的核心素养框架。

在中国学生发展核心素养体系中，核心素养被定义为学生应具备的能够适应终身发展和社会发展需要的必备品格和关键能力。中国学生发展核心素养以培养“全面发展的人”为核心，将核心素养分为文化基础、自主发展、社会参与三个方面，表现为人文底蕴、科学精神、学会学习、健康生活、责任担当、实践创新等六大素养，具体细化为 18 个基本要点。这是我国对核心素养的顶层设计。至此，我国与其他国际组织和国家对核心素养的理解在根本上并无二致，但中国核心素养框架另有特色。

我国基础教育的传统之一就是以课程或学科为基础，注重课程（学科）育人。如果中国学生发展核心素养不能深刻地体现在具体的课程和学科中，那么中国学生发展核心素养这一培养目标就有可能在我国教育教学实践中大打折扣。为此，《关于全面深化课程改革 落实立德树人根本任务的意见》强

---

① 程晓堂，赵思奇. 英语学科核心素养的实质内涵［J］. 课程 · 教材 · 教法，2016（5）：79–86.

调要组织研究提出各学段学生发展核心素养体系，明确学生应具备的适应终身发展和社会发展需要的必备品格和关键能力。因此，研制和构建各学段各学科的学生核心素养体系就成为我国新一轮基础教育改革重要的创造性工作，是中国对核心素养内涵和世界基础教育研究与实践的重大贡献，体现了基础教育领域的中国智慧与中国方案。

义务教育阶段围绕各门课程提炼了各门课程要培养的核心素养，即学生通过课程学习逐步形成的正确价值观、必备品格和关键能力。核心素养是课程育人价值的集中体现，它强调将学生的思维发展建立在丰富的生活经验之上，使学生逐步发展成为适应社会发展需要的时代新人。义务教育阶段承担着培养学生基础性综合素质的任务，如学会生活、学会学习、学会合作。因此，义务教育课程改革提炼的各门课程要培养的核心素养努力展现义务教育阶段学生发展的长期性、进阶性、综合性等特点，并凸显义务教育课程与普通高中课程之间的内在联系和差异。

普通高中阶段则围绕各门学科提炼了学科核心素养，与义务教育阶段的课程核心素养形成一个整体，具有连续性和一致性。二者都是该门课程（学科）育人价值的集中体现，反映了该门课程（学科）对落实立德树人根本任务的独特贡献，都深刻地依据所处的时代条件与未来社会发展需要，以学科实践方式有效回答了“培养什么人、怎样培养人、为谁培养人”等教育的时代之问。课程核心素养和学科核心素养，既体现了从生活中逐步分化出学科的课程发展原理，又符合学生的认知发展从直接经验到间接经验的特点。人类社会生活的实践活动产生经验，经验不断积累和沉淀凝聚成认识，认识通过思考、归纳、理解、抽象上升为知识，知识经过一系列科学的检验和发展形成知识体系，这些知识体系又可根据某些共性划分成学科。不同课程（学科）的知识既彼此独立又相互联系，每门课程（学科）都有自己的课程（学科）本质，课程（学科）核心素养就是课程（学科）本质在教育教学中的具体体现。

从中国学生发展核心素养体系到课程核心素养体系和学科核心素养体系，它们共同构成中国独特的核心素养框架。课程（学科）核心素养是中国学生发展核心素养在该学段该课程（学科）中的具体体现，二者是具体与一般的关系。

但是，对中国话语体系下的中国核心素养框架的认知不能仅仅限于中国学生发展核心素养、学科核心素养、课程核心素养，这是对中国智慧与中国方案的不全面认识。许多教育人倾向于从这三者出发认识中国核心素养框架，但根据中国基础教育的实际和笔者的亲身经历，中国核心素养框架还包括其他构成要素。

中国基础教育不仅高度注重核心素养在以课程（学科）为载体的教学环节中的实施，而且高度注重核心素养在考试评价环节中的实施，因为考试评价对我国基础教育的教育教学具有很强的指挥棒作用。这也是中国基础教育的传统之一。中国基础教育领域的学者和官员均深刻认识到：如果考试评价继续采取传统的知识本位，依据我国基础教育的传统习惯，课程（学科）核心素养依然不可能变成教育教学的实际遵循。因此，必须构建核心素养立意的考试评价体系。课程（学科）核心素养具有不可直接测评的性质，于是中国学者和教育考试部门进一步从我国高考和中考的实际特点出发，建构核心素养立意的考试评价框架。其中，最突出的代表性研究工作就是研制《中国高考评价体系》。在中国高考评价体系中，作为考试评价基础依据的学科核心素养被进一步转化为学科素养。学科素养是指即将进入高等学校的学习者在面对生活实践情境或学习探索问题情境时，能够在正确价值观指导下，合理运用科学的思维方法，有效整合学科相关知识，运用学科相关能力，高质量地认识问题、分析问题、解决问题的综合品质。这是对学科核心素养的操作性定义，它包括学习掌握、实践探索、思维方法 3 个一级指标和 9 个二级指标。

从学科核心素养到学科素养，是学科核心素养在考试评价中的进一步操作化。同时，中国高考评价体系不仅反映了基础教育的育人要求，还整合了高等教育的招生要求，是连接基础教育与高等教育的重要体系。中国高考评价体系从人类知识生产的本源（认识世界、改造世界）出发，提出学科素养体现在两类情境（生活实践情境和学习探索问题情境）的应对中，体现在对学科本质这个本源的追求中，强调从学习掌握、实践探索、思维方法三个方面落实对学生的考查。

综上所述，当前中国核心素养框架包括中国学生发展核心素养体系、课程核心素养体系、学科核心素养体系、学科素养体系等四个子体系，它们是一个有机整体，共同构成了中国核心素养框架话语体系，这是顶层设计不断向实践操作转化的结果。中国学生发展核心素养是顶层设计，课程（学科）核心素养是中国学生发展核心素养在课程实施环节的具体化，是课程实践环节的操作性转化，而学科素养是学科核心素养在高考评价环节的操作性转化。注重操作性转化元素是中国核心素养框架的鲜明特色，体现了中国社会和文化注重经世济用、不尚空谈的传统，是中国人求真务实精神的生动体现，而且这个体系是开放的，研究者或教师可以根据实践的需要增加其他操作环节的核心素养子体系。

本书承续中国社会注重实际操作、注重实效的文化传统，在上述操作性转化工作的基础上，继续从具体操作技术层面探讨核心素养在课堂教学和考试评价中的实施问题，是上述操作性转化工作的进阶，有助于推动核心素养立意的课堂教学体系和考试评价体系的最终建成，有助于形成完整的中国核心素养框架话语体系。

二、中国核心素养框架的具体内容

当下的中国核心素养框架包括中国学生发展核心素养体系、课程核心素养体系、学科核心素养体系、学科素养体系。

（一）中国学生发展核心素养体系

中国学生发展核心素养体系从文化基础、自主发展、社会参与三个方面出发，构建了六大素养和 18 个基本要点的框架（图 1–5）。这一框架旨在全面培养学生的必备品格和关键能力，以适应终身发展和社会发展需要。

（二）课程核心素养体系

课程核心素养是课程育人价值的集中体现，是学生通过课程学习逐步形成的正确价值观、必备品格和关键能力。义务教育阶段各课程根据自身独特的育人价值，提炼出各自要培养的核心素养（表 1–1）。

（三）学科核心素养体系

学科核心素养是学科育人价值的集中体现，是学生通过学科学习而逐步形成的正确价值观、必备品格和关键能力，对学生全面发展具有独特贡献。普通高中各学科核心素养如表 1–2 所示。

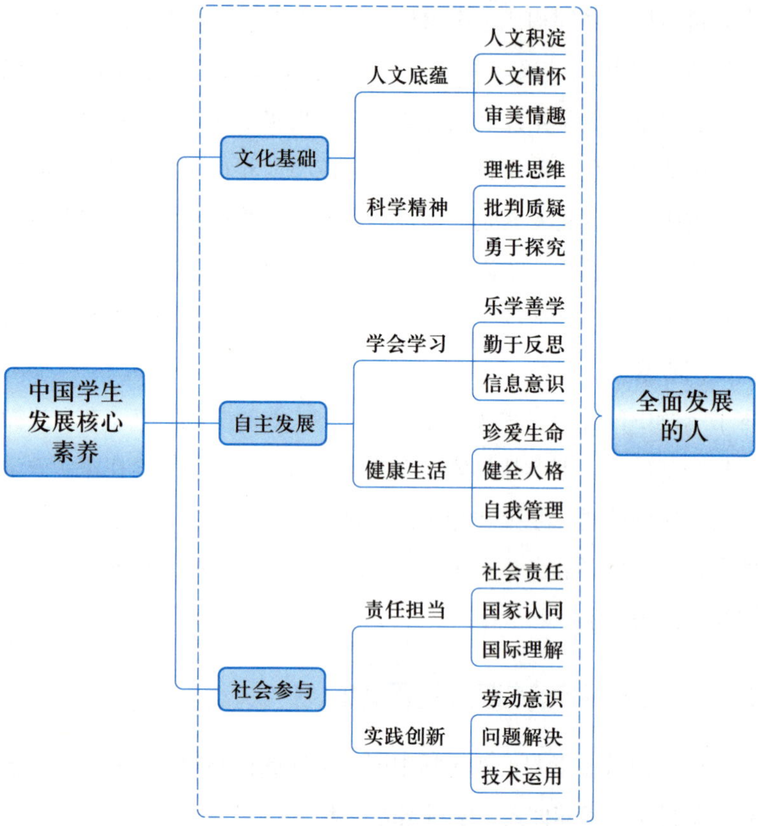

图 1-5　中国学生发展核心素养框架

▶▶ 表 1-1　义务教育各课程要培养的核心素养

序号	课程名称	核心素养
1	语文	文化自信、语言运用、思维能力、审美创造
2	数学	会用数学的眼光观察现实世界、会用数学的思维思考现实世界、会用数学的语言表达现实世界
3	英语	语言能力、文化意识、思维品质、学习能力
4	道德与法治	政治认同、道德修养、法治观念、健全人格、责任意识
5	历史	唯物史观、时空观念、史料实证、历史解释、家国情怀
6	地理	人地协调观、综合思维、区域认知、地理实践力
7	物理	物理观念、科学思维、科学探究、科学态度与责任
8	化学	化学观念、科学思维、科学探究与实践、科学态度与责任

续表

序号	课程名称	核心素养
9	生物学	生命观念、科学思维、探究实践、态度责任
10	科学	科学观念、科学思维、探究实践、态度责任
11	信息科技	信息意识、计算思维、数字化学习与创新、信息社会责任
12	体育与健康	运动能力、健康行为、体育品德
13	艺术	审美感知、艺术表现、创意实践、文化理解
14	劳动	劳动观念、劳动能力、劳动习惯和品质、劳动精神
15	日语	语言能力、文化意识、思维品质、学习能力
16	俄语	

▶▶ 表 1-2　普通高中各学科核心素养

序号	学科名称	核心素养
1	语文	语言建构与运用、思维发展与提升、审美鉴赏与创造、文化传承与理解
2	数学	数学抽象、逻辑推理、数学建模、直观想象、数学运算、数据分析
3	英语	语言能力、文化意识、思维品质、学习能力
4	思想政治	政治认同、科学精神、法治意识、公共参与
5	历史	唯物史观、时空观念、史料实证、历史解释、家国情怀
6	地理	人地协调观、综合思维、区域认知、地理实践力
7	物理	物理观念、科学思维、实验探究、科学态度与责任
8	化学	宏观辨识与微观探析、变化观念与平衡思想、证据推理与模型认知、科学探究与创新意识、科学态度与社会责任
9	生物学	生命观念、科学思维、科学探究、社会责任
10	信息技术	信息意识、计算思维、数字化学习与创新、信息社会责任
11	通用技术	技术意识、工程思维、创新设计、图样表达、物化能力
12	体育与健康	运动能力、健康行为、体育品德
13	美术	图像识读、美术表现、审美判断、创意实践、文化理解
14	音乐	审美感知、艺术表现、文化理解
15	艺术	艺术感知、创意表达、审美情趣、文化理解

续表

序号	学科名称	核心素养
16	日语	语言能力、文化意识、思维品质、学习能力
17	俄语	
18	德语	
19	法语	
20	西班牙语	

（四）学科素养体系

学科素养是学科核心素养在考试评价环节的第一步操作性转化，它从操作层面提炼了学科核心素养的共性，形成了如图 1–6 所示的表达。[①]

三、中国核心素养框架产生方式的特殊性

与各个国际组织和世界主要国家的核心素养框架相比，中国核心素养框架的最大特点是核心素养在课堂教学和考试评价环节的表达高度注重融入课程（学科）本质，形成了中国独特的核心素养产生方式。

研制核心素养框架有两种基本生成方式。各个国际组织和国家遵循的是“刺激–响应”方式，也可以称之为社会需要模式，即从未来社会发展和个人终身发展的需要出发提炼核心素养框架。它们遵循的研制思维基本上是：未来社会发展对个人成长提出了哪些重要的挑战，核心素养是对这些挑战的回应。它突出强调教育要积极回应经济全球化时代、信息化时代、知识经济时代的挑战，积极回应未来社会高度复杂性、不确定性带来的挑战。

中国研制核心素养框架遵循的是一种双重产生方式，既与其他核心素养框架一样，采取了“刺激–响应”方式，又突出采用了“偏离与回归”方式。

与其他核心素养框架一样，中国核心素养框架强调以培养人的全面发展和终身学习能力来适应未来社会的发展需要。中国学生发展核心素养体系以培养“全面发展的人”为核心，从文化基础、自主发展、社会参与三个方面提炼出人文底蕴、科学精神、学会学习、健康生活、责任担当、实践创新等

① 李勇，赵静宇，史辰羲. 高考评价体系的基本内涵与主要特征［J］. 中国考试，2019（12）：7–12.

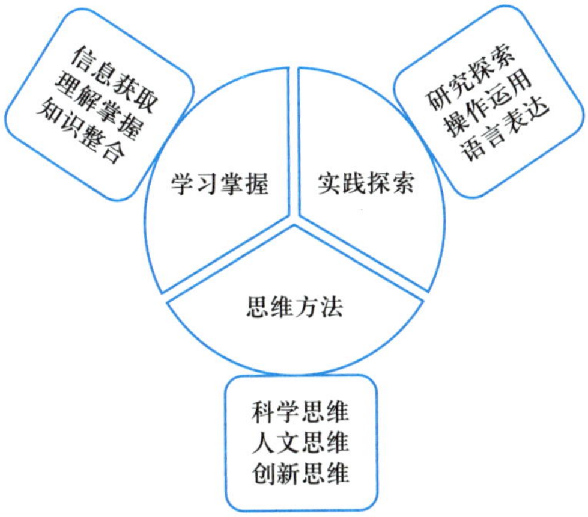

图 1-6　学科素养体系

六大素养，就是中国教育人当下对未来社会挑战的清晰回应和鲜明回答。

中国核心素养框架在课程实施和考试评价环节进行操作性转化时，采取了“偏离与回归”方式：各课程（学科）均详细审视当前该课程（学科）在培养目标、课程（学科）内容、教学实施、考试评价等环节存在的偏离课程（学科）本质现象，强调新一轮基础教育课程改革要回归课程（学科）本质，体现课程（学科）本质，从课程（学科）本质出发提炼核心素养。因此，中国核心素养框架不仅是应对未来社会挑战的基本教育策略，也是课程（学科）育人价值的集中体现。

综上所述，中国核心素养框架的研制把社会发展需要和课程（学科）本质有机融合在一起，这是中国教育人的智慧。未来社会的变化越来越快、不确定性越来越大、新问题新挑战层出不穷，也就是说，未来社会唯一不变的就是“变化”。面对变化及变化的加速，我们更加需要定力，更加需要“以静制动”，这个“静”就是课程（学科）本质，它反映了该门课程（学科）对人类认识世界、改造世界的独特贡献。中国的策略认为，培养学生应对未来社会挑战的创造能力和其他高阶能力，应该基于每门课程（学科）的独特性质和独特贡献，以不变的“本质”应对万变的“社会”。在研制课程（学科）核心素养体系时，中国方案反复强调要从课程（学科）本质出发提炼核心素养，课程标准开篇就是对课程（学科）性质的清晰表达。总结部分课程的课程性质如表 1–3 和表 1–4 所示。

▶▶ 表 1-3 义务教育代表性课程的课程性质

课程名称	课程性质
语文	语文课程是一门学习国家通用语言文字运用的综合性、实践性课程。工具性和人文性的统一，是语文课程的基本特点
数学	数学是研究数量关系和空间形式的科学。义务教育数学课程具有基础性、普及性和发展性
英语	义务教育英语课程体现工具性和人文性的统一，具有基础性、实践性和综合性特征
道德与法治	课程具有政治性、思想性和综合性、实践性
历史	义务教育历史课程是学生在马克思主义唯物史观指导下，了解中外历史发展进程、传承人类文明、提高人文素养的课程，具有思想性、人文性、综合性、基础性特点
地理	地理学是研究地理环境以及人类活动与地理环境关系的科学，具有综合性、区域性等特点。义务教育地理课程以习近平新时代中国特色社会主义思想为指导，引领学生认识人类的地球家园
物理	义务教育物理课程是一门以实验为基础的自然科学课程，与小学科学和高中物理课程相衔接，与化学、生物学等课程相关联，具有基础性、实践性等特点
化学	义务教育化学课程作为一门自然科学课程，具有基础性和实践性
生物学	义务教育生物学课程注重探究和实践，以丰富的生物学知识为载体，通过多种教学活动展现人们认识自然现象和规律的思维方式及探究过程，反映自然科学的本质
科学	义务教育科学课程是一门体现科学本质的综合性基础课程，具有实践性

▶▶ 表 1-4 普通高中代表性课程的课程性质

课程名称	课程性质
语文	语文课程是一门学习祖国语言文字运用的综合性、实践性课程。工具性与人文性的统一，是语文课程的基本特点
数学	高中数学课程是义务教育阶段后普通高级中学的主要课程，具有基础性、选择性和发展性
英语	普通高中英语课程强调对学生语言能力、文化意识、思维品质和学习能力的综合培养，具有工具性和人文性融合统一的特点

续表

课程名称	课程性质
思想政治	高中思想政治课程具有学科内容的综合性、学校德育工作的引领性和课程实施的实践性等特征
历史	普通高中历史课程，是在义务教育历史课程的基础上，进一步运用历史唯物主义观点，以社会形态从低级到高级发展为主线，展现历史演进的基本过程以及人类在历史上创造的文明成果，揭示人类历史发展的基本规律和大趋势，促进学生全面发展的一门基础课程
地理	高中地理课程是与义务教育地理课程相衔接的一门基础学科课程，其内容反映地理学的本质，体现地理学的基本思想和方法
物理	高中物理课程是普通高中自然科学领域的一门基础课程，旨在落实立德树人根本任务，进一步提升学生的物理学科核心素养，为学生的终身发展奠定基础，促进人类科学事业的传承与社会的发展
化学	普通高中化学课程是与义务教育化学或科学课程相衔接的基础教育课程，是落实立德树人根本任务、发展素养教育、弘扬科学精神、提升学生核心素养的重要载体
生物学	高中生物学课程是科学领域的重要学科课程之一，是义务教育阶段相关课程的延续和拓展，其精要是展示生物学的基本内容，反映自然科学的本质

课程（学科）本质与未来社会发展需要是两个不同属性的事物，“刺激-回应”方式和“偏离与回归”方式是两种有着巨大差异的不同生成方式，那么中国核心素养框架的研制是如何把二者有机结合在一起的呢？

根据笔者参与研究工作的体会，“交集”思想是中国学者融合二者的基本思路。具体说来，中国学生发展核心素养体系集中代表了“刺激-反应”方式的研究结果，是中国教育人面对未来社会挑战的集中回答。这是中国核心素养框架的第一个集合，可以称为“社会需求导向的核心素养（集合）”。

在提炼课程（学科）核心素养时，中国学者先从课程（学科）本质出发，提炼出该门课程（学科）的核心素养集合，再与社会需求导向的核心素养集合进行结合，得出交集下的课程（学科）核心素养。以普通高中思想政治学科核心素养为例，课程标准修订组先基于学科本质提炼出了 8 条核心素养，再对照社会需求导向的核心素养，最终形成了 4 条思想政治学科核心素养，即政治认同、科学精神、法治意识和公共参与。

课程（学科）核心素养体系的中国形成方式集中表达了中国教育人的两个鲜明观点：一是以课程（学科）本质应对未来社会的挑战，二是综合各门课程（学科）的核心素养应对整个未来社会的挑战，为落实立德树人根本任务作出自己的独特贡献。各门课程教育教学的总和或形成的合力就是人的全面发展，这就是中国教育人的智慧。

中国高考评价体系的学科素养则是集合的集合。它是考试评价中各学科核心素养的交集，反映了各学科核心素养在考试评价环节的共性，同时它又与高校招生要求这个集合再一次进行交集。因此，学科素养是众多集合的交集，通过交集以及交集的交集，中国高考评价体系实现了核心素养在考试评价中的可操作性，也就有了本书继续探索的基础。

基于中国核心素养框架的特殊产生方式，笔者认为深入理解中国核心素养框架可以采取两条基本思路——左右互动和上下联动。左右互动是指既要从课程本质理解相关核心素养及其是为了应对未来社会的哪些挑战，又要从应对未来社会挑战的角度理解所需要的核心素养，再由此回归课程（学科）本质。上下联动是指既要从顶层设计到操作实施的转变理解中国核心素养框架，认识中国教育人是如何一步步推动构建核心素养立意的课堂教学与考试评价的，又要从操作实施上升到顶层设计，深入理解中国核心素养框架是如何重视教育教学实践与社会生活实践的深入联系的。

第三节 核心素养的基本特征与操作性转化问题

依循中国核心素养框架的产生方式，中国话语体系下的核心素养在本质上表现为两点：一是核心素养就是解决课程（学科）实际问题；二是注重学科思维，这是该门学科对人类认识和改造世界的独特贡献。也就是说，中国话语体系下的核心素养集中表现为运用学科思维解决实际问题，是问题解决过程中所需要的正确价值观、必备品格和关键能力。

如同其他事物一样，核心素养的特征也可以从各个方面加以考查，本书侧重从便于研究操作性转化角度分析核心素养的特征。具体而言，是从核心素养的综合性、内隐性和终结性特征出发，引出核心素养实施中面临的有待解决的操作性转化问题。

一、核心素养的基本特征及其挑战

（一）核心素养的综合性及其挑战

核心素养是由正确价值观、必备品格和关键能力构成的综合性品质，是对知识、能力、情感态度与价值观的有机整合。因此，综合性是核心素养最重要的基本品质。新一轮基础教育课程改革和高考改革坚持“以人为本”的理念，人是一个由能力因素与非能力因素构成的复杂体，核心素养对能力因素与非能力因素进行整合，旨在更好、更完整地刻画学生的学习特征或学习期望。因此，理解核心素养一定要心中有“人”的观念，牢记核心素养是以一种整合的方式描述学生经过学习后应该具备的基本特征。以知识、能力、情感态度与价值观或知识与技能、过程与方法、情感态度与价值观为代表的“三维目标”虽然也试图刻画学习结果，但其缺点在于表达的分割性，忽视了人的整体性。

核心素养的综合性不仅在于以整体的方式描述学生的学习成就，同时也深刻揭示了个体所面对的未来现实世界的复杂性和多元性。个体在应对复杂多变的未来现实世界所带来的挑战时，不仅需要具备扎实的专业知识与技能，还需要具备批判性思维、创新精神、团队协作、有效沟通等多方面的能力与素养。这也意味着教师在传授知识与技能的同时，还要着重培养学生的思维能力、情感态度与价值观，引导学生主动探索、积极实践，让他们在解决问题的过程中学会学习、学会合作、学会创新。另外，还要关注学生的心理健康和人格塑造，帮助他们形成积极向上的人生态度。

因此，核心素养的综合性要求教育要注重学生综合素质的培养，注重学生跨学科知识的综合运用，注重发展学生解决复杂问题、新颖问题和结构不良问题的能力。与此同时，核心素养的综合性也给教育教学和考试评价带来了挑战。

挑战 1： 综合性的核心素养是长期教育教学的结果，是学生日积月累的成就。而在具体的教育教学过程中，并非每时每刻、每一堂课、每个章节的教育教学都能取得综合性结果，核心素养不是每节课都能达成的。在实际的教育教学中，教师只能一节课一节课地上，一个知识点（技能）一个知识点（技能）地教，因此，核心素养框架给教育教学带来的核心挑战之一就是"教学的分割性与核心素养的综合性之间的矛盾问题"。教师必须以其创造性劳动、整体有序的设计、系统精心的安排，确保整个教育教学行为指向核心素养达成这个终点。

挑战 2： 核心素养的综合性表明核心素养是由众多要素构成的，由此会给核心素养测评带来一系列挑战。例如，如果客观准确地测评出学生的核心素养发展状况还存在一些不足，测评者就必须回答这些不足究竟是哪个维度出了问题，是知识掌握出了问题，还是某一个关键能力及其能力要素出了问题？这表明在测评核心素养时不仅要测试综合性品质，还要测试综合性品质的构成要素，只有这样才能准确地进行诊断性评价。本书把这个挑战称为"测评中核心素养整体与部分的问题"。

（二）核心素养的内隐性及其挑战

核心素养是人的综合性品质，同时这也意味着它具有内隐性，即它不能直接观测。核心素养展现出来的各项品质凝结于人的心理系统中，如同支撑人们行为的资源库，帮助人们以有效的行为方式应对复杂世界的挑战；如同人们行为的发动机，驱使着人们以主动性、创造性的方式应对未来社会面临的挑战。人们所生活的世界是外显的，而应对世界挑战的本领与品质隐藏在人的内心深处。核心素养的内隐性同样让教育教学和考试评价面临各种挑战。

挑战 1： 只有内隐于心、凝结于灵魂的品质才能称为素养，但是教师没有办法直抵人心，教师的教育教学是一系列显性的行为，这些显性行为要转化为学生的素养，必须要求学生能够把教师的显性行为内化于心，转化为能力、品质、情感态度与价值观，从而具有应对世界的"内功"，能够在面对世界的挑战时从容不迫，在面对人生困境时积极向上。本文把这个挑战称为"教师外显教育教学行为的学生内化问题"。

挑战 2：核心素养不可直接观测是测评核心素养面临的最大困难之一。毕竟目前的测评技术依然只能限于可观测的现象。相对于人的内隐品质，可观测的只是人的行为以及行为的结果，也称“行为表现”。因此，要测评学生的核心素养发展水平，必须把核心素养转化为行为表现，即把不可观测变量转化为可观测变量，从学生的行为表现间接推断学生的核心素养发展水平。但这个转化并非易事，一是人的行为表现千千万万，哪些行为表现才能够准确反映某个核心素养发展水平呢？二是即便找到了与某个核心素养发展水平高度关联的关键行为表现，在测评中学生依然有可能在行为表现中作假，尤其是在中考和高考这类利益相关度高的考试中，学生很可能会以虚假的行为表现“欺骗”测试者。本书把这个挑战称为“核心素养外显化问题”。

（三）核心素养的终结性及其挑战

核心素养的终结性是指教育教学的阶段性或终结性成就，如高中的学科核心素养是学生经过高中三年系统的学科学习后所期望达到的学习成就。这个学习成就是以学生在义务教育阶段的素养发展为基础的，而小学高年级的核心素养是学生经过小学高年级系统的课程学习后期望达到的学习成就，它离不开小学低年级和中年级的学习积累。教育教学和课程学习就是流淌的河流上的一座意义之桥，它把学生带去希望的终点——核心素养。

核心素养在河流的彼岸，而位于此岸的是学生的不完美状态，是有待内化于心的知识、技能等。核心素养在河流的彼岸，在各学段教育教学的那一边，这就给教育教学和考试评价带来了巨大的挑战。

挑战 1：在课堂教学中，教师教的是学科知识，学生学的也是学科知识，那么如何才能到达河的彼岸——核心素养呢？而且对教师而言，更富有挑战性的是：教师是一个知识点接着一个知识点地进行教学，那么如何确保学生能顺着知识点之流顺利到达河的彼岸呢？本书把这个挑战称为“教学中的知识生成核心素养问题”。

挑战 2：在考试评价中，尤其中考和高考是依托学科知识测评课程（学科）核心素养的，那么如何才能有效地测评学生核心素养发展水平呢？本书把这个挑战称为“测评中知识-核心素养的架桥问题”。笔者在参加核心素养测评的各项研究与实践工作中，尤其是在组织各项命题实践工作中，意识到“测评中知识-核心素养的架桥问题”事实上是核心素养测评能否成功的焦点问题，是重中之重。这个问题得不到解决，我们看到的依然是学生的知识掌握状况，而非核心素养发展水平。

二、操作性转化问题的提出

在前面，本书围绕核心素养的综合性、内隐性、终结性三大基本特征提出了课堂教学和考试评价面临的主要挑战。本书把这些挑战统称为“核心素养导向的课堂教学与考试评价面临的具体操作性转化问题”，简称为“操作性转化问题”。

这个概念提出后，有人认为笔者是在故弄玄虚，把简单事情复杂化，明明就是一个新课标的实施问题，何必弄得这么复杂。笔者之所以提出这个新概念，也是有一段心路历程的。新课标印发后，笔者原以为接下来就是一个老生常谈的实施问题，但在实施中出现了许多教育教学怪相，刚开始以为是培训不够、老习惯的惯性等造成的，后来在实践中通过大量观察发现并非全是那么回事，由此渐渐明白：新课标之所以实施效果不好，不是课程标准本身缺乏可操作性，而是核心素养天生不具备直接的实施性，需要教师通过一系列创造性劳动，从而以间接方式实施。因此，为了区别于常见的传统实施问题，本书把核心素养立意在课堂教学和考试评价中的实现问题称为“操作性转化问题”，以突出强调教师和测评者在其中的创造性与主动性。

学业质量标准虚化问题的解决路径

义务教育道德与法治学业质量标准操作性转化问题研究

普通高中思想政治学业质量标准教学操作性转化的策略研究

同时，“操作性转化问题”也表达了笔者对新课标和新一轮基础教育改革的两个基本态度：第一，“转化”二字表明实施工作必须以课程标准为本源，是对课程标准的创造性实现，是原原本本地推动课程标准实施，而不是把课程标准口号化。第二，新课标以高度综合的核心素养表达学习结果，而这个结果是无数努力的自然结果和自发成就。如何确保我们的努力能够指向终极目标——核心素养？这就需要找到一个抓手，而这个抓手必须是从终极目标转化出来的，而且始终指向终极目标。

基于以上态度，在实施新一轮基础教育课程改革和高考改革时，中国教育人应该怀抱着核心素养的梦想，贴着教育大地行走，以坚实的抓手推动核心素养在教学与测评中落实。随着新课标逐渐实施，核心素养必须从教师的日常话语中退场，此时教师应该远眺核心素养，把目光盯在那些具有可操作性的抓手上，而不是在嘴上念叨着核心素养，在实际操作中却束手无策。本书的目的就是为了解决实施课堂教学和考试评价中的操作性转化问题，为各学科教师提供实施操作性转化的“抓手”。

操作性转化问题是深化新一轮基础教育课程改革和高考改革亟待解决的关键问题，正是因为这个问题被忽视或操作性转化技术的缺乏，新课标在一线实践中才会出现严重的虚化问题。笔者在多篇论文中指出了新课标虚化问题的根源，并初步就如何解决课堂教学和考试评价中的虚化问题提供了框架性思路和策略。

三、本书的结构设计

虽然中国学生发展核心素养提出后，中国教育人又建构了课程（学科）核心素养体系、学科素养体系，开启了核心素养走向实践操作之路，但无论是课程（学科）核心素养还是学科素养，都只是核心素养操作性转化的第一步，只是告诉我们：核心素养的实施要依托课程（学科），要重视考试评价。至此，核心素养依然在希望之河的彼岸，依然只能远眺，依然需要教育人通过创造性劳动寻找到达彼岸的工具。本书就是在中国核心素养框架初步开启操作性转化的基础上，试图进一步在实践中探索具体的操作性转化技术，寻找课堂教学和考试评价中到达核心素养彼岸的可靠操作工具。

到达核心素养彼岸的路径有千万条，笔者提供的技术路径只是其中的一部分，但它们是理论研究与田野实践相结合的产物。笔者参与过课程（学科）核心素养、学科素养的研制，自 2015 年起又在广东、广西、湖南等地与团队成员一起长期扎根基础教育田野，亲自给中学生授课，还主持了一系列重要的重大命题实践工作。通过理论到实践、实践到理论的循环反复，笔者深刻认识到操作性转化问题的重要性，同时有意识地探索操作性转化技术，并在实践中加以检验和完善。本书就是对这些年的理论研究工作和田野实践工作的总结，试图从技术层面提供核心素养走向实践操作的有效工具。

考虑到中考和高考等考试评价在中国教育实践中的巨大影响力，本书将集中阐述纸笔测试中的主要操作性转化技术，然后介绍课堂教学的操作性转化技术。

在纸笔测试的操作性转化技术部分，我们围绕学科任务导向型评价体系或四维测评框架，着重分析各个主要测评环节的操作性转化技术，依次包括双层多维细目表技术、学科思维属性考查等价技术、必备知识情境化模式下的试题难度控制进阶技术、基于学科任务完成质量的等级评分量表技术等，这是一个完整的考试评价流程，涉及命题规划、具体试题命制、考试评分等各个主要环节。在课堂教学的操作性转化技术部分，我们先探索在课堂教学实践中如何落实学科本质，然后围绕基于关键问题解决的课堂教学理论，依次介绍深度教材分析技术、辅助教学设计技术，最后强调要基于学科本质对“教—学—评”一致性进行多维理解。应该说，全书统一于中国话语体系下的核心素养框架，是基于核心素养的中国话语体系进一步构建操作性环节的自主话语体系。但是，本书不是教材，不能做到面面俱到。它只是总结笔者及团队成员在长期实践工作中的探索成果。

第二章 核心素养测评框架构建

本章先从理论上讨论核心素养测评框架应该如何建构，然后在此基础上提出依据这些理论构建测评框架应该遵循的基本原则，描述测评框架的基本架构。本书的有关各章节依托该测评框架集中介绍高利益相关度纸笔测试中各个评价环节的主要操作性转化技术，为核心素养在纸笔测试中的实施提供技术保障与支撑。本章的创新性观点包括引入信息不对称博弈理论解决核心素养测评问题，提出由四维要素构成的学科任务导向型测评体系。

第一节

核心素养测评框架构建的理论基础

核心素养在教育之河的彼岸，它不可直接观测，那么位于教育之河此岸的教育者如何判断其发展水平，尤其是在高利益相关度纸笔测试中，应该采取什么样的框架策略来测评学生的核心素养发展水平呢？这是一个富有挑战性的理论问题，也是亟待解决的实践问题。

在众多教育评价理论中，表现性评价理论、真实性评价理论是回答上述问题不可忽视的理论，但是，要回答在高利益相关度纸笔测试中的核心素养测评问题，还必须进行理论创新。本书的一大创新在于创造性地将信息不对称博弈理论引入表现性评价和真实性评价理论中，以解决纸笔测试条件下的核心素养测评问题。

传统的评价理论研究一般是从教育学、心理学、统计学、测量学等角度展开的，本书在此基础上将信息不对称博弈理论引入表现性评价理论和真实性评价理论中。这是对核心素养测评理论的发展，有助于拓展教育评价理论的研究视野，提供新的评价策略和技术。下面分别介绍表现性评价理论、真实性评价理论、信息不对称博弈理论。

一、表现性评价理论

从教育评价理论发展的角度看，表现性评价理论可以追溯到拉尔夫·泰勒的课程评价思想。泰勒认为，教育评价在于考查学生完成课程目标的程度。他在《编制成就测验的一般技术》中指出测验编制的主要步骤为：(1) 事前确定教育方案的目标；(2) 根据行为和内容对每个目标清楚地加以定义；(3) 确定应用目标的情境；(4) 设计给出应用目标情境的途径；(5) 设计取得记录的方式；(6) 决定评价方式；(7) 设计获取代表性样本的方法。[①] 泰勒认为，人们倾向于将习得并内化了的知识在实际生活的应用场景中符合时

① 瞿葆奎. 教育学文集：第 16 卷　教育评价［M］. 北京：人民教育出版社，1989.

宜地展现出来。所以，教育者应当首先关注学生期望在哪些情境中运用所学知识，以此来进一步确定学生真正学到了哪些知识。教育者还应给出符合学生心理的适宜情境，以激发他们在情境中可能出现的反应。教育者所熟知的泰勒行为目标模式就是基于真实情境和真实表现构建测评理论。从泰勒的评价思想理论体系发展脉络来看，他已经重视创设真实情境，强调通过真实情境诱发学生的真实表现，并根据学生对目标的完成程度来判断教学目标和学生的发展目标是否完成。

在泰勒提出课程评价理论之后，美国于 1958 年颁布了具有里程碑意义的《国防教育法》。第二次世界大战后，世界格局迎来重大变化，美国需要培养一批高精尖的专门人才来维护其政治、军事、经济等各方面的利益，尤其是苏联成功发射人类历史上第一颗人造卫星"斯普特尼克 1 号"，打破了美国在此领域的领先地位，使美国政府和民众产生了巨大的危机感。这种危机感被美国归因于学校教育忽视学生智力开发和思维培养、学生系统知识掌握不够扎实以及教育系统失衡。在美国期冀通过人才培养提升国家各方实力的需求下，《国防教育法》应运而生。《国防教育法》针对 20 世纪前半叶杜威经验主义教育思想影响下的教育进行改革，更新课程内容，严格把控基础教育，提高学术标准要求，加大资金投入，并授权美国联邦政府采取各种方式对各个州和地方以及个人提供实质援助，重视教育绩效问责。在教育评价方面，这些重大举措越来越依赖标准化成就评价，以此向公众反馈教育项目发展的质量。进入 20 世纪 80 年代，被誉为当代教育心理学革命的、基于皮亚杰的建构结构观以及维果茨基的社会性建构思想的建构主义学习思想在教育界流行开来。建构主义十分重视学习者在学习过程中的主观能动性作用，认为学习是学习者主动建构内部心理表征的过程，学习是双向建构的活动。一方面，学生要借助已有的经验对新信息进行理解建构；另一方面，学生要将认知结构中已有的经验进行改造和重组。而且，建构主义强调情境下的学习和教学，教学目标注重解决现实问题，学习内容则注重真实情境下的真实问题或任务。伴随新教育思想对教育改革的推动，教育评价也开始对测评内容局限于低水平知识、忽视思维素养的标准化测试进行批判和反思。在这种历史背景下，表现性评价成为替代传统测评的新兴评价方式。

表现性评价主张在真实或模拟真实的情境中让学生完成真实任务，通过不存在唯一正确答案的“真实任务”引发学生相对应的预期表现，并基于评分规则评价学生的表现，进而对学生的知识掌握情况、学生完成真实复杂任务的过程与结果，以及学生的批判性思维、创造能力、问题解决能力、策略抉择能力等高阶能力进行测评。表现性评价理论的主要代表人物是美国著名学者威金斯和斯蒂金斯。威金斯强调，表现性评价需要设置真实任务，让学生完成一项活动或制作出具体的作品，以证明其知识与技能的发展水平。威金斯指出，任务需要达到六项标准才符合真实性的要求：（1）是现实的；（2）需要判断和创新；（3）要求学生进行探索；（4）重复或模拟成人接受“检验”的工作场所、公民生活和个人生活等情境；（5）评价学生有效地应用知识、技能完成复杂任务的能力；（6）允许有适当的机会让学生去排练、实践和查阅资料，以得到有效的反馈并不断改进。[①] 斯蒂金斯认为，表现性源于对学生完成任务过程中所展示技能的过程观察，或是对所得实体成果的评价。表现性评价是尝试测量学生将习得的知识和技能迁移到新情境中解决实际问题和完成具体任务的能力。评价者按照一定的标准观察、评判学生在真实情境或模拟情境中的行为反应。评价形式包括建构反应题、书面报告、作文、演说、操作、实验、资料收集、作品展示等。

表现性评价包括三个核心要素，即测评目标、表现性任务、评分规则。[②] 测评目标包含教育教学过程的核心目标以及测评者的行为结果预期；表现性任务主要用于在真实情境下诱发学生的相关核心表现，它指向测评目标并作为目标的具象化操作对象，为测评提供直接证据；评分规则主要用来判断和解释学生完成表现性任务的过程和结果以及与测评目标的适配程度。

基于这三个核心要素，表现性评价不仅仅只是一种评价手段，它还表现出促进学生素养养成的机制特征，包括创造在真实情境中解决问题的机会、引起学生的积极投入与主动建构、支持学生的自我调节学习等。[③]

首先，表现性评价为学生提供在真实情境中解决问题的机会。相较于传统的去情境化测试，表现性评价能联系学生的生活实际，进而促进学生动

---

① 赵德成. 表现性评价：历史、实践及未来［J］. 课程·教材·教法，2013（2）：97-103.

② 周文叶，毛玮洁. 表现性评价：促进素养养成［J］. 全球教育展望，2022（5）：94-105.

③ 周文叶，毛玮洁. 表现性评价：促进素养养成［J］. 全球教育展望，2022（5）：94-105.

用在学习过程中形成的学科思维，并将所学习的知识和方法迁移到新的情境中。在表现性评价中，学生脱离了具有固定解题方法和唯一正确答案的传统纸笔测试环境，转而面向真实情境中的真实任务。这些真实任务就像计划假期旅行一样，我们已知的只有始发地和向往的目的地，旅行中的资产配置、时间安排、路线选择等环节没有正确答案和固定方法，属于不良结构问题，需要学生自主发现、分析和解决，并提供相应的解决策略。其中每个部分都需要学生依托自身经验和各种素养来解决问题，倘若学生不具备相对应的能力和素养，无论其采取怎样的应对策略都无法完成任务。拥有不同能力和素养水平的学生解决问题过程中的表现是不同的，完成任务的完整性和良好程度也是不同的，这恰恰是素养测评所需要的。

其次，表现性评价能够提高学生的学习动机和投入程度，促进高阶能力发展。面对开放且复杂的情境，学生很难在学习材料的过程中直观地找到问题和解决问题的方法，这就需要学生调动主观能动性，投入时间和精力去分析材料，否则就不可能产生真实的学习行为。另外，相较于死板的概念、定义、公式等文字，学生面对陌生的真实任务时，能对任务产生更强的好奇心和更高的兴趣，并能因解决任务的现实价值而产生更加主动的学习动机。

最后，表现性评价能有效培养学生自我调节学习的能力。表现性评价的评分规则正是支持学生自我调节学习的关键。安德拉德的研究表明，学生使用评分规则开展自我评价有利于提升自我效能感（班杜拉所提出的自我效能感是指个体对自己是否有能力完成某一行为所进行的推测与判断）。因此，自我效能感的提升带来的就是学生更加积极主动地进行自我调节。此外，学生借助评分规则可以进行学习过程和结果的调节、监控与反思，形成良性循环，促进自我发展。

表现性评价需要符合表现性评价质量标准。威金斯、林内、奎尔马尔茨等人，以及美国斯坦福大学、美国弗吉尼亚教育局等有关表现性评价质量标准的研究均共同强调了以下内容：评价应确保学生都能参与，并为学生提供丰富的学习机会，对学生学习产生深刻意义；评价应该是清晰的、指向高阶认知的、有价值的目标；评价的任务情境应具备真实性，且任务要求学生展示深度学习，评分规则清晰、合理、实用；评价的内部要素保持一致性，评价所产生的结果具有可信度；评价应兼顾公平性和经济性。[①]另外，美国合作教育中心认为表现性评价符合高质量标准需要四个核心要素充分发挥作用，分别是技术质量准则、真实的学生学习、实践共同体中的教师学习、领导和政策支持。[②]技术质量准则又包含三个要素，分别是高质量的任务设计、高质量的数据分析、高质量的一致性教学。由此构建出促进师生高质量交互学习、领导与政策支持的表现性评价质量框架。

二、真实性评价理论

真实性评价理论源于美国著名教育家杜威的经验教育思想。杜威指出：一个有机体并不仅仅生活于一种环境之中，它依赖于一种环境而生活，正如生命的历程通过有机体而呈现，它也同样体现为环境，因为有机体与环境之间乃是一种真正的整合。个体和环境构成具有交互性的系统，两者相互影响、相互制约，生命的展开和延续离不开相互作用，对个体而言，其生长发育离不开"做与经验"。在这种思想基础上，杜威的教育思想可以概括为教育工作者熟知的"教育即经验的改组""教育即生活""教育即生长""以儿童为中心""从做中学"等内容。这些观点为真实性评价提供了理论基础。

20世纪80年代初，美国公众认为美国的生产力失去了领先地位，正在被其他工业强国赶超，而学校教育被视为制造问题和解决问题的主要因素。1983年，美国国家高质量教育委员会发表了一份具有里程碑意义的报告《国家处于危险之中：教育改革势在必行》。在之后的时间里，学校教育受到高度关注，同时也受到了前所未有的批评，学校改革应运而生，建构主义席卷教育领域。在美国著名教育家杜威的实用主义教育思想和建构主义教育理念的影响下，美国评价培训学会的专家格兰特·威金斯在1989年提出"真实性评价"概念，真实性评价成为当时评价改革思潮的热点，并逐渐扩散到欧洲、澳大利亚等西方发达国家和地区。

在真实性评价中，评价者设置真实情境或模拟真实情境，让学生完成某

① 周文叶，董泽华. 表现性评价质量框架的构建与应用［J］. 课程·教材·教法，2021（10）：120-127.

② Brown C，Mevs P. Quality Performance Assessment：Harnessing the Power of Teacher and Student Learning［M］. Boston：Center for Collaborative Education，2012：3-5.

项任务，通过学生在行为过程中组织习得的必备知识和技能，展现其能力水平。真实性评价理论的核心观点在于，学生只有在真实生活中或者与现实世界相类似的情境中活动，其表现出的行为结果才能有效地展现完成任务目标过程中的思维活动和解决问题的策略取向，从而测量出除基础知识和技能的掌握情况以外的复杂能力的发展水平。① 它是对以传统行为主义为内核、脱离学生现实生活的纸笔测试范式的反叛，旨在改变测评中极端的去真实情境结构化的弊端，真正考查学生在思维、应用、综合等高阶能力方面的表现。真实性评价的代表人物威金斯认为真实性评价是考查学生在具有价值的真实性任务中的表现，这些任务可以是科学实验研究、历史文化研究、文本创作与完善等，并且这些任务给学生提供不断优化问题解决方案以及倾听交流与合作探究的机会。

弗雷认为真实性评价具有 3 大类 9 个特征。第一类关于评价的背景，第二类关于学生的角色，第三类关于评分。真实性评价主要由真实性任务和量规两个要素构成。真实性任务是指真实存在于与学生直接经验相关的现实生活中的任务，或真实存在于模拟设计的与现实生活相似的情境中的任务。真实性任务具有复杂性和多维性特征，学生需要调动问题解决思维和批判性思维等高级认知思维来完成。自主设计并完成作品，跳舞、唱歌或戏剧表演等都可以看作真实性任务。评价量规是一种包含评价项目信息、等级划分与描述、评价分值等信息的评分工具。学生可以在真实性任务中根据量规监控任务完成的过程，测评者可以根据评价量规判断学生是否达到预期的要求。例如，纽约州立奥斯威戈教育学院的《综合科学教学论》教学实践中的评价就采用了真实性评价方式：设立不同的真实性任务，每项任务设置对应的量规，根据学生在每项任务中的表现分数累计形成最终成绩，并按最终成绩的比例进行定级。《综合科学教学论》真实性评价任务系列表详细描述了课程中真实性任务的具体内容以及分值，不同分值代表任务权重的高低（表 2-1）。学生达到总分（580 分）的 92% 定级为 A，达到总分的 90% 定级为 B。

---

① 张向众. 学生本位课堂教学及真实性评价理念［J］. 现代教育论丛，2011（1）：69–71，83.

▶▶ 表 2-1 《综合科学教学论》真实性评价任务系列表

任务名称	分值	任务内容	概念框架中包含的要素
阅读讨论领导力	50	学生将以个人或小组为单位，领导全班讨论与科学教育相关的特定主题。重点放在与初任教师发展的相关或指定主题的内容上	真实性学习、反思、知识、时间、合作和领导力
日志	70	包括两个日志作业：一个是日常日志，是学生的个人思想记录和对科学教学的反思，每月提交一次；另一个是科学自传	真实性学习、反思、知识
团队教学和个人教学	100	每位学生针对特定的年级和主题，阐述某领域中的科学理念，完成一个教学单元设计。教学单元设计的活动需与教学理念和教学实践相适应，与国家课程标准相一致。该教学单元的设计要能反映学生的个人特征，具有个人风格的作品，并反映在教学表现中。教学单元设计将会受到同伴和教师的评价	真实性学习、社会公正、知识、实践、合作及领导力
考试	100	考试采用论文形式，需要反思基本科学教学的各个方面	真实性学习、反思、知识
科学调查和科学观念	50	学生将以个人或小组方式来设计、实施和展示对生活中某方面的科学调查。可以创作一个多媒体项目（视频、网站、flash 动画等），或者以创造性和信息化的方式探索科学概念。学生必须深入理解调查的主题，并需要事先得到老师的批准	真实性学习、社会公正、知识、实践、合作及领导力
科学谈话	50	采访至少一位中学生，以深入了解中学生对科学的态度、校内科学学习的经历以及思考科学的方法	真实性学习、社会公正、知识、实践、合作和领导

续表

任务名称	分值	任务内容	概念框架中包含的要素
课外教学经验	60	每个月末，学生将完成一份课外科学相关经验总结，如摄影图像、文章、新闻报道、媒体事件（电视节目、电影或商业）。包括引用相关故事内容以及个人对科学教学概要的理解	真实性学习、社会公正、反思、知识
小组阅读书目分享	50	针对阅读书目，学生以单独或者小组为学习单位进行总结，在课堂上进行学习和讨论	真实性学习、社会公正、反思、知识
科学安全项目	50	每位学生将与实习老师合作，在学校建立一个科学安全清单。学生将使用特定主题的指南来分析科学安全的各个方面，包括实验室设置及可访问性、存储/维护化学和物质材料以及学校安全的整体环境	真实性学习、社会公正、反思、知识、实践、合作和领导

评价量规是真实性评价中不可或缺的组成部分，它不仅是评价工具，也是教学工具。它可以反馈学生学习上的优势和不足等有价值的信息，极大推动学生的学业进步和能力发展。评价量规通常附在学生作品的第一页，学生完成任务后进行自我评价，并简单描述在这项学习任务中的优势、个人的收获以及如何让这项学习任务完成得更好的改进意见。通过学生的自我评价达到培养学生思考问题、反思实践、提高研究技巧的目的。教师最后进行评价，教师评价量规与学生自我评价量规一致。表 2–2 为科学自传评价量规，满分为 10 分。

▶▶ 表 2–2　科学自传评价量规

部分	自我评价（反思）	缺失	一般/好	很好
第一部分：个人科学经历的描述	小学/中学学习科学的记忆描述	0	1	2
	高中/大学学习科学的记忆描述	0	0.5	1
	校外学习科学的经历描述	0	0.5	1
第二部分：有效科学教学的特点	解释科学经历的形成过程	0	1	2
	给科学所下的定义联系个人经验	0	1	2
	总体的质量包括综合、分析、反思	0	1	2

真实性评价理论强调真实情境、真实任务和真实表现。首先，真实性评价的“真实”体现为评价情境的真实，强调通过设置结构化程度与复杂程度不同的真实情境，以测评学生的复杂能力和高级能力。其次，真实性评价的“真实”体现为真实情境中的真实任务，并且这些真实任务蕴含着极高的现实意义。在复杂的现实情境中，学生需要调动已有的相关知识以及思维、策略等高阶能力才能充分完成这些真实任务。最后，真实性评价的“真实”体现为学生行为表现的真实，因此这种测评方式相对于传统纸笔测试更可信。

三、表现性评价与真实性评价的关系

关于真实性评价与表现性评价的关系，不同学者看法不一，争论不休。

由于表现性评价同样注重创设真实情境或模拟真实情境，通过激发学生在真实情境中的反应，以考查学生发现、分析、解决现实生活问题的能力，因此，表现性评价被很多学者认为是真实性评价或真实性评价中的一种。① 柏林纳将表现性评价视为一种真实性评价，特别是当二者均强调超越传统的标准化测试和模拟现实生活情境，需要实际应用时。②

还有的学者认为真实性评价属于表现性评价，是表现性评价中的一种强调高保真性的特殊形式。艾略特认为广义的表现性评价是与传统的客观纸笔测试相对的任何评价形式，并将狭义的表现性评价、真实性评价、备择评价、档案袋评价一起归纳为广义的表现性评价。③ 威金斯本人就持有真实性评价是表现性评价的子集的观点。他认为，一项设计是一个表现性任务或一项设计涉及动手操作，就说它是真实的。不真实的任务也可能是以表现为基础的。因此，真实的任务是所有表现性任务的一个子集。④ 我国学者霍力岩等人认为，强调评价内容和任务完全真实的真实性评价只是表现性评价的一

---

① 波帕姆. 促进教学的课堂评价［M］. 国家基础教育课程改革“促进教师发展与学生成长的评价研究”项目组，译. 北京：中国轻工业出版社，2003.

② Berliner D C. The context for the NCTAF agenda［J］. Educational Researcher, 1993, 22（8）, 18–23.

③ Elliott S N. Creating Meaningful Performance Assessment：Fundamental Concepts［M］. Washington, D C：Council for Exceptional Children，1994：10.

④ 威金斯. 教育性评价［M］. 国家基础教育课程改革“促进教师发展与学生成长的评价研究”项目组，译. 北京：中国轻工业出版社，2003：123–124.

个类型，表现性评价应该包含真实性评价。只有当表现性评价在完全真实的生活情境中发生时，才是真实性评价。[①]

理解真实性评价属于表现性评价，可以从多个视角入手。例如，可以根据“表现”的含义从不同角度进行剖析。[②]“表现”通俗来讲就是施展与显露，通过具象化的形式被其他客体观察到。个体行为及其产生的结果都可以称为一种表现，并且这种表现不因情境而转移。如果按照这种理解，传统的知识性纸笔考试也算表现性评价，因为学生的书写、阅读、思考都算表现。真实性评价只是高度强调真实性的一种表现性评价形式。

表现性评价强调学生的表现要基于真实情境，是由真实情境激发出来的。它更突出学生的表现是一种主动建构的生成性行为，强调基于开放的复杂问题生成答案或者展示作品。[③] 因此，任何包含这种特征的测评活动都属于表现性评价。按照这种思路，真实性评价属于表现性评价的一种特殊形式。[④]

有别于认为表现性评价与真实性评价相对立的观点，许多学者认为真实性评价和表现性评价都指向“人”这一评价主体，都强调评价“人”的真实能力，都是质性评价的回归，所以真实性评价就是表现性评价。[⑤] 博里奇和汤伯里认为，表现性评价运用真实世界的评价任务来测定学生是否达到对事物的深层理解，所以表现性评价又称为真实性评价。马扎诺从整体出发，认为真实性评价本质上就是绩效评价，所有旨在通过反映真实世界应用的任务来衡量学生学习和能力的评价，其本质都是真实性评价，从而将这两个概念联系起来。[⑥]

因为表现性评价和真实性评价都强调创设基于现实生活的复杂情境或模拟真实情境，都强调综合运用知识和能力来完成真实任务，都强调通过诱发真实任务中的预期行为表现来判断学生的学习成就，所以本书不再区分表现

---

① 霍力岩，黄爽. 表现性评价内涵及其相关概念辨析［J］. 西北师大学报（社会科学版），2015（3）：76-81.

② 杨向东.“真实性评价”之辨［J］. 全球教育展望，2015（5）：36-49.

③ 杨向东.“真实性评价”之辨［J］. 全球教育展望，2015（5）：43.

④ 周文叶，毛玮洁. 表现性评价：促进素养养成［J］. 全球教育展望，2022（5）：94-105.

⑤ Cummings J J，Maxwell G S. Contextualizing authentic assessment［J］. Assessment in Education，1999，6（2）：177-194.

⑥ Marzano R J. Classroom Assessment and Grading That Work［J］. Association for Supervision & Curriculum Development，2006：189.

性评价与真实性评价，而是认为表现性评价与真实性评价等价（图 2-1）。

由于表现性评价和真实性评价均强调真实情境、真实任务和真实表现，因此与核心素养测评天然吻合，是核心素养测评的重要理论基础。笔者吸取这两大理论的灵魂，将它作为核心素养测评的重要理论依据。但是，要解决纸笔测试条件下的核心素养测评问题，还必须引入其他理论工具。

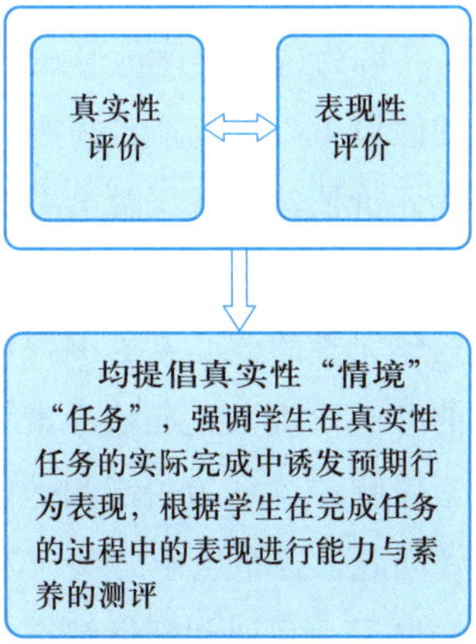

图 2-1　真实性评价和表现性评价等价

表现性评价理论和真实性评价理论存在一个共同的缺点：它们均假设被试者在真实情境、真实任务中的行为表现一定是真实的。但是，大量的生活经验与实践证据表明：情境真实、任务真实不等于行为表现一定真实。如果情境真实、任务真实就意味着行为表现真实，那么现实生活中就不会有那么多作假现象。即便情境真实、任务真实，人们依然有可能通过作假让自己的行为表现更加有利于自己。不真实的情境、虚假的任务固然可能会使被试者产生虚假的行为表现，但真实情境、真实任务并不等于行为表现一定真实，尤其是在高利益相关度考试中。

在高利益相关度考试中之所以会出现“情境真实、任务真实并不意味着行为表现真实”的现象，一是因为在高利益相关度考试中，被试者存在通过策略性行为“说假话”的强烈动机，如通过刻意的应试策略训练，以表现出超过真实素养水平的行为和能力。高利益相关度考试中的策略性行为是导致被试者的行为表现失真的重要原因，也是至今中考和高考改革中一直难以克服的痼疾。目前，这种策略性行为已经成为一些人研究和实践探索的重点。笔者在早期的项目合作中，各地及学校均要求笔者团队提供有效的应试策略性行为。二是高利益相关度考试一般都是通过纸笔测试实施的，而纸笔测试为人们的虚假行为表现提供了便利，因为纸笔测试下的真实情境顶多只能说情境源于真实生活。严格地说，纸笔测试下的真实情境其实只是模拟仿真情境。情境的仿真性为被试者“说假话”提供了便利条件，因为纸笔测试只能直接考查被试者的认知操作行为，间接考查被试者的实践操作能力，这就为虚假行为表现提供了方便。

在国内，表现性评价和真实性评价理论主要用于形成性评价与过程性评价，因为这两种评价形式容易满足“情境真实、任务真实、行为表现真实”的假设（虽然也并非必然如此）。但是，高利益相关度的结果性评价或终结性评价依然是我国社会关注度最高的考试评价方式，如果这些考试评价方式不能解决好测评中的外显化问题（即外显为真实的关键行为表现），那么构建完整的核心素养测评体系就无从谈起，因为无法想象这些很有影响力的考试评价方式在核心素养测评体系中缺席的后果。因此，我国构建核心素养测评体系的关键就是要回答好高利益相关度纸笔测试下的核心素养测评问题，这是重中之重。为此，包括笔者在内的学者们均进行了积极探索，提出了一系列创新性观点，形成了一系列创新性成果，其中的典型代表就是中国高考评价体系。它是中国特色的现代化评价体系，系统地回答了高考“测什么、怎么测”的问题，是考试评价领域推进中国式现代化的代表性成就。

要在高利益相关度纸笔测试中实现情境真实、任务真实、行为表现真实，需要解决核心素养外显过程中的“说真话”问题，即行为表现真实地反映隐藏的能力水平等私人信息。信息不对称博弈理论专门研究对私人信息“说真话”的问题，其理论成果能够为核心素养测评实现情境真实、任务真实、行为表现真实提供借鉴。

四、信息不对称博弈理论

博弈论是第二次世界大战以后发展最为迅猛的学科之一。它深刻地改变了经济学、管理学乃至整个社会科学的研究范式。但是在博弈论的影响迅速扩大的同时，大众对博弈却充满了各种误解。其中最大的误解莫过于把博弈等同于勾心斗角、你争我夺、讨价还价、冲突、恶性竞争，很多人都是在这些意义上使用“博弈”一词。虽然上述行为均属于博弈，但是博弈并不仅限于此。判断一件事情是否属于博弈现象，要看它是否满足两个基本条件：一是参与者之间或多或少存在利益冲突。二是参与者的决策是相互影响的。即参与者在博弈中获得的收益不仅取决于自己的决策，也直接取决于他人的决策；他人的收益同样既取决于他自己的决策，也直接取决于别人的决策。也就是说，在博弈中，每个参与者获得的收益都是由所有参与者的决策共同决定的。这与经典决策理论不同。在经典决策理论中，决策者只要考虑自己的偏好和所处的环境，无须考虑别人的决策。博弈则不同，每个决策者不仅要考虑自己的偏好和所处的环境，还要考虑别人的决策，以及别人对自己的决策的反应。因此，在博弈中，决策者必须实行“深度换位思考”：如果对手采取某一策略，我将如何应对？如果对手针对我采取的对策而采取某一策略，我又将如何应对？

信息不对称博弈理论是博弈论的重要分支。信息不对称有两种情形：一种是隐藏特征，又称隐藏知识；另一种是隐藏行动。例如，一个物品的质量究竟如何，通常是卖的人比买的人更清楚，这就是隐藏特征。又如，一个人究竟有没有努力学习或工作，通常是自己比别人更清楚，这就是隐藏行动。信息不对称博弈理论认为一旦这两个问题得不到有效解决，现实的结果很可能是逆向选择与道德风险。逆向选择又称劣币驱逐良币，或劣胜优汰；道德风险就是偷懒、投机行为等的博弈论说法。

针对隐藏特征，需要解决的问题是如何让人对自己和物品的特征“说真话”；针对隐藏行动，需要解决的问题是如何让人不偷懒，能够做出令人期待的行为，这是对自己的行为“说真话”。因此，信息不对称博弈理论包括两个组成部分：逆向选择理论和道德风险理论。总之，信息不对称博弈理论是专门研究如何让人“说真话”的理论，在20世纪博弈论的发展中居于前沿，其多个重要成果荣获诺贝尔经济学奖。

道德风险理论的基本结论是：当一个人的行为不可观测时，通常激励他不偷懒、不投机的最佳办法是把激励措施与其行为结果挂钩，只要结果是可观测的即可。逆向选择理论认为解决问题的基本思路有两个：一是斯宾塞设计的信号发送机制，二是斯蒂格利茨设计的甄别机制。信号发送机制是通过对方发送的信号来判断对方的真实类型；甄别机制则是通过让对方“对号入座”来了解对方的真实类型。

显然，学生的核心素养发展水平究竟如何，属于典型的信息不对称问题，既包括隐藏特征现象，又包括隐藏行动现象，而且在高利益相关度考试中测试者与被试者之间存在严重的博弈，如平时所说的“猜题”“反猜题”，整个初三和高三实际上就是指导学生进行考试博弈，因此，核心素养测评问题属于典型的信息不对称博弈问题，我们可以运用信息不对称博弈理论解决好核心素养测评中的“说真话”问题。

根据道德风险理论的基本结论，核心素养测评应该高度重视结果评价，通过可测可评的学习结果判断学生学习的努力程度，以激励学生更加努力地学习。因此，道德风险理论为我们重视结果评价提供了有力的理论依据。那么在高利益相关度考试评价中，如何确保结果评价中的行为表现的真实性呢？

信号发送机制理论对上述问题的解决有着极大的帮助。斯宾塞原初的问题是：面对一个人的能力水平不可知，他的受教育程度或文凭高低是不是判断其能力水平高低的良好信号？通过这个特定的案例，斯宾塞给出了一个带有普遍性的结论：符合条件的信号就是良好信号。也就是说，该信号只有高能力者才能（经常）发出，这样外人就可以根据信号准确地推断出信号发送者的能力水平。斯宾塞所说的条件实质上是通过提高说假话的成本，让人难以作假。考试评价是典型的信号发送行为，有效运用信号发送理论可以解决行为表现的真实性问题，从而改进和完善高利益相关度纸笔测试下的核心素养测评体系。因此，应该将信息不对称博弈理论与表现性评价理论和真实性评价理论有机结合。如果说表现性评价和真实性评价解决了情境真实问题和任务真实问题，那么信息不对称博弈理论则有效解决了行为表现真实问题。也就是说，它能够更好地解决核心素养的外显化问题。但是，解决这个问题还需要借助其他技术，如统计分析技术等。

第二节 核心素养测评框架的构建原则和构成要素

核心素养测评涉及的各个要素共同构成一个有机整体，这个整体就是核心素养测评框架，它回答了核心素养测什么、怎么测的问题。构建核心素养测评框架需要回答好两个问题：构建核心素养测评框架应该遵循哪些原则？核心素养测评框架包括哪些构成要素？

一、核心素养测评框架的构建原则

中国话语体系下的核心素养集中表现在运用学科思维解决实际问题的过程中所展现出来的正确价值观、必备品格和关键能力，事实上就是一种做事的心理品质。因此，核心素养测评必须有效地实现考试评价的两个转变：一是由解题到解决实际问题，二是由做题到做事。但要考查实际问题解决品质或做事品质并非易事。基于上述理论，构建核心素养测评体系应遵循以下原则：

（一）考查关键行为表现

将对做事品质的考查转化为对关键行为表现的考查。做事品质不可直接观测，这是由核心素养的综合性、内隐性决定的。因此，要测评核心素养就必须寻找实际问题解决过程中可观测的行为表现。测试者的核心任务之一就是从被试者诸多的行为表现中筛选出与某个核心素养及其某个方面具有高度敏感关联的关键行为表现。也就是说，评价者要通过大量的实证性研究，针对某个学科核心素养的每个维度，筛选出能够帮助我们推断其发展水平的关键行为表现指标，这非常类似于人力资源绩效评估中的 KPI（关键绩效指标）方法。①

所谓关键行为表现，就是符合充分统计量原理的行为表现。关键行为表现必须具备两个基本性质：一是敏感性强，二是随机性小。敏感性强是指可观测信号与不可观测信息之间有着密切的内在关联，一旦不可观测信息发生变化，就会引起可观测信号的及时变化和强烈变化。可观测信号的敏感性越强，评价者对不可观测信息的推断难度就越小。②

通常可观测信号与不可观测信息之间不会恰好是一一对应的关系，二者之间还要受到许多随机因素的影响。如果二者的关系是一一对应的，从评价

---

① 陈友芳，朱明光. 核心素养本位的思想政治学科学业质量评价的策略与指标［J］. 中国考试，2016（10）：32-37，57.

② 陈友芳. 基于学科核心素养的学业质量评价与水平划分［J］. 思想政治课教学，2016（2）：4-7.

角度看，就等于不可观测信息实质上是可观测的。因此，要从行为表现充分推断出不可观测信息，就必须尽可能地排除随机因素的影响，选择与核心素养具有高关联度的行为表现。

（二）可观测信号是关键行为表现集合

评价核心素养水平的可观测信号不是单一信号，而是关键行为表现集合。为了提高推断的准确性，减少推断中的随机因素影响，评价者应该通过同一个可观测信号的出现频率或设置多个可观测信号加以更准确地推断。这至少意味着两点：第一，用于推断某个核心素养及其某个方面发展水平的关键行为表现特征应该是一群或一组。例如，我们要充分推断一个人的某方面人品，可能既需要观测他在单位的表现，也需要观测他在社交中的表现，还需要观测他在家庭生活中的表现。又如，如果一个人能够屡屡发表高质量论文，显然比偶尔只发表一两篇高质量论文要更能反映其学术研究创新能力。第二，用于评价核心素养水平的可观测信号除了相关的关键行为表现集合以外，可能还需要引入其他可观测信号。在评价某个学生的核心素养发展水平时，如果既看该学生的行为表现，同时还参考其所处任务情境的复杂程度、新颖程度、难度，或者参考其他同学在相同任务情境中的行为表现，无疑可以对其核心素养发展水平做出更准确的推断。

学科任务导向的思想政治学科核心素养测试策略：基于信息不对称博弈理论的思考

（三）考虑被试者的策略性反应

任何有效的核心素养评价都必须考虑被试者的策略性反应。因为处于素养低水平层级的人有通过各种应对策略“冒充”高水平层级的人的积极性，所以评价的有效性会极大地受制于被试者的策略性行为。在这种情况下，评价者在选择评价方式、评价模式以及设计测试题目时不能一厢情愿，而是要考虑被试者可能采取哪些策略性行为，分析这些可能的策略性行为会对评价效果带来哪些扭曲，并在此基础上做出应对，实施评价工作。根据信息不对称博弈理论，策略性行为本质上是一种作假行为，要避免被试者作假，必须提高作假的难度。从纸笔测试看，就必须满足以下基本要求：这些任务无法通过策略性行为加以完成，即必须让答题技巧、答题模板与任务完成无关，使得被试者除了运用真实心理品质完成任务以外，别无他途。

（四）直接实现性与间接实现性相结合

核心素养是在学科知识基础上正确价值观、必备品格和关键能力的有机整合，这种综合品质只能通过关键行为表现加以间接推断。本书将核心素养转化为关键行为表现是一种可测性转化，而关键行为表现能否在纸笔测试中实现则是一种实现性转化。并非所有的关键行为表现都能在纸笔测试中实现。例如，《义务教育道德与法治课程标准（2022 年版）》的学业质量标准中的“能够结合家庭、学校和社会生活，理性思考，平等待人，主动分担家务劳动，积极服务社会，做一名家庭好成员和社会好公民”就难以通过纸笔测试实现。又如，实验操作能力方面的行为表现通常也难以通过纸笔测试实现。总之，与正确价值观、必备品格、实践操作能力有关的行为表现通常都很难通过纸笔测试实现。纸笔测试能够直接加以实现的是认知操作方面的行为表现，因此纸笔测试应该采取直接实现与间接实现相结合的方式。我国利用丰富的高考命题实践经验在中国高考评价体系建设方面做出了非常成功的探索。中国高考评价体系围绕“一核”“四层”“四翼”①构建了“价值引领、素养导向、能力为重、知识为基”的考查路径，即直接实现对与（认知操作）能力、知识有关的行为表现的考查，间接实现对情感态度与价值观的考查，将情感态度与价值观视为选材、设问的约束，更视为对答案的硬约束。这种硬约束可能并非被试者真实价值观的反映，但这是纸笔测试的天然弱点。中国高考评价体系下的高考已经在现有技术允许的条件下做得相当优秀。

二、核心素养测评框架的构成要素

基于表现性评价理论、真实性评价理论、信息不对称博弈理论以及构建核心素养测评框架的原则，核心素养测评框架是一个由关键行为表现、学科任务、真实情境、学科知识等要素构成的基本框架。这个四维框架是由核心素养测评的逻辑决定的。我们可以从以下四个方面来认识核心素养测评框架：

核心素养本位的思想政治学科学业质量评价的策略与指标

（一）将待测的核心素养转化为关键行为表现

新一轮基础教育课程改革研制的学业质量标准就是这一创新性努力的成

① “一核”为高考的核心功能，即“立德树人、服务选才、引导教学”，回答“为什么考”的问题；“四层”为高考的考查内容，即“核心价值、学科素养、关键能力、必备知识”，回答“考什么”的问题；“四翼”为高考的考查要求，即“基础性、综合性、应用性、创新性”，回答“怎么考”的问题。

基于学科核心素养的学业质量评价与水平划分

果，是新课标的重大创新成果。学业质量标准以结构化的课程内容为基础，以整合的方式描述了课程（学科）核心素养的典型表现。这些典型表现不是个别专家的观点，而是通过两种途径确定的：一是课标组和测试组的专家反复进行集体头脑风暴；二是大规模测试。教育部统一组织专家在浙江、甘肃和河南（普通高中未在河南组织测试）进行大规模抽样，利用测试结果提炼关键行为表现。因此，学业质量标准中的关键行为表现或典型表现是实证的结果。以义务教育科学课程标准为例，其具体的研制步骤是：第一，确定观测指标。基于理论与实证研究，将四个核心素养分解成 13 个具体的观测指标（观念理解、观念应用、提出问题、获取证据、科学解释、表达交流、模型建构、科学推理、科学论证、创新思维、探究兴趣、实事求是、合作分享）。第二，制订访谈提纲。设置让学生表现的任务或问题情境。通过临床访谈法，让学生的思维过程通过操作和语言外显，激发学生在 13 个观测指标上的表现。第三，实施访谈并分析数据。使用验证性因素分析和 Rasch 模型对数据进行分析，得出核心素养的行为表现。①

（二）以学科任务诱导关键行为表现

行为表现是在完成任务的活动过程中展现出来的，因此，构建核心素养测评体系的另一个工作就是建立学科任务与关键行为表现之间的匹配关系，即设置什么样的学科任务最有利于诱导出某一个关键行为表现。学科任务是测评的基本单位，包括有待解决的具体问题及内蕴的解决问题的学科思维方法。在许多场合，学科任务可以与学科问题混用。学科任务与关键行为表现之间是复杂的一对多、多对一的关系。这种复杂关系使得测评工具开发中的学科任务设计需要测评者具有丰富的经验。中国话语体系下的核心素养强调凸显学科本质，根据学科本质提炼核心素养，因此，中国话语体系下的核心素养测评不仅强调真实任务的设置，而且要强调真实任务的学科特色，即学科任务是学科本质的具体体现。例如，普通高中思想政治从马克思主义所说的“认识世界、改造世界”出发，将认知操作任务分为十项：（1）对理论的内容、含义、特征、表现进行陈述和阐释；（2）对事物、现象、问题的

① 胡卫平，刘守印. 义务教育科学课程标准（2022 年版）解读［M］. 北京：高等教育出版社，2022：268–270.

特征、内容及表现进行描述和比较；（3）对理论、事物、现象、问题进行分类；（4）对理论、事物、现象的本质与意义、价值、功能进行分析、识辨和评价；（5）对要素、事物、概念、价值之间的关系进行辨识和辨析；（6）发现事物、现象、问题的原因，不同变量之间的关系，并进行解释；（7）运用理论和实证材料对探究结论进行合乎逻辑与科学要求的论证和检验；（8）对不同观点与立场、不同利益诉求进行辨析、辩护和辩驳；（9）对行为、事物、现象、问题的后果或影响进行分析和预测；（10）设计方案，对不同方案的结果（如有利之处和不利之处）进行比较、评估和选择。在此基础上，笔者将普通高中思想政治的学科任务归纳为描述与分类、解释与论证、预测与选择、辨析与评价。①

描述与分类是指对真实社会生活情境中的事物或问题的性质、特征和表现按照某个维度进行描述，并对它们进行比较和分类。它着重回答“是什么”的问题。

解释与论证是指对真实社会生活情境中的事物或问题，运用学科技能与方法分析其必要性和合理性，探究不同变量之间的关系；运用理论和实证材料对探究结论进行合乎逻辑与科学要求的论证和检验。它着重回答“为什么”的问题。

预测与选择是指结合具体的社会生活情境，运用科学的方法和原理对行为、问题的结果或影响进行分析与预测；根据约束条件和决策目标设计出合理可行的方案，比较不同方案的优劣利弊并做出合理选择。它着重回答“怎么做”的问题。

辨析与评价是指结合具体的社会生活情境，根据某个维度对事物的作用、价值与功能进行分析和评价，辨识事物之间的关系；合理运用相关理论和方法，对不同观点与立场、不同利益诉求进行辨析、辩护和辩驳。它着重回答“做得怎么样”的问题。

“是什么”“为什么”“怎么做”“做得怎么样”是各门学科都要回答的问题，但各门学科对这些问题关注的重点和方式有着自己的特色，所以能够

① 陈友芳，朱明光. 核心素养本位的思想政治学科学业质量评价的策略与指标［J］. 中国考试，2016（10）：32–37，57.

体现学科特色的任务活动就是学科任务。对学科任务的重视表明新一轮课程改革和高考改革注重考试评价与课堂教学回归和体现学科本质，凸显学科特色。被试者在完成学科任务的过程中要展现出真实的行为表现，必须以真实情境为基础，这是必要条件，即没有真实情境，任务完成过程中的行为表现不可能是真实的，但有了真实情境，也不见得完成任务的行为表现就一定是真实的。

（三）真实情境要结构化

情境是若干条件综合在一起构成的一个世界，即情境就是若干条件的综合。按照这个定义，情境就是“模型”，因此，在测评中使用真实情境要进行结构化处理。

情境设计能力与学科核心素养的养成

对真实社会生活情境进行结构化处理是指根据具体的评价目标与要求、具体学科的性质，剔除真实生活中无关紧要的，甚至会阻碍人们认识情境本质的细枝末节，保留关键性事实与特征，因此，情境结构化就是指对真实情境进行建模。

哪些是情境结构化时的“细枝末节”？这与任务目标有关，在一个任务中是细枝末节的东西，到了另一个任务中也许是不可或缺的关键性事实。例如，斯宾塞在研究受教育程度是否是劳动力市场上反映求职者生产能力水平高低的良好信号时，假设人们的能力是天生的，后天教育不会改变求职者的能力水平。这个假设当然不符合现实，但就他的研究任务而言，这是一个无关紧要的细节，不考虑后天教育对提高能力的影响，反而使问题得以简化，有助于更好地分析受教育程度的信号功能。如果把后天教育对提高能力的影响考虑进来，就它的研究任务而言，不仅不会增加任何新的洞见，反而会增加不必要的麻烦。因此，情境结构化不在于相关前提假设是否符合现实，而在于其是否符合任务目标的要求。

基于以上分析，测评者在进行核心素养评价时，要善于根据任务目标识别不同情境中的细枝末节和关键事实，从而恰当地对情境进行结构化。教师要完成这种工作需要接受严格的专业训练，具有敏锐的洞察力和丰富的建模经验。

另外，在核心素养测评中，好的情境应该具有典型性和普遍性。核心素养所强调的“核心性”“关键性”“必备性”，意味着这种能力和品格在生活中是应对具有典型性和普遍性的现实挑战问题的。因此，测评者应当根据未来社会发展和个人终生发展的需要，从纷繁复杂的社会生活中筛选出与课程（学科）有关的典型情境和普遍情境，让学生在这种情境中发展“核心的”“关键的”“必备的”能力和品格。

好的情境应该富有启发性和思考性。好的情境应该富有思想张力，蕴含有价值的问题，期待被试者从多个视角去发现、去探究。借助这种引人深思的情境，被试者可以更好更快地领略世界的意义和背后的运行法则，能够更好地展现出分析问题、解决问题的核心能力。

问题及其解决条件要内生于情境。笔者经常接触大量的各种题目，有两个明显的体会：一是设计的任务经常与情境不相干，任务或问题不是由材料本身引发出来的，材料顶多就是充当一个引子而已。显然，这是一种无意义的，纯粹浪费学生阅读时间的情境。二是经常发现从设定的情境中不能得出期望的结论。也就是说，从情境中的条件不足以得出预期的“解”，即缺少解题的条件。因此，在情境设计中，解决问题的信息支持要充分。

此外，情境的开放性与封闭性要相宜。真实的社会生活是开放的。要应对来自开放社会和未来不确定的挑战，要体现被试者的创新实践能力，就应该摒弃过去那种追求唯一正确答案的情境，在开放的情境中鼓励被试者独立思考，鼓励他们多角度分析和解决问题。但是，情境又不能过于开放，过于开放的情境不利于有针对性地、锚定式地评价学生的某项课程（学科）核心素养，也不利于教学效果评价的客观性与公平性，所以核心素养测评中的情境应该有适度的封闭性。测评艺术的主要表现之一就是测评者能否根据相关任务设计出开放性与封闭性相宜的情境。

（四）学科知识要灵活化、综合化与思维化

学科知识是核心素养测评的依托与凭借，核心素养就是被试者运用学科知识完成学科任务时展现出来的行为表现，这些行为表现蕴藏着被试者的价值观、品格、能力等方面的品质。但是依托学科知识进行测评有两个问题需要测评者加以应对：一是避免将核心素养立意的测评退化成学科知识立意的测评，聚焦于知识本身的记忆和理解。二是避免被试者的策略性行为，即被试者能否回答好问题、完成好学科任务，不是取决于他的应试技能，而是取决于他的真实素养。要避免学科任务的完成是对纯粹应试技能的考查，就得要求被试者在完成任务的过程中必须灵活运用知识、综合运用知识，把学科知识灵活化、综合化、思维化。因此，测评者不能直接考查知识，而是要考查学科知识的“三化”。本书第四章的等价技术部分将集中探讨如何依托知识的“三化”帮助测评者尽量避免对被试者应试技能的考查。

核心素养测评中“三化”是让行为表现真实的基本路径。学科知识灵活化是指被试者能否根据具体情境、具体任务，灵活而非机械地运用恰当的学科知识分析和解决问题。学科知识综合化是指被试者能否根据具体情境、具体任务，运用多个知识分析和解决问题。学科知识思维化是指每一个学科的基本知识不仅是对世界的认识，也是学生以学科眼光进一步认识世界的视角。

试看下面这道高考试题：

近年来，随着经济进一步发展和国家全民健身战略的不断推进，国内掀起了马拉松热。2011 年中国马拉松赛事仅有 22 场，2017 年增长到 1 100 场。据预测，2020 年中国马拉松赛事将达 1 900 场。

马拉松赛事的参与人数多、涉及领域广。2017 年参加马拉松比赛的人次超过 500 万，覆盖全国 234 个城市，赛事带动安保、保健、住宿、餐饮、旅行、体育文化等服务业的发展。据测算，2017 年全国马拉松主办方的直接营业收入超过 270 亿元，主办城市的间接收入超过 1 350 亿元。

结合材料，运用经济知识分析近年来我国马拉松热的驱动因素。

这道高考试题要求学生运用经济学最基本的理论之一——市场供求理论分析马拉松热的驱动因素。市场供求理论是经济学家对市场价格形成的解释，同时因其具有良好的解释能力，它也成为人们分析市场经济社会中各种经济现象的良好方法。回答这道试题，应试技能没有多大的帮助，真正需要的是学生能否把市场供求理论思维化，而思维水平是学生核心素养的主要表现。

综上所述，在“关键行为表现、学科任务、真实情境、学科知识”的四维测评框架中，测试者应围绕学科任务，将真实情境、学科知识有机地整合在一起，让被试者在结构化的真实情境中（综合）运用学科知识与学科思维完成真实的学科任务，从而实现纸笔测试条件下“情境真实、任务真实、行为表现真实”。在这个四维测评框架中，学科任务是测评框架各要素整合的中心，因此这个框架称为“学科任务导向型测评体系”。

使用这个四维测评框架客观地衡量核心素养发展水平，需要一系列操作性技术，包括双层多维细目表技术、学科思维属性考查等价技术、必备知识情境化模式下的试题难度控制进阶技术、基于学科任务完成质量的等级评分量表技术等，涉及命题规划、试题命制、试题难度控制、等评分等测评的主要技术环节。

第三章 双层多维细目表技术

做好一场大规模命题的各项工作，首先必须做好命题规划，设计好命题蓝图，这如同盖一座巍峨壮观的大厦，必须要有施工蓝图一样，双层多维细目表就是核心素养测评的施工蓝图。本章讨论核心素养测评如何使用双层多维细目表进行命题规划，并给出代表性学科的双层多维细目表作为参考，以帮助大家更好地掌握双层多维细目表技术①。双层多维细目表技术是笔者团队在操作性转化问题上长期实践探索的创新性成果，是四维核心素养测评框架进一步走向命题操作实践的基础。

① 双层多维细目表技术是莫雷教授领导的“本源性学习与教学理论研究团队”对核心素养测评的贡献，笔者参与了这一工作。本书只是扼要介绍这种技术，详细内容请参考莫雷教授总负责的《基于核心素养的高考综合改革的理论与实践研究》系列专著丛书。

第一节

从双向细目表到双层多维细目表

命题规划的基本技术工具是细目表。长期以来，双向细目表是指导命题的基本规划技术，但是在核心素养测评工作中，传统的双向细目表已经不能适应新的命题要求，人们必须对命题规划技术进行创新。

一、细目表的内涵与功能

细目表的出现最早可以追溯到20世纪中期，美国教育心理学家泰勒是细目表工具的重要奠基人。他在1949年提出细目表的初步概念，并在《课程与教学的基本原理》一本书中介绍了这个工具，将其用于指导课程设计、教学评估和考试命题。泰勒在书中没有直接使用“细目表”这个术语，但他的理论蕴含了类似的概念，即用一个系统化的工具来帮助设计课程和评估学生表现。这种思想后来被发展为具体的双向细目表。泰勒的工作为细目表的发展奠定了基础，使其成为教育评价领域的重要工具。本节只关注细目表在指导考试命题方面的研究，不阐述其在课程设计和教学评估中的应用。

细目表（Table of Specifications，TOS），也称“命题细目表”或“测试细目表”。在教育评价领域中，细目表是重要的用于指导考试命题的系统化工具。[①] 细目表提供了关于测试内容和测试方式的“官方声明”，是命题人员遵循的“蓝图”，也可供测试评价者和测试对象使用。

细目表的构成要素包括内容细目、目标细目和题型细目。内容细目是指在细目表中列出所有需要考查的知识点和技能点作为一个维度，确保覆盖全面。例如，某年级数学考试可能包括代数、几何、统计等考查内容。目标细目是指在细目表中将不同认知水平的目标作为一个维度，如布卢姆把学习的认知操作行为划分成识记、理解、应用、分析、综合和评价。在细目表中，

① 细目表也被广泛应用于课程设计和教学评估，帮助教育工作者明确教学目标，组织教学内容，设计合理的评估方法。它通过列出教学目标和教学内容，将课程设计和教学评估的各个方面系统化，以确保教学活动的全面性和一致性。

每个知识点都应配有相应的考查目标，而且要确保测试不仅仅是识记知识、理解知识等低层次认知能力，还要包括综合、评价等高层次认知能力。题型细目是指在细目表中规定每种题型（如选择题、填空题、简答题、论述题）的比例和数量，确保考试题型多样化，以评估学生的多方面能力。

细目表指导考试命题的功能主要体现在提高命题效率、保证内容效度与覆盖面、指导命题方向、使命题标准化、反馈与优化等五个方面。

第一，细目表的最大好处是能提高命题效率。这主要体现在明确考查目标、避免考查内容重复、优化难度的平衡与题型分配等方面，而这几个方面又使得命题的质量与研制速度得以提升，命题效率得以提高。

第二，细目表能保证内容效度与覆盖面。内容效度是指测试本身是否有效，即测试的内容和形式是否能够准确地测出所要考查的内容。细目表通过对考试内容和考查目标的详细规划，确保了试题内容与教学目标和考试要求的一致性，从而保证了测试内容的效度。覆盖面是指确保考试涵盖所有重要知识点和技能点，防止遗漏关键内容。细目表通过内容细目确保研制出的命题能够测试所有重要内容和目标，保证了覆盖性。

第三，细目表能指导命题方向。细目表可以为命题者提供明确的指导，减少主观随意性，提高命题的科学性和一致性。细目表详细列出了考试考查的知识范围和技能要求，以及各个知识点的权重和分布。这使得命题人员在命制试题时能够清晰地知道每个知识点在试卷中应该占有的比重，以及应该达到的难度水平。这有助于命题人员更精确地控制试卷的难易程度，确保试题的科学性和客观性。

第四，细目表能使命题标准化。细目表是依据课程标准和考试评价规范性文件来制定的，为考试提供了标准化的评估框架，使得考试测评得以标准化，这有助于提高考试结果的可比较性和公平性。它详细规定了考试的内容和考查目标，以及各个知识点的权重和分布。这使得命题人员在命制试题时能够有明确的依据，避免了命题过程中的主观随意性，也进一步强化了命题的标准化。

第五，细目表可以从其应用中得到反馈与进一步优化。根据细目表命制的试题在经过实际测试后，命题人员从考试结果的分析中可以发现考查目标范围的宽窄度、试题难易度、试题权重分布合理度等方面的反馈情况，并可以据此对细目表进行优化与更新。这不仅可以使考试命题的科学性和客观性得到增强，使试卷考试范围的覆盖性与题目数量和难度的平衡性得到调整，还能使考试本身的针对性与有效性得以提升。

二、传统双向细目表

传统双向细目表曾是教育测评中的一种重要命题工具。美国教育心理学家泰勒强调教育目标应该明确、具体，并且可操作。他在《课程与教学的基本原理》中提出了“四个基本问题”指导课程设计，包括教育目的是什么、如何选择学习经验、如何组织学习经验以及如何评估学习经验。这一系统化的课程设计和评估为后来的细目表提供了基础框架。

1956 年，美国教育心理学家布卢姆及其同事在《教育目标分类学》中提出了著名的布卢姆分类法。这一分类法将认知层面的教育目标分为六个层次（识记、理解、应用、分析、综合和评价），覆盖了基础知识及高层次思维能力，能全面考查学生的认知能力，为教学和评估提供了一个结构化框架。

布卢姆分类学产生了巨大的影响，在此后的几十年，国内外不同的学者不断对布卢姆认知目标分类进行修订。20 世纪 90 年代，美国著名课程理论与教育研究专家安德森、与布卢姆合作研制教育目标分类的克拉斯沃，以及著名教育心理学家梅耶和测试评价专家阿来萨等，根据对布卢姆教育目标分类的长期应用，结合美国实施课程标准的教育改革，在 2001 年出版了《面向学习、教学和评价的分类学：布卢姆教育目标分类学的修订》。该书将布卢姆的六个认知层次划分为“知识维度”和“认知维度”二维框架。

“知识维度”包含事实性知识、概念性知识、程序性知识以及新增的元认知知识，具体共有 11 种子类别。当代教育心理学和教学理论一般将学习分为“保持”和“迁移”。因此，“认知维度”中“识记”对应“保持”教材内容，“理解、应用、分析、综合、评价”则与“迁移”相联系。“知识维度”和“认知维度”构成一个二维矩阵，矩阵内的每个结合就是教育目的，也是指导教师教学、学生学习和评价者评价的内容。①

---

① 盛群力，褚献华. 布卢姆认知目标分类修订的二维框架［J］. 课程·教材·教法，2004（9）：90–96.

表 3-1 可以视为双向细目表的原型，适用于各个学段各门学科，大家可以根据实际需要进行具体化和改造。国内早期命题双向细目表的纵向内容是要考查的知识点，如中学物理中的欧姆定律公式等；横向内容是考查目标，如识记、理解、应用、分析、综合、评价；表 3-2 中的空格需要填写每项考查目标和考查内容及比例，即该考查目标相对应的考查内容所占分值。这是国内各学段各学科最常见的双向细目表，与原型保持了高度一致。

▶▶ 表 3-1 布卢姆认知目标的二维分类修订

知识维度	认知维度					
	识记	理解	应用	分析	综合	评价
事实性知识						
概念性知识						
程序性知识						
元认知知识						

▶▶ 表 3-2 国内早期双向细目表的常见形式

知识维度	认知维度					
	识记 ______%	理解 ______%	应用 ______%	分析 ______%	综合 ______%	评价 ______%
知识点 1						
知识点 2						
知识点 3						
知识点 4						
……						

在实际应用中，国内考试命题人员对双向细目表进行了改进，以增强其对命题科学性、规范性的指导作用。从 20 世纪 90 年代开始，国内考试命题人员就对会考命题中的双向细目表进行了改造，注入了新元素，使双向细目表变得更加丰富，增强了对命题工作的指导性。表 3-3 是某省 1997 年普通高中会考化学命题的双向细目表。后续学业水平考试命题双向细目表在 20 世纪 90 年代的基本模式下，依据学科发展情况不断改进。表 3-4 和表 3-5 是

两个学科学业水平考试命题的双向细目表框架。[①]

▶▶ 表 3-3　某省 1997 年普通高中会考化学命题双向细目表

题型及占分	考查内容	预估难度值	期望得分	课程目标及分值 / 分				
				识记	理解	运用	综合	合计
选择题一 10 分	基本观念与理论	① 0.98 ② 0.95 ③ 0.92	小计： 9.50 分	1	5			10
	元素及其化合物			2				
	有机化学				1			
	化学实验				1			
选择题二 40 分	基本观念与理论	① 0.90 ② 0.80 ③ 0.70 ④ 0.50	小计： 31.40 分	2	10		2	40
	元素及其化合物			4	12	2		
	有机化学			2	2			
	化学实验				2			
	化学计算						2	
填空题 20 分	基本观念与理论	① 0.90 ② 0.85 ③ 0.70 ④ 0.60	小计： 16.55 分		4	1		20
	元素及其化合物			4	6	1		
	有机化学				2	1		
	实验					1		
推断题 8 分	元素及其化合物	① 0.85 ② 0.75	小计： 5.60 分			4		8
	有机化学					4		
实验题 10 分	实验 1	① 0.85 ② 0.75	小计： 8.50 分		5			10
	实验 2				5			
计算题 12 分	计算 1	① 0.85 ② 0.35	小计： 8.05 分			6		12
	计算 2						6	
总分： 100 分		整卷预估 难度值：0.80	期望得分 合计： 80.00 分	15	55	20	10	100

① 徐远征. 对普通高中学业水平考试命题技术的初步探讨 [J]. 课程 · 教材 · 教法，2013（2）：104-108.

▶▶ 表 3-4　A 学科学业水平考试命题双向细目表框架

题次	题型	分值	知识点	能力要求				难度级别			预估难度
				A	B	C	D	容易	中档	稍难	
1											
2											
合计											

▶▶ 表 3-5　B 学科学业水平考试命题双向细目表框架

模块	章	节	知识点	能力要求/分值				难度级别/分值			预估难度
				了解	认识	理解	应用	容易题	中档题	稍难题	
必修1	第一章	1									
		2									
		3									
	第二章										
合计											

从操作上看，双向细目表提升了考试命题工作的科学性和规范性；从内容及认知要求上看，双向细目表具有较高的内容效度，也比较好地回答了该学科在此内容上的教育教学目标、学习目标以及考试在能力上“考什么”的问题，具备了“教—学—评”一致性，体现了基于标准命题的要求，符合学科知识立意的教育教学。然而，这也侧面反映了双向细目表的一些不足。

不足 1：关注点偏重知识点，缺乏素养立意导向。传统双向细目表主要关注知识点的覆盖面和认知层次的分类。虽然确保了考试的内容效度和覆盖面，但其设计局限于既定的知识点和认知层次，并且在实际操作过程中更强调知识点的掌握，而非学生的综合素养和能力发展。这导致考试更多地关注学生对具体知识点的记忆和理解，对高阶思维能力、创新能力等的考查则显得不足。在一些高利益相关度的大规模考试中，考试命题的重要知识点往往成为教师课堂教学的重点，这种导向使得教学活动集中在“热门”知识点或所谓的“高频知识点”上，而“冷门”知识点和综合素养的培养得不到应有的关注，难以全面准确地反映学生的核心素养发展水平。① 双层多维细目表可以弥补这个不足。

不足 2：考查内容的深度和广度有限，对实际应用和情境化的支持有限。命题并非价值中立，它具有一定的价值取向，尤其是要与课程标准所追求的价值观保持一致，然而双向细目表主要关注测试内容，忽视了命题或试题背后所蕴含的价值问题。当前，我国基于核心素养的课程改革强调情境化学习，强调思维品质与实际问题解决能力的培养。这些变革也驱动着教育评价的变革，呼唤更综合、更平衡的测评技术，期待新技术能充分体现核心素养所描绘的学习结果，尤其是那些高阶思维、复杂认知能力和问题解决能力。因此，双层多维细目表技术应运而生。

三、双层多维细目表

双层多维细目表是由我国著名心理学家莫雷教授领导的“本源性学习与教学理论研究团队”针对纸笔测试下的核心素养测评而发明的命题规划技术，并且已经在广东省基础教育质量监测中经受了实践检验，能够对提高核心素养立意的命题质量起到重要的技术保障作用。

双层多维细目表由高阶多维细目表和低阶多维细目表构成。高阶多维细目表用于规划素养层面试题的命制，根据高阶多维细目表命制的试题被称为“综合性试题”；低阶多维细目表用于规划知识能力（或非素养）层面试题的命制，根据低阶多维细目表命制的试题被称为“基础性试题”。

为了让大家直观地初步感受双层多维细目表技术，下面介绍一个范例。在这个范例中，不论是高阶多维细目表还是低阶多维细目表，它们都包括三

---

① 邵朝友，周明. 从双向细目表走向测验设计蓝图：命题活动中双向细目表的改进［J］. 当代教育科学，2007（15）：36–38，59.

个维度：真实情境、学科任务（认知操作）、学科知识。

为了呈现方便，高阶多维细目表和低阶多维细目表的情境类型不再各自单列，这意味着在一套完整的大规模测试的试题中，综合性试题的命制与基础性试题的命制均要尽量体现四大类情境——生活实践情境、工程技术情境、实验探究情境和科技史情境。[①] 当然，实际的具体例子可以不同。例如，综合性试题的命制与基础性试题的命制均要围绕生活实践情境设计试题，但综合性试题可以采用 A 情境，而基础性试题可以采用 B 情境。笔者团队成员根据《中国考试》2019 年第 12 期高考评价体系专题对试题命制的情境进行分类（图 3-1）。该分类方法适用于科学类课程在各个学段的命题。每一种情境类型下的具体例子可以根据命题工作的需要进一步细化。

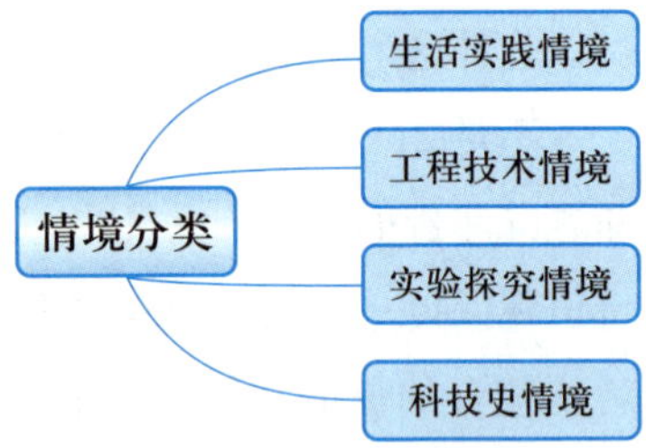

图 3-1　试题命制的情境分类

由于情境维度已经单列，高阶多维细目表剩下的维度可以用高阶双向细目表表示，低阶多维细目表剩下的维度可以用低阶双向细目表表示。表 3-6 和表 3-7 中的学科知识内容依循《义务教育科学课程标准（2022 版）》的 13 个核心概念，而认知操作是根据《中国考试》2019 年第 12 期高考评价体系专题和笔者给研究生授课的作业要求提炼的。

表 3-6　高阶双向细目表

核心知识		认知操作			
		描述与分类	归纳与解释	推理与论证	探究与创新
物质科学	物质的结构与性质				
	物质的变化与化学反应				
	物质的运动与相互作用				
	能的转化与能量守恒				

① 这并不是一个强制性要求，根据实际命题需要，低阶多维细目表可以采用的情境类型不同于高阶多维细目表。但是，无论是高阶命题还是低阶命题，均要让情境类型尽可能丰富。

续表

核心知识		认知操作			
		描述与分类	归纳与解释	推理与论证	探究与创新
生命科学	生命系统的构成层次				
	生物体的稳态与调节				
	生物与环境的相互作用				
	生命的延续与进化				
地球与宇宙科学	宇宙中的地球				
	地球系统				
	人类活动与环境				
技术与工程	技术、工程与社会				
	工程设计与物化				

▶▶ 表 3-7　低阶双向细目表

核心知识		认知操作				
		理解	应用	分析	综合	评价
物质科学	物质的结构与性质					
	物质的变化与化学反应					
	物质的运动与相互作用					
	能的转化与能量守恒					
生命科学	生命系统的构成层次					
	生物体的稳态与调节					
	生物与环境的相互作用					
	生命的延续与进化					
地球与宇宙科学	宇宙中的地球					
	地球系统					
	人类活动与环境					
技术与工程	技术、工程与社会					
	工程设计与物化					

上述多维细目表，无论是高阶还是低阶，只要略加改造，均适合用于

开发对接中国高考评价体系的义务教育阶段和普通高中阶段科学类课程的试题，即可以用于核心素养下科学类课程的试题命制。对比上述高阶双向细目表和低阶双向细目表，有一个问题需要回答：为什么二者的认知操作任务会如此不同？在回答这个问题之前必须回答一个问题：核心素养测评为什么需要低阶多维细目表？

核心素养是正确价值观、必备品格和关键能力的有机整合，是个体的综合性品质，因此，测评核心素养发展水平的试题被称为“综合性试题”。但疑问也由此产生，为什么测评核心素养发展水平还需要低阶多维细目表？正如前文所说的，在纸笔测试中，我们依托课程（学科）必备知识测评核心素养发展水平，但是与正确价值观和必备品格有关的行为表现不能直接测评，而是只能在测评中作为选材、设问和作答的硬性引领，在测评中能够直接测评的是与关键能力有关的行为表现。这就引起一个测量学问题：如果核心素养测评中被试者的应答表现出了问题，那么测评者就必须分析被试者究竟是哪些方面出了问题，如究竟是关键能力发展得不好，还是必备知识掌握得不好。即在一次大规模测试中，不仅要测评素养，还要测评素养的构成要素和基础，否则测评的诊断功能就不能得到充分发挥。因此，一套完整的试题不仅要测评综合性素养，还要测评素养的构成要素和基础，即不仅要有素养层面的综合性试题，还要有一定数量的非素养层面（知识、能力层面）的基础性试题。双层多维细目表解决了第一章所说的挑战：测评中核心素养整体与部分的问题。

在具体的施测中，因为素养（准确地说是关键能力）体现的是高级能力和复杂能力，所以被试者需要完成的是复杂认知操作，“描述与分类”“归纳与解释”“推理与论证”“探究与创新”就是被试者需要完成的一系列高级的、复杂的认知操作行为。它们内在地对应着完整的科学探索与应用过程。这些高级的复杂认知操作行为不仅是被试者需要完成的任务类型，也是对关键能力的直接表达，即上述认知操作行为对应着科学素养中的四项关键能力：描述与分类能力、归纳与解释能力、推理与论证能力、探索与创新能力。因此，为了规划素养层面综合性试题的命制，我们需要高阶多维细目表。

高级的、复杂的认知操作是由简单的认知操作构成的，如理解、应用、分析、综合、评价、表达等，上述复杂的认知操作是由这一系列简单的认知操作综合构成的。这些简单的认知操作行为往往对应着关键能力的某一个要素。也就是说，关键能力存在两种表达方法：一是行为操作表达法，即采取“(复杂的)认知操作+能力”的表达方式；二是要素表达法。每一项基于复杂的认知操作的关键能力都是由若干能力要素构成的，在中国高考评价体系的研制过程中，研制组提炼了如下关键能力要素：阅读理解能力(又称信息提取加工能力)、方案设计选择能力、逻辑推理能力、实践创新能力、独立思考能力(或称批判性思维能力)、学科语言表达能力等。它们大体对应着理解、应用、分析、综合、评价、表达等简单的认知操作行为，而这些能力要素的发展，均离不开知识理解能力。基于简单的认知操作行为命制的试题被称为知识能力层面的试题或基础性试题。因此，为了规划知识能力层面的基础性试题的命制，我们需要低阶多维细目表。

四、双层多维细目表与传统双向细目表的区别

要真正理解核心素养测评和双层多维细目表技术，必须深入认识双层多维细目表与传统双向细目表的区别。二者的不同不是表达形式的不同，不是构成维度多少的不同，而在于其中蕴含的实质性、根本性变化。从传统双向细目表到双层多维细目表，是测评理念和技术的根本性变革，具体体现在以下几个方面：

在传统双向细目表中，情境可有可无，并非试题命制的重要要素，而在双层多维细目表中，真实情境是试题命制的基本要素，强调“无情境不成题”，以真实情境作为试题命制的基本载体，情境性试题成为核心素养测评中主要的试题类型，即便考查知识理解，也要结合真实情境进行考查，即是一种情境性的理解，在情境中的理解。

在学科知识维度，与传统双向细目表注重具体知识点不同，双层多维细目表强调以必备知识构造考点，这些必备知识都是由若干具体知识点构成的。以必备知识建构测评体系，凸显了新一轮基础教育课程改革和新高考改革注重“学科知识综合性或结构化”，即能否以整合的方式理解知识与运用知识，因此，核心素养测评体系强调“无综合不命题”。这种综合之下的学科知识的认知操作运用也体现为学科思维，因而核心素养测评体系强调“无思维不命题”。

“无情境不成题”“无综合不命题”“无思维不命题”是笔者在从事核心

素养测评研究以及诸多命题实践工作中的深刻体会和结晶，是理解核心素养命题精髓必须掌握的要点。

对比传统双向细目表，双层多维细目表最大的特点在于对认知操作或学科任务的认识上，二者有着本质性的不同。正如前面所说的，在传统双向细目表中，认知操作分为识记（或观察）、理解、应用、分析、综合、评价等类型，依次代表着由低到高的能力层级。但是，双层多维细目表与此有着根本不同，无论是高阶多维细目表还是低阶多维细目表，其认知操作之间的关系并非能力程度的进阶，如观察并非代表着最低的能力，而是要理解成：素养低的人如何观察，素养高的如何观察；评价并非一定代表最高的能力层阶，而是要理解成：素养低的人如何评价？素养高的如何评价？

在一项跨学科综合课程的开发中，笔者团队构建了观察与归纳、解释与论证、探究与创新、辨析与反思、实践与应用等五项复杂操作任务，但各项任务之间并没有高低之分，而是每一项认知操作内部都有素养层阶之分（表 3-8）。

▶▶ 表 3-8　认知操作进阶表

操作任务	素养水平 1	素养水平 2	素养水平 3
观察与归纳	情境简单且熟悉，情境类型仅限于个人、学校、社区，单一核心维度。观察并描述具体事物的构成要素，分析并表达要素之间的关系，找到它们之间重要的、共同的特征	情境简单且可能陌生，情境类型引入社会，多个核心维度。通过分析、比较、抽象、概括等方法，抓住简单事物的本质特征；理解归纳推理的基本方法并用于解决真实情境中的简单问题	情境复杂或陌生，情境类型引入国家与人类文明，多个核心维度。能分析、解释模型所涉及的要素及结构；掌握归纳的基本思维方法，能解决实际问题
解释与论证	情境简单且熟悉，情境类型仅限于个人、学校、社区，能列举单个典型事例对基于事实的观点进行解释或论证	情境简单且可能陌生，情境类型引入社会，能列举多个典型事例对基于事实的观点进行解释或论证，不存在明显的逻辑问题	情境复杂或陌生，情境类型引入国家与人类文明，能列举多个事例对基于事实的观点进行初步的理论解释或论证，且不存在逻辑问题

续表

操作任务	素养水平 1	素养水平 2	素养水平 3
探究与创新	情境简单且熟悉，情境类型仅限于个人、学校、社区，单点创新，创新难度较小	情境简单且可能陌生，情境类型引入社会，多点创新，难度适中	情境复杂或陌生，情境类型引入国家与人类文明，多点创新，难度稍大
辨析与反思	情境简单且熟悉，情境类型仅限于个人、学校、社区，问题在价值上的是非对错鲜明，能列举单个典型事例论述是非对错	情境简单且可能陌生，情境类型引入社会，问题在价值上的是非对错鲜明，能列举多个典型事例论述是非对错，不存在明显的逻辑问题	情境复杂或陌生，情境类型引入国家与人类文明，问题在价值上的是非对错鲜明，能基于初步的理论符合逻辑地论述是非对错
实践与应用	学生日常生活与学习中常见的实践问题，实践问题较为简单	学生社会生活与学习中常见的实践问题，实践问题的难度适中	学生社会生活与学习或国家与人类中常见的实践问题，实践问题稍微复杂

上述认知操作进阶表适合小学中年级到初中学段，大体上素养水平 1 对应小学中年级，素养水平 2 对应小学高年级，素养水平 3 对应初中学段。该表适用于综合课程或跨学科学习或项目式学习的评价任务。在普通高中思想政治课程标准的学科核心素养测试工作中，笔者依托测试工作的大量数据，从任务难度角度区分了各项认知操作的层阶。[①] 正如前面所说的，普通高中思想政治学科根据马克思主义认识世界和改造世界的科学结论，将学科任务分为四大类——描述与分类、解释与论证、预测与选择、辨析与评价，但是它们并非代表着越来越高的素养，而是每一项任务均可以依据任务的完成情况区分素养高低（表 3–9）。

① 陈友芳，朱明光. 核心素养本位的思想政治学科学业质量评价的策略与指标［J］. 中国考试，2016（10）：32–37，57.

▶▶ 表 3-9　思想政治学科基本学科任务的难度影响因素

学科任务	描述与分类	解释与论证	预测与选择	辨析与评价
任务难度的影响因素	对情境及其分析的维度是否熟悉，情境的复杂程度与不确定程度,是否要求从多个维度展开分析	对情境是否熟悉，情境的复杂程度与不确定程度，材料和数据的类型，学科方法的掌握程度，变量的多少，论证与检验的方式	对情境是否熟悉，情境的复杂程度与不确定程度，目标的复杂程度与相互关系，约束条件的多少，对分析方法的掌握程度	对情境是否熟悉，情境及矛盾与冲突的复杂程度，是否要求从多个维度展开分析

上述两个表完全可以用于指导事前的命题工作，更适用于指导事后的评分标准制定。

在认知操作内部而非认知操作之间区分能力或素养的高低，是我国新一轮基础教育课程改革的一大鲜明特色。中国学者的认知与创造性探索是中国基础教育课程改革对布卢姆教育目标分类学的超越，但其中蕴藏的问题依然有待中国学者结合实践工作进行深入的理论研究。

第二节

双层多维细目表技术示例

莫雷教授领导的研究团队围绕高中语文、数学、英语、物理、化学、生物学、历史、地理、思想政治等学科构建了具体的双层多维细目表，读者可以参阅相关丛书。限于本书的篇幅，本节只选取高中统编三科（语文、思想政治、历史）以及数学和英语的简化案例。案例中具体呈现方式各异的双层多维细目表有助于读者灵活理解双层多维细目表技术，并意识到：不能机械理解双层多维细目表技术，不能以为双层多维细目表只有一种呈现方式，而是要从实际出发，根据具体的测评目标和测评任务，灵活地选择双层多维细目表，以灵活规划命题蓝图。

（一）高中语文双层多维细目表

高中语文双向细目表的拟定是对《普通高中语文课程标准（2017 年版 2020 年修订》中质量描述的“4–2、4–3、4–4”[①] 加以细化、量化、实化，使之易于实操，同时根据我国语文高考命题的实践经验以及有关新高考改革的各项文件加以提炼。此表意在引导命题人员科学设问、规范设问、优质设问。

在中国高考评价体系的“生活实践情境与学习探索情境”的指引下，高中语文高考情境可以分为个人体验情境、学科认知情境、社会生活情境（图 3–2）。老师们可以参考 PISA 测试框架及相关文献对它们做进一步细分，并依据命题工作的需要遴选具体的情境案例。

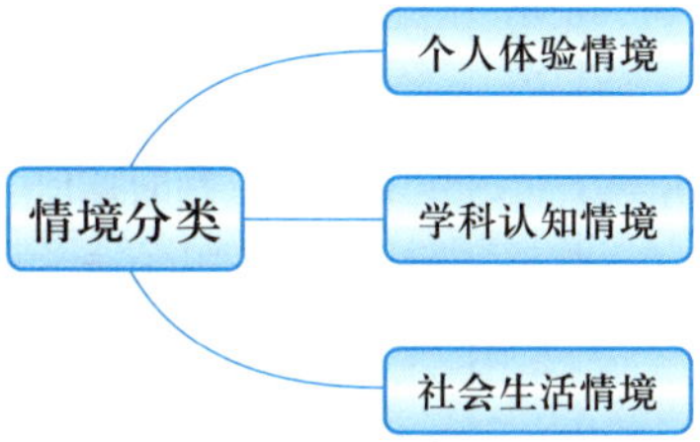

图 3–2　高中语文高考情境分类

根据语文学科的特点，我们开发了高中语文高阶双向细目表（表 3–10）和低阶双向细目表（表 3–11）。这两个细目表的框架均是依据相关团队对我

---

① 4–2　在理解语言时，能准确、清楚地分析和阐明观点与材料之间的关系，能就文本的内容或形式提出质疑，展开联想，并能找出相关证据材料支持自己的观点，反驳或补充解释文本的观点。能比较、概括多个文本的信息，发现其内容、观点、情感、材料组织与使用等方面的异同，尝试提出需要深入探究的问题。能用文本中提供的事实、观点、程序、策略和方法解决学习和生活实际中遇到的具体问题。在表达时，讲究逻辑，注重情感，能综合运用多种表达方式，从多个角度、多个方面表达自己的理解和感受，力求做到观点明确，内容丰富，思路清晰，感情真实健康，表达准确、生动。

4–3　在鉴赏活动中，能结合作品的具体内容，阐释作品的情感、形象、主题和思想内涵，能对作品的表现手法作出自己的评论。能比较两个以上的文学作品在主题、表现形式、作品风格上的异同，能对同一个文学作品的不同阐释提出自己的看法或质疑。喜欢尝试用不同的语言表现形式表达自己的思想和情感，尝试创作文学作品。在文学鉴赏和语言表达中，追求正确的价值观、高尚的审美情趣和审美品位。

4–4　有通过语言学习深入理解、探究文化问题的浓厚兴趣和意愿，能在阅读和表达交流中探析有关文化现象；能结合具体作品，分析、论述相关的文化现象和观念，比较、分析古今中外各类作品在文化观念上的异同。能主动参与语言文化问题的讨论和相关的社会实践活动，能综合运用所学的知识，对自己感兴趣的某些语言、文学、文化现象及社会热点问题进行专题探究，尝试撰写相关调查报告或专题研究报告，发展自己的文化理解与探究能力，主动吸收先进的文化，传承中华优秀传统文化。

国学业质量标准和高考命题的深入研究而制定的，实用性较强，稍加具体化就可以用于命题实践。

表 3-10 高中语文高阶双向细目表

<table>
<tr><th colspan="4" rowspan="2">考查内容</th><th colspan="3">认知操作</th></tr>
<tr><th>检索与获取</th><th>整合与解释</th><th>反思与评价</th></tr>
<tr><td rowspan="26">阅读</td><td rowspan="6">信息类文本</td><td rowspan="4">文体</td><td>论点</td><td></td><td></td><td></td></tr>
<tr><td>论据</td><td></td><td></td><td></td></tr>
<tr><td>论证</td><td></td><td></td><td></td></tr>
<tr><td>语用</td><td></td><td></td><td></td></tr>
<tr><td>思维</td><td>判断推理</td><td></td><td></td><td></td></tr>
<tr><td>迁移</td><td>素质</td><td></td><td></td><td></td></tr>
<tr><td rowspan="6">文学类文本</td><td rowspan="6">文体</td><td>人物</td><td></td><td></td><td></td></tr>
<tr><td>环境</td><td></td><td></td><td></td></tr>
<tr><td>情节</td><td></td><td></td><td></td></tr>
<tr><td>题旨</td><td></td><td></td><td></td></tr>
<tr><td>叙述</td><td></td><td></td><td></td></tr>
<tr><td>写作技法</td><td></td><td></td><td></td></tr>
<tr><td rowspan="6">文学类文本</td><td rowspan="3">思维</td><td>直觉思维</td><td></td><td></td><td></td></tr>
<tr><td>形象思维</td><td></td><td></td><td></td></tr>
<tr><td>创造思维</td><td></td><td></td><td></td></tr>
<tr><td>迁移</td><td>素质</td><td></td><td></td><td></td></tr>
<tr><td>语用</td><td>文学语言</td><td></td><td></td><td></td></tr>
<tr><td>综合</td><td>知识与素养</td><td></td><td></td><td></td></tr>
<tr><td rowspan="8">实用类文本</td><td rowspan="4">文体</td><td>主旨</td><td></td><td></td><td></td></tr>
<tr><td>结构</td><td></td><td></td><td></td></tr>
<tr><td>说明方法和手段</td><td></td><td></td><td></td></tr>
<tr><td>语用</td><td></td><td></td><td></td></tr>
<tr><td rowspan="2">思维</td><td>逻辑思维</td><td></td><td></td><td></td></tr>
<tr><td>辩证思维</td><td></td><td></td><td></td></tr>
<tr><td>迁移</td><td>素质</td><td></td><td></td><td></td></tr>
<tr><td>综合</td><td>内容整合</td><td></td><td></td><td></td></tr>
</table>

续表

考查内容				认知操作		
				检索与获取	整合与解释	反思与评价
阅读	文言文	文体	史传体			
			政论体			
		思维	发展与提升			
		文化	传承与理解			
		迁移	古为今用			
	古诗词	文体	诗			
			词			
		思维	发展与提升			
		文化	传承与理解			
		综合	诗教			
	其他文本	文本	内容			
		文体	层级			
		文化	传统与理解			
		综合	素养			

考查内容		认知操作					
		立意	选材	布局谋篇	语言表达	文体要素	修改完善
写作	议论文						
	记叙文						
	实用文						
	诗歌						
	小说						
	戏剧						
	其他文体						

▶▶ 表 3-11　高中语文低阶双向细目表

考查内容		认知操作								
		识记		理解					应用	
		识别	回忆	解释说明	举例	比较分类	总结归纳	推断	执行	实施
字	字形									
	字音									
	字义									

续表

考查内容		认知操作								
		识记		理解					应用	
		识别	回忆	解释说明	举例	比较分类	总结归纳	推断	执行	实施
词	词形									
	词义									
	词色彩									
	词活用									
	词组义									
	词组色彩									
	词组活用									
句	用途和语气									
	句子长短									
	结构形式									
	运用修辞格的句子									
	句子逻辑									
段	内容									
	结构									
	综合									
篇	内容									
	结构									
	综合									
古汉语知识	字									
	词									
	句									
	常识									
	文化									
其他	中华优秀语言文化传承与发展									

(二)高中数学双层多维细目表

高中数学课程团队研制双层多维细目表时，综合考虑了新课标、中国高考评价体系的要求，并结合了相关人员参与命题实践的经验。

在中国高考评价体系的“生活实践情境与学习探索情境”的指引，高中数学高考情境可以分为课程学习情境、探索创新情境、生活实践情境(图3-3)。本团队还对课程学习情境、探索创新情境做了进一步分类。教师参考其他相关文献，就可以根据命题工作的需要遴选恰当的具体情境案例。

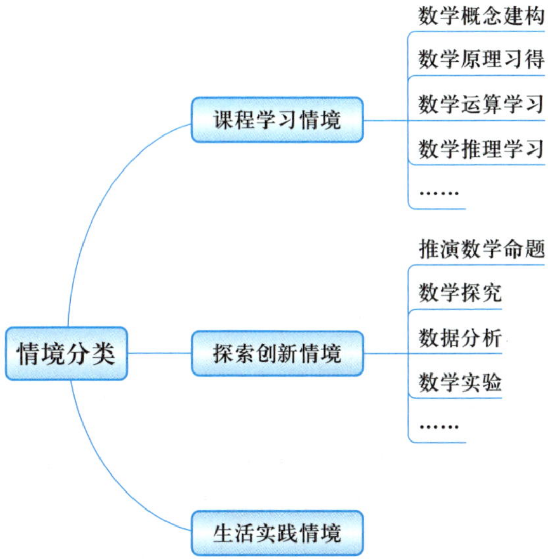

图 3-3　高中数学高考情境分类

在高中数学高阶双向细目表(表3-12)中，相关团队根据中国高考评价体系的整体框架，并结合普通高中数学课程标准提出的学科核心素养，将关键能力归纳为5项，即逻辑思维能力、运算求解能力、空间想象能力、数学建模能力和实践创新能力(表3-12)。其中，前四项关键能力具有鲜明的数学特色，是学生学习数学必须具备的能力，也是数学教学着力培养的、数学考试着重考查的能力；实践创新能力集中反映了高校人才选拔的要求和国家选才的意志。显然，数学学科的5项关键能力是对以往高中数学学科能力结构的继承和发展，更是结合普通高中数学课程标准并根据高考评价的实际确定的，既具有理论基础又具备操作性。[①]

表 3-12 高中数学高阶双向细目表

考查内容	认知操作				
	逻辑思维能力	运算求解能力	空间想象能力	数学建模能力	实践创新能力
预备知识					
函数					
几何与代数					
概率与统计					
数学建模活动与数学探究活动					

《普通高中数学课程标准（2017 年版 2020 年修订）》规定数学必修课程包括预备知识、函数、几何与代数、概率与统计、数学建模活动与数学探究活动等五个主题，高考数学将它们进行整合，按逻辑体系将分散在必修课程和选择性必修课程中相互衔接的内容重组成有机的结构体系。例如，针对函数部分，必修课程讲授函数的概念、图象、性质以及幂函数、指数函数、对数函数等，选择性必修课程讲授一元函数导数，在设计高考数学的考查内容时，将这些内容有机整合，组成完整的函数系列知识。

在高中数学低阶多维双向细目表（表 3-13）中，相关团队基于国家基础教育阶段数学课程总体目标所提出的认知目标要求，吸收国内外最新研究成果，将数学认知能力水平划分为知道事实、应用规则、数学推理和非常规问题解决等四个层次，但本质上仍然是布卢姆教育目标分类法中的识记、理解和应用的变式。

无论是高阶双向细目表还是低阶双向细目表，结合情境分类图，在命题实践中都可以大大提高数学命题质量。

（三）高中英语双层多维细目表

高中英语高考情境包括人与自我、人与社会、人与自然三种类型

① 任子朝，赵轩. 基于高考评价体系的数学科考试内容改革实施路径［J］. 中国考试，2019（12）：27-32.

▶▶ 表 3-13　高中数学低阶双向细目表

考查内容	认知操作			
	知道事实	应用规则	数学推理	非常规问题解决
预备知识				
函数				
几何与代数				
概率与统计				
数学建模活动与数学探究活动				

（图 3–4）。这三种情境可以分为学科领域和生活实践领域，符合中国高考评价体系把情境统一分为生活实践情境、学习探索情境的要求。相关团队对上述三种情境类型做了进一步分类。在命题实践中，老师们可以根据实际工作需要遴选合适的具体情境案例。

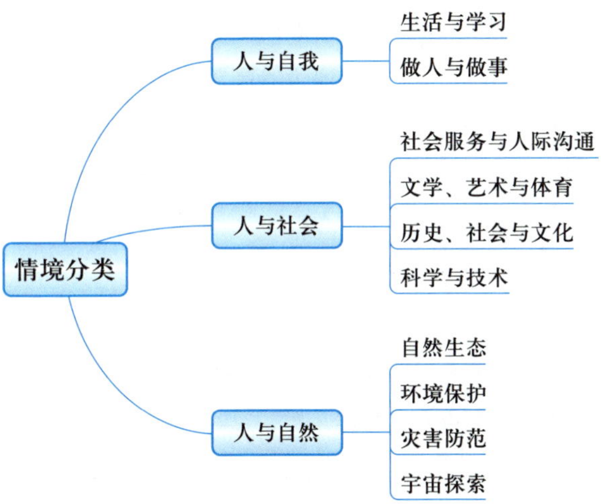

图 3–4　高中英语高考情境分类

高中英语命题的语篇类型主要包含记叙文、说明文、应用文、议论文等文体，所以考查的内容应包含主要的四类文体。英语学科要培养的语言技能分为理解性技能和表达性技能，具体包括读、写等技能，学生基于语篇所开展的学习活动即是基于这些语言技能理解语篇和对语篇做出回应的活动，所以在认知操作中主要考查读写技能的掌握与运用。相关团队依据英语高考命题的实际，开发了高中英语高阶双向细目表（表 3–14）。

表 3–14 高中英语高阶双向细目表

考查内容	认知操作			
	学科领域英语读写技能的掌握与运用		生活实践领域英语读写技能的掌握与应用	
	语言理解（读）	语言运用（写）	语言理解（读）	语言运用（写）
记叙文				
说明文				
应用文				
议论文				

高中英语低阶双向细目表中的认知操作涉及的识别与提取、理解与分析、迁移与应用是根据高考命题实践提炼的，但本质上仍然是布卢姆教育目标分类法中的识记、理解和应用，培养的是学生的低阶思维，没有涉及布卢姆教育目标分类中的分析、综合、评价等高阶思维。英语学科的语言知识包括语音、词汇、语法、语篇和语用知识，所以双向细目表考查的知识维度应从这几个方面展开（表 3–15），这是符合高考英语命题实践的做法。

表 3–15 高中英语低阶双向细目表

考查内容	认知操作		
	识别与提取	理解与分析	应用与迁移
语音			
词汇			
语法			
语篇			
语用			

（四）高中思想政治双层多维细目表

高中思想政治双层多维细目表是笔者在承担高中课程标准测试工作时开

发的，在研制中国高考评价体系时进一步加以修订，在承担某省高中学业质量监测命题时最终完善和确定。

思想政治学科高考证明题的基本特征与解决思路分析

根据思想政治学科的特点，按照中国特色社会主义建设的“五大部署”，我们将高中思想政治高考情境分为政治生活情境、经济生活情境、文化生活情境、生态建设情境、社会情境五种类型，其中所说的“社会”是狭义的，主要指民生领域。在此基础上，哲学模块的命题还会涉及“自然与科技情境”（图 3–5）。在命题实践中，老师们可以根据需要进一步细化情境案例的布局。这一情境分类与中国高考评价体系的生活实践情境、学习探索情境的分类并不一致，这是由思想政治学科的特殊性决定的。

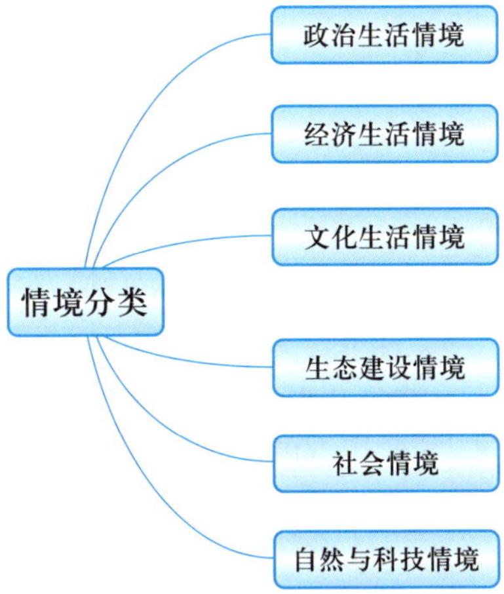

图 3–5　高中思想政治高考情境分类

笔者开发的高中思想政治高阶双向细目表和低阶双向细目表是服务于某省高中学业质量监测项目的，因而不包括必修的哲学内容和选择性必修内容，但参考课程标准的内容规定，可以把缺失的课程内容补充进来。高阶双向细目表中的“认知操作”是根据该监测项目的要求制定的，符合思想政治等级性考试命题的要求。低阶双向细目表中的认知操作则是参考中国高考评价体系中的思想政治学科实施路径制定的。从测试实践中发现，高阶双向细目表和低阶双向细目表与情境分类相结合能大大提高命题质量。

从表 3–16 和表 3–17 可以看出，高中思想政治学科高阶双向细目表和低阶双向细目表都是根据普通高中思想政治课程标准和中国高考评价体系加以提炼和归纳的，体现了依标命题要求，做到了教考一致。

（五）高中历史双层多维细目表

高中历史双层多维细目表是在承担某省高中学业质量监测任务时开发的，因为政治、人文地理和历史三科在监测工作中被归为人文学科组，所以这三科均参照思想政治学科共享了统一的大框架。

▶▶ 表 3-16　高中思想政治高阶双向细目表 ①

考查内容			学科素养					
			概念和论断的理解与掌握		概念和论断的贯通运用		问题的探究与创新解决	
			核心概念理解与掌握	基本论断理解与掌握	核心概念的贯通运用	基本论断的贯通运用	问题分析与解决	问题评价与反思
中国特色社会主义	经济（社会建设）	我国的生产资料所有制						
		我国的社会主义市场经济体制						
		我国的经济发展						
		我国的个人收入分配与社会保障						
	政治建设	历史和人民的选择						
		中国共产党的先进性						
		坚持和加强党的全面领导						
		人民民主专政的社会主义国家						
		我国的根本政治制度						
		我国的基本政治制度						
	法治建设	治国理政的基本方式						
		法治中国建设						
		全面推进依法治国的基本要求						
	生态文明建设	加快推进人与自然和谐共生的现代化						
		坚持绿色发展						

① 源自《普通高中思想政治课程标准（2017年版2020年修订）》学业质量标准部分和《中国考试》2019 年第 12 期《基于高考评价体系的思想政治科考试内容改革实施路径》。

表 3-17　高中思想政治学科低阶双向细目表①

考查内容			认知操作			
			识记	理解	应用	评价
中国特色社会主义	经济（社会建设）	我国的生产资料所有制				
		我国的社会主义市场经济体制				
		我国的经济发展				
		我国的个人收入分配与社会保障				
	政治建设	历史和人民的选择				
		中国共产党的先进性				
		坚持和加强党的全面领导				
		人民民主专政的社会主义国家				
		我国的根本政治制度				
		我国的基本政治制度				
	法治建设	治国理政的基本方式				
		法治中国建设				
		全面推进依法治国的基本要求				
	生态文明建设	加快推进人与自然和谐共生的现代化				
		坚持绿色发展				

历史学科团队在中国高考评价体系“生活实践情境、学习探索情境”的分类指引下，将高中历史高考情境分为学习情境、生活情境、社会情境、学术情境四种类型（图 3-6）。老师们可以参考 2019 年第 12 期《中国考试》的相关文献及其他文献进一步明确四类情境的具体含义，并将其用于指导具体情境案例的布局与筛选。

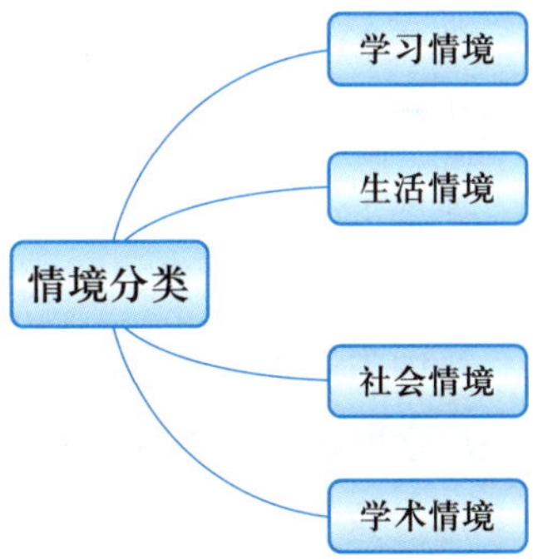

图 3-6　高中历史高考情境分类图

历史学科团队在承担监测工作时研发了高中历史高阶双向细目表（表 3-18）和低阶双向细目表（表 3-19）。

① 源自《普通高中思想政治课程标准（2017年版2020年修订）》学业质量标准部分和《中国考试》2019 年第 12 期《基于高考评价体系的思想政治科考试内容改革实施路径》。

▶▶ 表 3-18　高中历史高阶双向细目表

<table>
<tr><td rowspan="2">核心主题</td><td colspan="2">概念和论断的理解掌握</td><td colspan="2">概念和论断的贯通运用</td><td colspan="2">问题的探究与创新解决</td></tr>
<tr><td>核心概念理解与掌握</td><td>基本论断理解与掌握</td><td>核心概念的贯通运用</td><td>基本论断的贯通运用</td><td>问题分析与解决</td><td>问题评价与反思</td></tr>
<tr><td>中外历史纲要</td><td></td><td></td><td></td><td></td><td></td><td></td></tr>
<tr><td>国家制度与社会治理</td><td></td><td></td><td></td><td></td><td></td><td></td></tr>
<tr><td>经济与社会生活</td><td></td><td></td><td></td><td></td><td></td><td></td></tr>
<tr><td>文化交流与传播</td><td></td><td></td><td></td><td></td><td></td><td></td></tr>
</table>

▶▶ 表 3-19　高中历史低阶双向细目表

<table>
<tr><td rowspan="2">考查内容</td><td colspan="7">认知操作</td></tr>
<tr><td>识记</td><td>理解</td><td>分析</td><td>阐述</td><td>发现</td><td>提问</td><td>论证</td></tr>
<tr><td>中外历史纲要</td><td></td><td></td><td></td><td></td><td></td><td></td><td></td></tr>
<tr><td>国家制度与社会治理</td><td></td><td></td><td></td><td></td><td></td><td></td><td></td></tr>
<tr><td>经济与社会生活</td><td></td><td></td><td></td><td></td><td></td><td></td><td></td></tr>
<tr><td>文化交流与传播</td><td></td><td></td><td></td><td></td><td></td><td></td><td></td></tr>
</table>

从表 3-18 和表 3-19 可以看出，高中历史高阶双向细目表和低阶双向细目表都是根据普通高中历史课程标准和中国高考评价体系加以提炼和归纳的，体现了依标命题要求，做到了教考一致。①

之所以没有列出高中物理、化学、生物学、地理等课程的双向多维细目表，是因为读者参考本章第一节的相关图表并进行学科化改造，就可以制定出高中学段本学科的双层多维细目表。

透过这五个学科的双层多维细目表以及本章第一节的相关图表的具体案例，大家可以发现：第一，各个学科构建的双层多维细目表均有比较大的形式差异，这种差异的形成既与学科性质不同有关，也与具体考试评价工作

① 源自《普通高中历史课程标准（2017 年版 2020 年修订）》学业质量标准部分和《中国考试》2019 年第 12 期《基于高考评价体系的历史科考试内容改革实施路径》。

的需要有关。这一特点也启示我们：构建双层多维细目表不可拘泥于某一种具体模式，而是要具体问题具体分析，在尊重学科性质的基础上满足实际工作的需要。第二，虽然各个学科构建的双层多维细目表有差异，但是它们在本质上是一致的，即体现了测评的核心素养立意，满足了测、评、学的基本要求。

上述五个学科的双层多维细目表都是结合课程标准、中国高考评价体系研制的，符合核心素养考查新要求，是核心素养测评操作性转化中的一项非常重要的具体技术，对推动高质量的核心素养测评有重大价值，并经受了大规模命题实践的检验。虽然这些细目表是针对高中学段和高考命题改革的，但是只要结合课程标准略加改造，就可以适用于初中和小学学段的各门学科。

第四章 学科思维属性考查等价技术

双层多维细目表是核心素养立意下命题蓝图的具体化和细化，一旦命题蓝图规划好了，就可以进入具体的试题命制环节，相当于工程施工环节。本章着重讨论核心素养测评中一项关键的“施工”技术：如何依托学科知识有效测评学科思维的发展水平。它是第一章所说的挑战“测评中知识—素养的架桥问题”的部分解决。本章介绍的“等价技术”是对我国高考命题经验的系统总结，也是笔者长期参与命题实践的探索结果，是本书的重大创新之一。

第一节

学科知识与学科思维

柏拉图在《泰阿泰德篇》中指出：知识是经过证实了的真的信念。随着知识发展的学科化，知识已经处于体系化时代，从而形成学科知识体系，这是人类的种族经验。教育的基本使命就是传承和发展人类的种族经验。本节集中讨论学科知识的分类，学科思维在教育中的价值，以及学科知识与核心素养的关系。

一、学科知识的分类

学科知识是不断扩张的高度体系化的知识，基础教育的主要目的之一在于传递被历史所沉淀下来的知识体系，并激发学生进一步学习和积累学科知识的动力与兴趣。这个知识体系包括陈述性知识和程序性知识。①

陈述性知识是描述客观事物的特点及关系的知识，即关于是什么、为什么的知识，主要包括符号表征、概念、命题。符号表征是最简单的陈述性知识，是指代表一定事物的符号，如英语单词的词形、数学中的数字、物理公式中的符号、化学元素的符号等。概念是对一类事物本质特征的反映。命题是对事物之间关系的陈述。命题可以分为两类：一类是非概括性命题，只表示两个以上的特殊事物之间的关系。另一类是概括性命题，表示若干事物之间的关系。

程序性知识是一套关于办事的操作步骤的知识，也称操作性知识。这类知识主要用来解决“做什么”和“如何做”的问题。策略性知识是一种较为特殊的程序性知识。它是关于认识活动的方法和技巧的知识。

陈述性知识主要以命题和命题网络表征，是关于世界的理解与解释；程序性知识以产生式表征，是以方法、技能、技巧为核心的知识。

人们对学科知识的理解通常仅限于陈述性知识，即概念和原理，而常常

① 本书对陈述性知识和程序性知识的分类与中国高考评价体系一致，但何谓陈述性知识和程序性知识，意见纷纭。

忽视程序性知识。早在1907年，美国科学与数学教师中央协会就强调科学方法和科学过程这些程序性知识在科学教学中的重要性。中国核心素养框架高度重视程序性知识对核心素养发展的影响。例如，中国学生发展核心素养中的“科学精神”包括“理性精神”“批判质疑”“勇于探究”，这些核心素养的发展主要依赖对程序性知识的掌握。在2022年版义务教育课程标准中，数学课程要培养的学生核心素养主要包括三个方面，即会用数学的眼光观察现实世界、会用数学的思维思考现实世界、会用数学的语言表达现实世界。这些表述，尤其是数学眼光和数学思维具有浓厚的程序性知识意味。语文课程要培养的语言应用、思维能力，历史课程要培养的史料实证、历史解释，地理课程要培养的综合思维、地理实践力，英语课程要培养的语言能力、思维品质、学习能力，道德与法治课程要培养的法治观念、健全人格、责任意识，物理课程要培养的科学思维、科学探究，化学课程要培养的科学思维、科学探究与实践，生物学课程和科学课程要培养的科学思维、探究实践等核心素养，均清晰而明确地指向程序性知识。在2020年修订的普通高中课程标准中，语文学科的语言建构与应用、思维发展与提升，数学学科的数学抽象、逻辑推理、数学建模、直观想象、数学运算、数据分析，英语学科中的语言能力、思维品质、学习能力，思想政治学科的科学精神，历史学科的唯物史观、时空观念、史料实证、历史解释，地理学科的综合思维、地理实践力，物理学科的科学思维、科学探究，化学学科的宏观辨识与微观探析、证据推理与模型认知、科学探究与创新意识，生物学学科的科学思维、科学探究等核心素养也同样指向程序性知识。中国高考评价体系不仅将“思维方法”列为高考着重考查的三大素养领域之一，而且在“实践探索”素养领域中也非常注重程序性知识的掌握与应用。中国学生发展核心素养框架、义务教育阶段各门课程要培养的核心素养、普通高中各学科核心素养和中国高考评价体系中的程序性知识部分的具体描述如表4-1至表4-4所示。

▶▶表4-1　中国学生发展核心素养框架中的程序性知识

素养	基本要点	具体描述
科学精神	理性思维	崇尚真知，能理解和掌握基本的科学原理和方法；尊重事实和证据，有实证意识和严谨的求知态度；逻辑清晰，能运用科学的思维方式认识事物、解决问题、指导行为等

续表

素养	基本要点	具体描述
科学精神	批判质疑	具有问题意识；能独立思考、独立判断；思维缜密，能多角度、辩证地分析问题，做出选择和决定等
	勇于探究	具有好奇心和想象力；能不畏困难，有坚持不懈的探索精神；能大胆尝试，积极寻求有效的问题解决方法等
实践创新	问题解决	善于发现和提出问题，有解决问题的兴趣和热情；能依据特定情境和具体条件，选择制订合理的解决方案；具有在复杂环境中行动的能力等
	技术运用	理解技术与人类文明的有机联系，具有学习掌握技术的兴趣和意愿；具有工程思维，能将创意和方案转化为有形物品或对已有物品进行改进与优化等。

▶▶ 表 4-2　义务教育课程要培养的核心素养中的程序性知识

课程	核心素养	具体描述
语文	语言应用	语文应用是指学生在丰富的语言实践中，通过主动的积累、梳理和整合，初步具有良好语感；了解国家通用语言文字的特点和运用规律，形成个体语言经验；具有正确、规范运用语言文字的意识和能力，能在具体语言情境中有效交流沟通；感受语言文字的丰富内涵，对国家通用语言文字具有深厚感情
	思维能力	思维能力是指学生在语文学习过程中的联想想象、分析比较、归纳判断等认知表现，主要包括直觉思维、形象思维、逻辑思维、辩证思维和创造思维。思维具有一定的敏捷性、灵活性、深刻性、独创性、批判性。有好奇心、求知欲，崇尚真知，勇于探索创新，养成积极思考的习惯
数学	会用数学的眼光观察现实世界	数学为人们提供了一种认识与探究现实世界的观察方式。通过数学的眼光，可以从现实世界的客观现象中发现数量关系与空间形式，提出有意义的数学问题；能够抽象出数学的研究对象及其属性，形成概念、关系与结构；能够理解自然现象背后的数学原理，感悟数学的审美价值；形成对数学的好奇心与想象力，主动参与数学探究活动，发展创新意识

续表

课程	核心素养	具体描述
数学	会用数学的眼光观察现实世界	在义务教育阶段，数学眼光主要表现为：抽象能力（包括数感、量感、符号意识）、几何直观、空间观念与创新意识。通过对现实世界中基本数量关系与空间形式的观察，学生能够直观理解所学的数学知识及其现实背景；能够在生活实践和其他学科中发现基本的数学研究对象及其所表达的事物之间简单的联系与规律；能够在实际情境中发现和提出有意义的数学问题，进行数学探究；逐步养成从数学角度观察现实世界的意识与习惯，发展好奇心、想象力和创新意识
	会用数学的思维思考现实世界	数学为人们提供了一种理解与解释现实世界的思考方式。通过数学的思维，可以揭示客观事物的本质属性，建立数学对象之间、数学与现实世界之间的逻辑联系；能够根据已知事实或原理，合乎逻辑地推出结论，构建数学的逻辑体系；能够运用符号运算、形式推理等数学方法，分析、解决数学问题和实际问题；能够通过计算思维将各种信息约简和形式化，进行问题求解与系统设计；形成重论据、有条理、合乎逻辑的思维品质，培养科学态度与理性精神。 在义务教育阶段，数学思维主要表现为：运算能力、推理意识或推理能力。通过经历独立的数学思维过程，学生能够理解数学基本概念和法则的发生与发展，数学基本概念之间、数学与现实世界之间的联系；能够合乎逻辑地解释或论证数学的基本方法与结论，分析、解决简单的数学问题和实际问题；能够探究自然现象或现实情境所蕴含的数学规律，经历数学“再发现”的过程；发展质疑问难的批判性思维，形成实事求是的科学态度，初步养成讲道理、有条理的思维品质，逐步形成理性精神
	会用数学的语言表达现实世界	数学为人们提供了一种描述与交流现实世界的表达方式。通过数学的语言，可以简约、精确地描述自然现象、科学情境和日常生活中的数量关系与空间形式；能够在现实生活与其他学科中构建普适的数学模型，表达和解决问题；能够理解数据的意义与价值，会用数据的分析结果解释和预测不确定现象，形成合理的判断或决策；形成数学的表达与交流能力，发展应用意识与实践能力。

续表

<table>
<tr><th>课程</th><th>核心素养</th><th>具体描述</th></tr>
<tr><td>数学</td><td>会用数学的语言表达现实世界</td><td>在义务教育阶段，数学语言主要表现为：数据意识或数据观念、模型意识或模型观念、应用意识。通过经历用数学语言表达现实世界中的简单数量关系与空间形式的过程，学生初步感悟数学与现实世界的交流方式；能够有意识地运用数学语言表达现实生活与其他学科中事物的性质、关系和规律，并能解释表达的合理性；能够感悟数据的意义与价值，有意识地使用真实数据表达、解释与分析现实世界中的不确定现象；欣赏数学语言的简洁与优美，逐步养成用数学语言表达与交流的习惯，形成跨学科的应用意识与实践能力</td></tr>
<tr><td rowspan="3">英语</td><td>语言能力</td><td>语言能力指运用语言和非语言知识以及各种策略，参与特定情境下相关主题的语言活动时表现出来的语言理解和表达能力。英语语言能力的提高有助于学生提升文化意识、思维品质和学习能力，发展跨文化沟通与交流的能力</td></tr>
<tr><td>思维品质</td><td>思维品质是指人的思维个性特征，反映学生在理解、分析、比较、推断、批判、评价、创造等方面的层次和水平。思维品质的提升有助于学生学会发现问题、分析问题和解决问题，对事物作出正确的价值判断</td></tr>
<tr><td>学习能力</td><td>学习能力指积极运用和主动调适英语学习策略、拓展英语学习渠道、努力提升英语学习效率的意识和能力。学习能力的发展有助于学生掌握科学的学习方法，养成良好的终身学习习惯</td></tr>
<tr><td rowspan="2">物理</td><td>科学思维</td><td>科学思维是从物理学视角对客观事物的本质属性、内在规律及相互关系的认识方式；是建构物理模型的抽象概括过程；是分析综合推理论证等方法在科学领域的具体运用；是基于事实证据和科学推理对不同信息、观点和结论进行质疑和批判，予以检验和修正，进而提出创造性见解的品格与能力。
科学思维主要包括模型建构、科学推理、科学论证、质疑创新等要素</td></tr>
<tr><td>科学探究</td><td>科学探究是指基于观察和实验提出物理问题、形成猜想与假设、设计实验与制订方案、获取与处理信息、基于证据得出结论并作出解释，以及对科学探究过程和结果进行交流、评估、反思的能力。
科学探究主要包括问题、证据、解释、交流等要素</td></tr>
</table>

续表

课程	核心素养	具体描述
化学	科学思维	科学思维是在化学学习中基于事实与逻辑进行独立思考和判断，对不同信息、观点和结论进行质疑与批判，提出创造性见解的能力；是从化学视角研究物质及其变化规律的思路与方法；是从宏观、微观、符号相结合的视角探究物质及其变化规律的认识方式。 科学思维主要包括：在解决化学问题中所运用的比较、分类、分析、综合、归纳等科学方法，基于实验事实进行证据推理、建构模型并推测物质及其变化的思维能力，在解决与化学相关的真实问题中形成的质疑能力、批判能力和创新意识
	科学探究与实践	科学探究与实践是指经历化学课程中的实验探究，基于学科和跨学科实践活动形成的学习能力；是综合运用化学等学科的知识和方法，通过一定的技术手段，在解决真实情境问题和完成综合实践活动中展现的能力与品格。 科学探究与实践主要包括：以实验为主的科学探究能力，通过网络查询等技术手段获取和加工信息的自主学习能力，运用简单的技术与工程方法设计、制作与使用相关模型和作品的能力，参与社会调查实践、提出解决实际问题初步方案的能力，与他人分工协作、沟通交流、合作问题解决的能力等
生物学	科学思维	科学思维是指在认识事物、解决实际问题的过程中，尊重事实证据，崇尚严谨求实，基于证据和逻辑，运用比较、分类、归纳、演绎、分析、综合、建模等方法，进行独立思考和判断，多角度、辩证地分析问题，对既有观点和结论进行批判审视、质疑包容，乃至提出创造性见解的能力与品格。 发展科学思维是培育学生理性思维、批判质疑、勇于探究等科学精神的重要途径
	探究实践	探究实践是源于对自然界的好奇心、求知欲和现实需求，解决真实情境中的问题或完成实践项目的能力与品格。探究实践活动主要包括科学探究和跨学科实践。主要环节有：发现问题或提出任务，制订方案，实施方案，获得证据或形成初步产品，分析证据或改进设计，得出结论或物化成果，进行表达、交流或展示等。 科学探究是学习生物学的重要方式，跨学科实践是扩展视野、增强本领的重要途径，探究实践是创新型人才的重要标志

续表

课程	核心素养	具体描述
道德与法治	法治观念	法治观念是指树立宪法法律至上、法律面前人人平等、权利义务相统一的理念，使尊法学法守法用法成为人们的共同追求和自觉行为。法治观念主要表现为：宪法法律至上，法律面前人人平等，权利义务相统一，守法用法意识和行为，生命安全意识和自我保护能力。 培育学生的法治观念，有助于他们形成法治信仰和维护公平正义的意识，做社会主义法治的忠实崇尚者、自觉遵守者、坚定捍卫者
	健全人格	健全人格是指具备正确的自我认知、积极的思想品质和健康的生活态度。健全人格主要表现为：自尊自信，理性平和，积极向上，友爱互助。 培育学生的健全人格，有助于他们正确认识自我、学会学习、学会生活、学会合作，养成积极的心理品质，提高适应社会、应对挫折的能力
	责任意识	责任意识是指具备承担责任的认知、态度和情感，并能转化为实际行动。责任意识主要表现为：主人翁意识，担当精神，有序参与。 培育学生的责任意识，有助于他们提升对自己、家庭、集体、社会、国家和人类的责任感，增强担当精神和参与能力
历史	唯物史观	唯物史观是揭示人类社会历史客观基础及发展规律的科学的历史观和方法论。 人类对历史的认识是由表及里、逐渐深化的，要透过历史的纷杂表象认识历史的本质，必须以科学的历史观和方法论为指导。唯物史观使历史学成为一门科学，只有运用唯物史观的立场、观点和方法才能对历史有全面、客观的认识。 在义务教育阶段，要求学生初步学会在唯物史观的指导下看待历史
	时空观念	时空观念是在特定的时间联系和空间联系中对事物进行观察、分析的意识和思维方式。 任何事物都是在特定的、具体的时间和空间条件下存在的，只有在特定的时空框架中，才可能对史事有准确的理解。 在义务教育阶段，要求学生学会在具体的时空条件下考察历史

续表

课程	核心素养	具体描述
历史	史料实证	史料实证是指对获取的史料进行辨析，并运用可信史料努力重现历史真实的态度与方法。 史料是认识历史的主要依据。要形成对历史的正确、客观的认识，必须重视史料的搜集和解读，并在学习和探究活动中加以运用。 在义务教育阶段，要求学生初步学会依靠可信史料了解和认识历史
	历史解释	历史解释是指以史料为依据，客观地认识和评判历史的态度和方法。 所有历史叙述本质上都是对历史的解释，即便是对基本事实的陈述也包含了陈述者的主观认识。只有通过对史料的搜集、整理和辨析，辩证、客观地描述历史，揭示历史表象背后的深层因果关系，才能不断接近历史真实。 在义务教育阶段，要求学生初步学会有理有据地表达自己对历史的看法
地理	综合思维	指人们综合地认识地理环境及人地关系的思维方式和能力。人地系统是一个综合体，需要从多种地理要素相互联系、时空变化等角度加以认识。综合思维的培育，有助于学生形成系统、动态、辩证地看待问题的思维方式，树立求真务实、开拓创新的科学精神
	地理实践力	指人们在地理实验、社会调查、野外考察等地理实践活动中所具备的行动力和意志品质。地理实验、社会调查、野外考察是地理学常用的研究方法，也是地理课程重要的学习方式。地理实践力的培育，有助于学生在真实环境中运用适当的地理实践活动方式，观察和认识地理环境，体验和感悟人地关系，并在活动中做到知行合一、乐学善学、不畏困难

表 4-3 普通高中各学科核心素养中的程序性知识

课程	核心素养	具体描述
语文	语言建构与应用	语言建构与运用是指学生在丰富的语言实践中，通过主动的积累、梳理和整合，逐步掌握祖国语言文字特点及其运用规律，形成个体言语经验，发展在具体语言情境中正确有效地运用祖国语言文字进行交流沟通的能力

续表

课程	核心素养	具体描述
语文	思维发展与提升	思维发展与提升是指学生在语文学习过程中，通过语言运用，获得直觉思维、形象思维、逻辑思维、辩证思维和创造思维的发展，促进深刻性、敏捷性、灵活性、批判性和独创性等思维品质的提升
数学	数学抽象	数学抽象是指通过对数量关系与空间形式的抽象，得到数学研究对象的素养。主要包括：从数量与数量关系、图形与图形关系中抽象出数学概念及概念之间的关系，从事物的具体背景中抽象出一般规律和结构，并用数学语言予以表征。 数学抽象是数学的基本思想，是形成理性思维的重要基础，反映了数学的本质特征，贯穿在数学产生、发展、应用的过程中。数学抽象使得数学成为高度概括、表达准确、结论一般、有序多级的系统。 数学抽象主要表现为：获得数学概念和规则，提出数学命题和模型，形成数学方法与思想，认识数学结构与体系。 通过高中数学课程的学习，学生能在情境中抽象出数学概念、命题、方法和体系，积累从具体到抽象的活动经验；养成在日常生活和实践中一般性思考问题的习惯，把握事物的本质，以简驭繁；运用数学抽象的思维方式思考并解决问题
	逻辑推理	逻辑推理是指从一些事实和命题出发，依据规则推出其他命题的素养。主要包括两类：一类是从特殊到一般的推理，推理形式主要有归纳、类比；一类是从一般到特殊的推理，推理形式主要有演绎。 逻辑推理是得到数学结论、构建数学体系的重要方式，是数学严谨性的基本保证，是人们在数学活动中进行交流的基本思维品质。 逻辑推理主要表现为：掌握推理基本形式和规则，发现问题和提出命题，探索和表述论证过程，理解命题体系，有逻辑地表达与交流。 通过高中数学课程的学习，学生能掌握逻辑推理的基本形式，学会有逻辑地思考问题；能够在比较复杂的情境中把握事物之间的关联，把握事物发展的脉络；形成重论据、有条理、合乎逻辑的思维品质和理性精神，增强交流能力

续表

课程	核心素养	具体描述
数学	数学建模	数学建模是对现实问题进行数学抽象，用数学语言表达问题、用数学方法构建模型解决问题的素养。数学建模过程主要包括：在实际情境中从数学的视角发现问题、提出问题，分析问题、建立模型，确定参数、计算求解，检验结果、改进模型，最终解决实际问题。 数学模型搭建了数学与外部世界联系的桥梁，是数学应用的重要形式。数学建模是应用数学解决实际问题的基本手段，也是推动数学发展的动力。 数学建模主要表现为：发现和提出问题，建立和求解模型，检验和完善模型，分析和解决问题。 通过高中数学课程的学习，学生能有意识地用数学语言表达现实世界，发现和提出问题，感悟数学与现实之间的关联；学会用数学模型解决实际问题，积累数学实践的经验；认识数学模型在科学、社会、工程技术诸多领域的作用，提升实践能力，增强创新意识和科学精神
	直观想象	直观想象是指借助几何直观和空间想象感知事物的形态与变化，利用空间形式特别是图形，理解和解决数学问题的素养。主要包括：借助空间形式认识事物的位置关系、形态变化与运动规律；利用图形描述、分析数学问题；建立形与数的联系，构建数学问题的直观模型，探索解决问题的思路。 直观想象是发现和提出问题、分析和解决问题的重要手段，是探索和形成论证思路、进行数学推理、构建抽象结构的思维基础。 直观想象主要表现为：建立形与数的联系，利用几何图形描述问题，借助几何直观理解问题，运用空间想象认识事物。 通过高中数学课程的学习，学生能提升数形结合的能力，发展几何直观和空间想象能力；增强运用几何直观和空间想象思考问题的意识；形成数学直观，在具体的情境中感悟事物的本质

续表

课程	核心素养	具体描述
数学	数学运算	数学运算是指在明晰运算对象的基础上，依据运算法则解决数学问题的素养。主要包括：理解运算对象，掌握运算法则，探究运算思路，选择运算方法，设计运算程序，求得运算结果等。 数学运算是解决数学问题的基本手段。数学运算是演绎推理，是计算机解决问题的基础。 数学运算主要表现为：理解运算对象，掌握运算法则，探究运算思路，求得运算结果。 通过高中数学课程的学习，学生能进一步发展数学运算能力；有效借助运算方法解决实际问题；通过运算促进数学思维发展，形成规范化思考问题的品质，养成一丝不苟、严谨求实的科学精神
	数据分析	数据分析是指针对研究对象获取数据，运用数学方法对数据进行整理、分析和推断，形成关于研究对象知识的素养。数据分析过程主要包括：收集数据，整理数据，提取信息，构建模型，进行推断，获得结论。 数据分析是研究随机现象的重要数学技术，是大数据时代数学应用的主要方法，也是“互联网 +”相关领域的主要数学方法，数据分析已经深入到科学、技术、工程和现代社会生活的各个方面。 数据分析主要表现为：收集和整理数据，理解和处理数据，获得和解释结论，概括和形成知识。 通过高中数学课程的学习，学生能提升获取有价值信息并进行定量分析的意识和能力；适应数字化学习的需要，增强基于数据表达现实问题的意识，形成通过数据认识事物的思维品质；积累依托数据探索事物本质、关联和规律的活动经验
英语	语言能力	语言能力指在社会情境中，以听、说、读、看、写等方式理解和表达意义的能力，以及在学习和使用语言的过程中形成的语言意识和语感。英语语言能力构成英语学科核心素养的基础要素。英语语言能力的提高蕴含文化意识、思维品质和学习能力的提升，有助于学生拓展国际视野和思维方式，开展跨文化交流

续表

课程	核心素养	具体描述
英语	思维品质	思维品质指思维在逻辑性、批判性、创新性等方面所表现的能力和水平。思维品质体现英语学科核心素养的心智特征。思维品质的发展有助于提升学生分析和解决问题的能力，使他们能够从跨文化视角观察和认识世界，对事物作出正确的价值判断
	学习能力	学习能力指学生积极运用和主动调适英语学习策略、拓宽英语学习渠道、努力提升英语学习效率的意识和能力。学习能力构成英语学科核心素养的发展条件。学习能力的培养有助于学生做好英语学习的自我管理，养成良好的学习习惯，多渠道获取学习资源，自主、高效地开展学习
物理	科学思维	“科学思维”是从物理学视角对客观事物的本质属性、内在规律及相互关系的认识方式；是基于经验事实建构物理模型的抽象概括过程；是分析综合、推理论证等方法在科学领域的具体运用；是基于事实证据和科学推理对不同观点和结论进行质疑和批判，进行检验和修正，进而提出创造性见解的能力与品格。 “科学思维”主要包括模型建构、科学推理、科学论证、质疑创新等要素
	科学探究	“科学探究”是指基于观察和实验提出物理问题、形成猜想与假设、设计实验与制订方案、获取和处理信息、基于证据得出结论并作出解释，以及对科学探究过程和结果进行交流、评估、反思的能力。 “科学探究”主要包括问题、证据、解释、交流等要素
化学	宏观辨识与微观探析	能从不同层次认识物质的多样性，并对物质进行分类；能从元素和原子、分子水平认识物质的组成、结构、性质和变化，形成“结构决定性质”的观念。能从宏观和微观相结合的视角分析与解决实际问题
	变化观念与平衡思想	能认识物质是运动和变化的，知道化学变化需要一定的条件，并遵循一定规律；认识化学变化的本质特征是有新物质生成，并伴有能量转化；认识化学变化有一定限度、速率，是可以调控的。能多角度、动态地分析化学变化，运用化学反应原理解决简单的实际问题

续表

课程	核心素养	具体描述
化学	证据推理与模型认知	具有证据意识，能基于证据对物质组成、结构及其变化提出可能的假设，通过分析推理加以证实或证伪；建立观点、结论和证据之间的逻辑关系。知道可以通过分析、推理等方法认识研究对象的本质特征、构成要素及其相互关系，建立认知模型，并能运用模型解释化学现象，揭示现象的本质和规律
	科学探究与创新意识	认识科学探究是进行科学解释和发现、创造和应用的科学实践活动；能发现和提出有探究价值的问题；能从问题和假设出发，依据探究目的，设计探究方案，运用化学实验、调查等方法进行实验探究；勤于实践，善于合作，敢于质疑，勇于创新
生物学	科学思维	“科学思维”是指尊重事实和证据，崇尚严谨和务实的求知态度，运用科学的思维方法认识事物、解决实际问题的思维习惯和能力。学生应该在学习过程中逐步发展科学思维，如能够基于生物学事实和证据运用归纳与概括、演绎与推理、模型与建模、批判性思维、创造性思维等方法，探讨、阐释生命现象及规律，审视或论证生物学社会议题
	科学探究	“科学探究”是指能够发现现实世界中的生物学问题，针对特定的生物学现象，进行观察、提问、实验设计、方案实施以及对结果的交流与讨论的能力。学生应在探究过程中，逐步增强对自然现象的好奇心和求知欲，掌握科学探究的基本思路和方法，提高实践能力；在探究中，乐于并善于团队合作，勇于创新
思想政治	科学精神	我国公民的科学精神，就是在认识世界和改造世界的过程中表现出来的一种精神取向，即坚持马克思主义的科学世界观和方法论，能够对个人成长、社会进步、国家发展和人类文明作出正确的价值判断和行为选择。 当代中国正经历广泛而深刻的社会变革，正进行宏大而独特的实践创新。在这一社会变革和实践创新的过程中发扬科学精神，必须坚持辩证唯物主义和历史唯物主义基本观点，领会习近平新时代中国特色社会主义思想，认清社会发展规律和阶段性特征，解放思想、实事求是、与时俱进、求真务实，在全面深化改革的进程中，把握发展机遇，应对各种挑战。培养青少年的科学精神，有助于他们形成正确价值取向和道德定力，提高辩证思维能力，立足基本国情、拓展国际视野，在实践创新中增长才干

续表

课程	核心素养	具体描述
历史	唯物史观	唯物史观是揭示人类社会历史客观基础及发展规律的科学的历史观和方法论。 人类对历史的认识是由表及里、逐渐深化的，要透过历史的纷杂表象认识历史的本质，科学的历史观和方法论是非常重要的。唯物史观使历史学成为一门科学，只有运用唯物史观的立场、观点和方法，才能对历史有全面、客观的认识
	时空观念	时空观念是在特定的时间联系和空间联系中对事物进行观察、分析的意识和思维方式。 任何历史事物都是在特定的、具体的时间和空间条件下发生的，只有在特定的时空框架当中，才可能对史事有准确的理解
	史料实证	史料实证是指对获取的史料进行辨析，并运用可信的史料努力重现历史真实的态度与方法。 历史过程是不可逆的，认识历史只能通过现存的史料。要形成对历史的正确、客观的认识，必须重视史料的搜集、整理和辨析，去伪存真
	历史解释	历史解释是指以史料为依据，对历史事物进行理性分析和客观评判的态度、能力与方法。 所有历史叙述在本质上都是对历史的解释，即便是对基本事实的陈述也包含了陈述者的主观认识。人们通过多种不同的方式描述和解释过去，通过对史料的搜集、整理和辨析，辩证、客观地理解历史事物，不仅要将其描述出来，还要揭示其表象背后的深层因果关系。通过对历史的解释，不断接近历史真实
地理	综合思维	指人们运用综合的观点认识地理环境的思维方式和能力。人类生存的地理环境是一个综合体，在不同时空组合条件下，地理要素相互作用，综合决定着地理环境的形成和发展。“综合思维”素养有助于人们从整体的角度，全面、系统、动态地分析和认识地理环境，以及它与人类活动的关系

续表

课程	核心素养	具体描述
地理	地理实践力	指人们在考察、实验和调查等地理实践活动中所具备的意志品质和行动能力。考察、实验、调查等是地理学重要的研究方法，也是地理课程重要的学习方式。“地理实践力”素养有助于提升人们的行动意识和行动能力，更好地在真实情境中观察和感悟地理环境及其与人类活动的关系，增强社会责任感

▶▶ 表 4-4　中国高考评价体系中的程序性知识

一级指标	二级指标	具体描述
实践探索	研究探索	根据应对新的问题情境的需要，合理地组织、调动各种相关知识与能力，实施调研、探究或实验活动。分析结果，提出新观点或发现新问题，寻求有效的问题解决方法
	操作运用	根据应对问题情境的需要，合理地组织、调动各种相关知识与能力，运用实验等动手操作方法，探究所要解决的生活实践或学习探索情境中的各种问题。综合各种技术方法进行组合创新，将创意或方案转化为有形物品或对已有物品进行改进与优化，创新性地解决现实情境问题
	语言表达	根据应对问题情境的需要，合理地组织、调动各种相关知识与能力，准确传达信息并进行交流沟通。能够根据具体情境的不同，选用口语、书面语等不同语体并灵活转换。熟练运用图像、图表、图片表达思维、观点，借助口语、书面语或绘图等方式表达抽象的概念。灵活运用各种文本形式准确表达个人的情感、思维和观点。能够根据情境需要，运用外语进行交流
思维方法	科学思维	采用严谨求真的、实证性的逻辑思维方式应对各种问题。能够根据对问题情境的分析，运用实证数据分析事物的内部结构和问题的内在联系，以抽象的概念来反映客观事物的本质特征和内在联系。运用抽象与联想、归纳与概括、推演与计算、模型与建模等思维方法来组织、调动相关的知识与能力，解决生活实践或学习探索情境中的各种问题

续表

一级指标	二级指标	具体描述
思维方法	人文思维	运用历史的、辩证的、审美的、系统的思维方式应对各种问题。能够根据对问题情境的分析，从多元性、情境性、关联性、层次结构性、动态平衡性、开放性和时序性等方面把握问题与事物的本质。综合运用联想、类比、引申等思维方法，组织、调动相关的知识与能力，解决生活实践或学习探索情境中的各种问题
	创新思维	运用开放性、创新性的思维方式应对问题情境，组织相关的知识与能力，注重独立性、批判性、发散性的思考。综合运用直觉的、顿悟的、灵感的、形象的、逻辑的方法，提出新视角、新观点、新方法、新设想，创新性地解决生活实践或学习探索情境中的各种问题

这些文本表述的直接目的在于刻画某一核心素养的内涵，其中蕴含的程序性知识的内涵需要加以细心体会，但是，从行文的表达中依然可以清晰地体会到对程序性知识的高度关注。可以这么说，中国核心素养框架的鲜明特色之一，就是高度强调以科学思维方法、科学探究方法、实践操作技能为代表的程序性知识在核心素养立意的教育教学体系中的重要地位，即教育不仅要传承关于世界已有的理解和解释（概念和原理），更要对学生“授之以渔”，让他们更好地去认识、改造现实世界。

二、学科思维在教育中的价值

教育要注重发展学生的思维，是教育对当今时代之变的回应。当今人类的教育正处于千年未有的变化：人类一直在寻求对世界的理解，并以此作为基础来改造世界。在这个过程中，人类对认识世界、改造世界的渴望不断推动着陈述性知识体系的发展和分化。但是，当今人类处于陈述性知识更新速度越来越快、新问题新挑战层出不穷的社会。如果人类的教育依然以陈述性知识传授为己任，就会面临一种尴尬的局面：学生掌握的陈述性知识总是处于落后状态，赶不上知识更新的步伐和社会的变化。这是当今基础教育必须回应的挑战，如果回应不好，学校这种组织化的知识传授机构就有可能失去存在的必要，教师这种职业化的知识传授者也将面临生存危机。这种挑战是专门化学校和职业化教师出现并发展至今所面临的最大冲击。面对这一冲击，教育人的共识是：发展学生的思维，即学校和教师的任务由“知识传授”转为“发展思维”，教育应该由“授人以鱼”转变为“授人以渔”。杜威认为，科学方法并不仅仅是一种寻求利益最大化的手段，也不仅仅是纯技术理性的深奥学科。它代表了思考的唯一方法，并且在任何学科中都被证实有效。杜威甚至认为科学态度也是以科学思想方法为基础的，是关于探究、检验、鉴别、通过努力收集全部可见证据，并通过基础性证据得出结论的意愿。尼赫鲁也认为科学精神的养成要注重科学思想方法的培养：科学的冒险精神和批判精神、对真理和新知识的渴求、否定任何没有经过检验和证实的事件、在新证据出现时修改先前结论、依据观察的事实而非先入为主的理论，以及保持严谨规范的思维。为此，澳大利亚当代著名科学教育家马修斯批评当前的科学教育不注重思维能力与科学精神的培养：科学被当作一个精彩的结论来教授……科学课程很少体现科学探索的灵活性和结论的灵活性。①

虽然教育应该致力于发展思维已经成为时代的共识，但是在如何发展学生的思维这个方面依然存在模糊的认识。通过多年的教育教学实践，笔者认为理解如何发展学生思维这个问题应该立足于两条基本原则。

基本原则 1：发展学生的思维应该立足于课程和学科，着力发展学生的学科思维。只有立足于课程和学科，才能将学生的思维发展落到实处，而不至于流于形式，这是对中国基础教育实际环境与传统的尊重，是对中国核心素养框架的体现，凸显了基础教育和学科教育在学生培养中的育人价值。除了少数术科（如体育）以外，凡是能够纳入基础教育国家课程体系的学科，一定是为人类认识世界、改造世界提供了独特的思维方法。正如凯恩斯所说的：（好的）经济学理论并不是一些现成的可以用于施政的结论。它不是教条，而是一种方法、一种智力工具、一种思维技巧，有助于拥有它的人得出正确的结论。②因此，基础教育应鼓励学生像数学家、物理学家、化学家、

---

① 马修斯. 科学教学：科学史和科学哲学的贡献［M］. 刘恩山，郭元林，黄晓，译. 北京：外语教学与研究出版社，2017：72-73.

② 海恩，勃特克，普雷契特科. 经济学的思维方式［M］. 史晨，马昕，陈宇，译. 北京：世界图书出版公司，2013：4-5.

生物学家、经济学家那样去思考，使学生掌握各学科特有的思维方法，以应对未来社会的新问题和新挑战。

基本原则 2： 遵循发展学科思维的基本途径。发展学科思维的基本途径有两条：一是注重程序性知识的掌握。一门成熟学科的精髓不在于它关于世界的结论，而在于其认识世界、分析问题、解决问题的独特分析方式。一门成熟学科就是通过其独特的分析方式以及对世界深刻的认识能力而展现出自身的力量与价值。程序性知识是学科独特分析方式的重要组成部分，它涵盖了学科中“怎么办”的操作性知识。掌握程序性知识是学生终身发展的有力支撑。二是把陈述性知识转化为程序性知识。在认识世界、改造世界的过程中，各学科以概念和命题的形式构建起了自己的陈述性知识体系，这也是各学科对特定世界的理解和解释。经过学术共同体一代又一代的努力，任何一门成熟学科都已经沉淀出自己的基本知识系统，形成了由本学科不同知识构成的完整结构，基础教育教材承载和传授的就是这一结构化知识体系中最基本的知识及其结构。这个最基本的知识结构构成了这门学科最具生命持续力的“硬核”，成为人们进入该学科不得不跨越的基本专业“门槛”，它也是学科新知识发展的基础。基础教育的目标之一就是以学科课程为载体让学生掌握这些基础知识。但是，基础教育不能仅停留在对这些基础知识的记忆和理解上，而是要把它们变为进一步认识世界、改造世界的基础，因此，基础教育的学科教师必须把这些基础知识转化为思维意识、思维方法、思维能力，即把它们转化为分析问题、解决问题的“眼光”和思维方法。这是基础教育的基本使命之一。

三、学科知识与核心素养的关系

中国核心素养框架高度凸显学科知识在核心素养发展中的价值。我国基础教育的传统特色是将学科知识局限在陈述性知识，虽然新一轮基础教育课程改革强调了程序性知识的学习价值，但是作为教学基本材料的教科书依然以陈述性知识为基本架构，这就使得教师在面对中国核心素养框架时，必须深入系统地认识学科的陈述性知识与核心素养之间的关系。为简化表述起见，笔者将其简称为“学科知识与核心素养的关系”问题。从基础教育课程改革刚刚启动开始，这个问题就困扰着中国基础教育人，甚至有不少教师说：这一轮课程改革主张核心素养，是不是以后不用教学科知识了，只教核心素养就可以了。笔者的回答有三点：第一，不是不用教学科知识了，恰恰相反，新一轮基础教育课程改革对学科知识的教育教学提出了更高要求；第二，核心素养没有办法直接教，老师教的还是学科知识，但是要把这些知识变成核心素养；第三，基础教育领域的学科知识与核心素养的关系可以概括为：学科知识外化于行、内化于心。

从外化于行的角度看，核心素养表现在能否运用所学知识、技能与思维方法应对来自真实生活情境的挑战，即解决实际问题。围绕解决实际问题，可以从三个方面考查学生的核心素养发展水平：第一，能否把所学从解决简单情境问题迁移到解决复杂情境问题；第二，能否把所学从解决熟悉情境问题迁移到解决新颖情境问题；第三，能否把所学从解决结构良好的情境问题迁移到解决结构不良的情境问题。也就是说，实际问题的解决表现为学生的迁移能力，包括复杂情境下的迁移能力、新颖情境下的迁移能力、结构不良情境下的迁移能力。对于如何考查迁移能力，研究者在不同理解下对解决实际问题进行了大量研究，此处不再赘述。本书侧重于如何从内化于心角度探讨核心素养的考查，因为这是研究相对薄弱的领域。

学科知识有没有内化于心，可以从三个方面加以判断：结构化、语言化、思维化。

第一，任何一门成熟学科都是由已有学科知识的精华累积而成的系统化的有序的知识体系，即学科知识是结构化的。学生的知识结构化程度是反映学科素养高低的基本维度。这也符合经合组织的国际学生评估项目提出“素养测试”时对素养所表达的两个基本诉求之一：学生对本学科的知识是否有整体的理解和把握（另一个基本诉求是能否运用所学知识应对来自真实生活情境的挑战）。学科素养低的学生通常掌握的只是一堆孤立、零散的学科知识；而学科素养高的学生能够按照知识之间的内在关联与发展逻辑，将所学知识转化为整合的知识、有序的知识，这就是知识结构化。知识只有被结构化，才能有效地被综合运用于应对真实问题情境的挑战。基于上述认识，关于核心素养测评的第一个基本结论是：核心素养考查的第一个层次是考查学生对学科知识的整合程度及整合能力。

知识–语言–思维：学科素养导向下的思想政治学科测评体系新转向

同样是对学科知识的考查，核心素养测评与传统学科知识导向的测评有着根本区别。传统测评体系更关注对孤立知识理解和掌握的深浅程度的考查，即考查的是在许多教师心目中根深蒂固的“知识点”，而核心素养测评更强调对“知识面”的考查；传统测评体系具有“纵向延伸”性质，即沿着某个知识考得过深、过细、过难，而学科素养测评具有“横向延伸”性质，即更强调学科内不同知识之间的整合。

第二，任何一个成熟学科都是一套完整的语言体系。并非只有中文、英文才是语言，每个成熟学科都形成和发展出了自己的话语体系。例如，数学就有自己的数学语言系统，能够用日常文字语言表达的现象基本都可以用数学语言表达；经济学、哲学等都是语言，都是各有特色、使命和门槛的专业语言，是没有经过一定专业训练的人难以理解的语言。

一个学科的语言体系是由该学科的符号、概念及其使用规则组成的，每个学科就是用这套语言体系描述和刻画自己的研究对象，表达和交流自己的研究结论。这种以学科专业语言为基础的交流方式是该学科经过长期实践发展起来的高效率的交流方式。它以其专业上的精确和浓缩，让该学科的从业群体能够更有效地表达自己的思想，更有效地进行合作。

高中教育具有一定的学科专业性，开始需要让学生掌握本学科最基本的符号系统、概念体系及其使用规则。因此，反映高中生学科核心素养高低的另一个基本维度就是专业语言的掌握程度和运用能力，即能否运用专业语言表达自己的思想，能否把非专业语言转换或“翻译”成专业语言。

能够流畅表达专业语言是一个人学科核心素养高的重要体现。而大学开展的是更专门、更精细的专业教育，以培养学生能够“说专业语言”为己任。高考作为上承高等教育、下联基础教育的重要环节，必然要反映高等教育的这种特性和需求，着力考查学生是否初步具备专业语言表达能力，这也是学生在学科学习探索类情境下必须具备的关键能力。因此，核心素养测评的第二个基本结论是：核心素养考查的第二个层次是考查学生对学科专业语言的表达能力。传统学科知识导向的测试体系基本上停留在考查的第一个层次，而且突出的是对学科知识点及其纵向延伸的考查，忽视对学科语言表达能力的考查。

第三，从内化于心的角度看，学科知识转化为学科思维是学科知识内化于心的最高形态，是核心素养的集中体现。这意味着核心素养测评的第三个基本结论是：核心素养考查的第三个层次是考查学生学科思维方式的发展水平与运用能力。

第二节
学科思维考查的操作性转化技术

思维品质与实际问题解决方面的品质是判断学生核心素养发展水平的两个基本维度，也是中国高考评价体系对核心素养的操作性理解，这种理解已经成为共识，如今大家讨论新高考命题的变化时，“情境”“实际问题解决”“思维”成为出现频率最高的词。现在大家都认可中高考要考查学生的思维能力、思维品质，然而思维是关于人类个体认知活动的心理品质，具有丰富的属性，因此，测评者不能笼统地谈要考查思维，也不能将认知停留在要考查学科思维上，而是必须明确究竟要考查学科思维的哪些属性。但是思维是大脑的活动，无法直接加以观测，那么如何通过可观测的活动来考查思维的属性呢？

本节内容作为本章的重点，旨在详细分析高利益相关度纸笔测试中如何考查各种思维属性，这是笔者近几年在各地指导命题能力提升的实践经验总结的成果，主要包括两部分内容：一是明确纸笔测试中需要考查的学科思维属性，二是探讨如何依托可观测变量合理地考查这些属性。它们共同构成学科思维考查的操作性转化技术。

一、明确学科思维的属性

在中国核心素养框架中所说的思维主要是指学科思维。思维是人类大脑对外部世界进行信息加工的过程，而这一过程的品质特征可以从多个维度加以分析，这些维度就构成了思维的各项属性。结合纸笔测试的特点，高利益相关度考试应该着重考查思维的（抽象）概括性、条理性、灵活性、审慎性和结构性等，这些属性相互交织，共同构成了人类思维的复杂性和多样性。虽然思维的创新性也是思维的重要属性，但是笔者认为对思维创新性的考查应该渗透在思维的概括性、条理性、灵活性、审慎性和结构性等各项属性的考查中，因此不再单列。

（一）思维的概括性

思维的概括性是指在大量感性材料的基础上，把一类事物共同的特征和规律抽取出来并加以抽象概括。它涉及识别不同情况之间的共同点和差异，以及将这些共同点整合成更广泛的知识框架。具有概括性思维的人能够看到问题的本质和背后的普遍规律，从而更好地理解复杂现象并进行有效决策；能够通过已有的知识和经验去认识和把握未知的事物。在学科学习中，概括性思维有助于学生深入理解复杂现象，并形成一般性的理论和观点。概括性是思维最基本的属性。

（二）思维的条理性

思维的条理性是指个体在思考问题时，能够按照一定的逻辑顺序进行，使得思维过程有序、连贯，从而能够更好地解决问题。它涉及将信息按照逻辑顺序排列，使用合适的分类和层次结构，以及确保论点和论据之间的紧密联系。具有条理性思维的人能够有效地传达复杂的概念和想法，而不会使听众或读者感到困惑。在论证和写作中，条理性思维尤为重要，能够帮助听众或读者更容易地理解论点和论据之间的关系。

（三）思维的灵活性

思维的灵活性是指能够迅速地从不同角度和方向进行思考，并能够适应不断变化的环境和情况。它表现为思维起点灵活，思维过程灵活，迁移能力强，善于组合分析，思维结果往往是合理而灵活的结论。它涉及从多个角度审视问题，愿意改变原有的观点或方法，以及综合性地、创造性地寻找替代解决方案。具有灵活性思维的人能够灵活地调整自己的思维方式和策略，不容易被固定的思维模式束缚，这有助于更好地解决问题和应对挑战。

（四）思维的审慎性

思维的审慎性是指在进行思考、决策或判断时，能够保持谨慎、细致和深入的态度，不轻易下结论或做决策，而且能够对各种可能性和风险进行充分的考虑和评估，从而提出自己的独立见解。它包括对信息的仔细评估、对假设和结论的批判性检验，以及避免草率判断和决策。具有审慎性思维的人倾向于系统地收集和分析信息，考虑各种可能性和后果，并在证据充分的基础上得出结论。例如，在科学研究中，审慎性思维要求科学家对实验数据进行严格的验证和分析，以确保结果的可靠性。

（五）思维的结构性

思维的结构性是指思维具有一定的层次和组织结构，能够有序地排列和组合不同的思维元素，形成清晰的思维框架和体系。它涉及将问题分解为更小的组成部分，识别各部分之间的关系，以及将这些关系整合成一个连贯的整体。具有结构性思维的人通常能够将一个问题或主题分解成若干个相关的部分或要素，并按照一定的逻辑关系进行组织和排列，形成一个有机的整体，同时善于运用分类、归纳、演绎等逻辑方法，将复杂的信息和观点整合成清晰的、有条理的思维结构，从而更好地理解和应对问题。

核心素养测评除了要从上述五个方面考查思维的属性，还要考虑思维的敏捷性等。但是高利益相关度纸笔测试应当着重考查思维的概括性、条理性、灵活性、审慎性和结构性。确立“五性”作为学科思维考查的重点是本书的重要主张。

二、构建学科思维属性考查等价技术

学科思维属性属于个体内在的心理品质，具有不可直接观测的特性。要进行有效的核心素养测评，必须把不可直接观测变量转化为可观测变量。学科思维是依托该学科的陈述性知识和程序性知识体系发展起来的。本书的一大创新就是将对学科思维属性的考查转化为对知识运用属性的考查，从而实现了思维属性的可测可评，有效地回答了“测评中知识—素养的架桥问题”。

课程（学科）核心素养的考查要以学科知识为依托或凭借，这意味着学科思维属性的考查也要以学科知识为依托。正如思维属性是个体大脑认知活动的各种品质，人类对学科知识的运用也具有各种品质属性，因此，测评者可以在丰富命题实践经验和充分进行实证研究的基础上，把对各项学科思维属性的考查等价地转化为考查学科知识运用的各项属性，本书称之为“等价技术”，即依托的是学科知识，但实际考查的是学科思维，或者说，把对学科思维属性的考查转化为对学科知识运用的考查。下面以近年来的中考和高考试题（极个别试题为自编）为例介绍等价技术，这些试题涵盖多个学科。

（一）思维的概括性等价于学科专业术语的依存运用

思维的概括性意味着个体能够从具体事物中抽象出一般特征和规律，形成概念和范畴。在学科知识运用中，思维的概括性表现为个体能够在理解和掌握学科基本概念和基本原理的基础上，将其运用于实际问题的分析和解决中，能够用专业术语解释现象，表达自己的研究结论。这是对世界本质与规律的抽象描述，是思维概括性的生动体现。

例题 1

三个用同样的细导线做成的刚性闭合线框，正方形线框的边长与圆线框的直径相等，圆线框的半径与正六边形线框的边长相等，如图 4-1 所示。把它们放入磁感应强度随时间线性变化的同一匀强磁场中，线框所在平面均与磁场方向垂直，正方形、圆形和正六边形线框中感应电流的大小分别为 I_1、I_2 和 I_3，则（　　）。

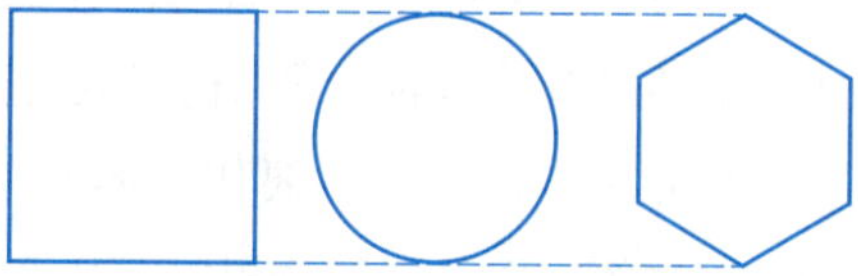

图 4-1　示意图

A. $I_1<I_3<I_2$　　B. $I_1>I_3>I_2$　　C. $I_1=I_2>I_3$　　D. $I_1=I_2=I_3$

参考答案：C。

【试题分析】

这道试题需要考生准确理解和运用“磁感应强度”“感应电流”“法拉第电磁感应定律”“电阻定律”等物理学概念、规律，并且能够将这些概念、规律与具体的物理情境（如不同形状的线框在变化磁场中的感应电流）相结合，形成解决问题的思路和方法。

这道试题呈现了一个具体的物理场景：三个不同形状的闭合线框（正方形、圆形、正六边形）被放置在一个磁感应强度随时间线性变化的匀强磁场中。这个场景看似复杂，但实际上，通过概括，我们可以提炼出问题的本质，即比较不同形状线框在相同条件下产生的感应电流大小。

在这个过程中，我们需要准确理解和运用物理学概念、规律。例如，磁感应强度描述了磁场的强弱程度，感应电流是指由于磁场变化而在导体中产生的电流。法拉第电磁感应定律说明感应电动势与磁通量的变化率成正比，而电阻定律说明电阻与导线的长度成正比，与导线的横截面积成反比。这些概念、规律不仅是物理学的基础，也是解题的关键。

在解答过程中，首先需要根据题目给出的条件，计算出各个线框的有效面积。这一步需要将具体的线框形状抽象为数学模型，以便进行计算。

设圆线框的半径为 r，则由题意可知，正方形线框的边长为 $2r$，正六边形线框的边长为 r。因此，正方形线框的周长和面积分别为

$$C_1=8r,\quad S_1=4r^2$$

圆线框的周长和面积分别为

$$C_2=2\pi r,\quad S_2=\pi r^2$$

正六边形线框的周长和面积分别为

$$C_3=6r,\quad S_3=\frac{1}{2}\times 6\times r\times \frac{\sqrt{3}}{2}r=\frac{3\sqrt{3}r^2}{2}$$

根据电阻定律，电阻与导线的长度成正比，与导线的横截面积成反比。由于三个线框是用同样的细导线做成的，导线的横截面积都相同。由此可知，电阻之比就等于导线长度之比，也就是线框的周长之比。

三个线框的材料粗细相同，根据电阻定律

$$R=\rho\frac{L}{S_{横截面}}$$

可知三个线框电阻之比为

$$R_1:R_2:R_3=C_1:C_2:C_3=4:\pi:3$$

最后，根据法拉第电磁感应定律，感应电动势与磁通量的变化率成正比。由于三个线框处于磁感应强度随时间线性变化的同一匀强磁场中，因此它们受到的磁通量的变化率是相同的。由此可知，感应电动势之比就等于线框的有效面积之比。

根据法拉第电磁感应定律可得

$$I=\frac{E}{R}=\frac{\Delta B}{\Delta t}\cdot\frac{S}{R}$$

电流之比为

$$I_1:I_2:I_3=2:2:\sqrt{3}$$

即

$$I_1=I_2>I_3$$

这道试题引导教师在日常教学中要注重运用学科专业知识抽象出事物的本质。

例题 2

国际产能合作是指两个经济体之间进行产能供求跨国或者跨地区配置的联合行动。2015 年底，中国已与“一带一路”沿线 20 余个国家签订了产能合作协议。开展跨国产能合作的中国产业，既有以轻工、家电为主的传统优势产业，以钢铁、平板玻璃为主的富余产能优势产业，又有以通信设备、轨道交通为主的装备制造优势产业，同时还带动了通信等优势行业的相关技术和标准“走出去”。

埃及是“一带一路”沿线的重要国家，中埃国际产能合作取得了积极成果。截至 2015 年底，中埃苏伊士经贸合作区第一期吸引了 68 家企业入驻，初步建成了石油装备、高低压电器、纺织服装、新型建材、机械制造等产业园区。合作区吸引投资近 10 亿美元，年销售额约 1.5 亿美元，年纳税约 2 亿埃及镑，为当地创造了 2 000 多个工作岗位。

请运用经济生活知识，并结合材料，说明推动“一带一路”国际产能合作对中国和其他沿线国家是双赢的选择。

参考答案：对沿线国家，扩大产品供给；增加税收；扩大就业，提高居民收入；提高相关产业的技术水平。对中国，扩大产品市场；促进优势产能“走出去”；提高在国际分工中的地位。

【试题分析】

这道试题鲜明地体现了对思维概括性的考查。在试题中，“一带一路”沿线国家埃及与中国进行国际产能合作后，赢得的东西是“合作区吸引投资近 10 亿美元，年销售额约 1.5 亿美元，年纳税约 2 亿埃及镑，为当地创造了 2 000 多个工作岗位”，但是考生不能照抄材料，而是要把材料中的事实和数据用经济学的术语加以抽象概括，如把年纳税约 2 亿埃及镑概括为“增加税收”，把“为当地创造了 2 000 多个工作岗位”概括为“扩大就业”。

例题 3

玉兰先开花再长叶，相关描述错误的是（　　）。

A. 开花所需要的有机营养来自上一年光合作用制造

B. 开花需要消耗的能量来源于细胞的呼吸作用

C. 影响长叶的主要非生物因素有温度和阳光等

D. 花也可以进行光合作用，为长叶提供有机营养

参考答案：D。

【试题分析】

这道试题以玉兰的生长习性为情境，要求学生判断四个选项的正确性。准确理解选项涉及的“光合作用”和“呼吸作用”这两个学科抽象术语是解题的关键。活细胞利用氧将有机物分解成二氧化碳和水，并且将储存在有机物中的能量释放出来，供给生命活动的需要，这个过程叫作呼吸作用。绿色植物在阳光的作用下，利用二氧化碳和水等无机物制造出有机物，并释放氧气，这个过程叫作光合作用。

A 选项，学生需要知道玉兰在开花前尚未长出叶子，无法进行光合作用来直接制造有机物。因此，开花所需的有机营养必然来自上一年通过光合作用积累的物质。

B 选项，学生需要知道呼吸作用是植物细胞利用氧气分解有机物以释放能量的过程，这些能量支持了植物的各种生命活动，包括开花。

C 选项，学生需要知道非生物因素是影响某种生物生活和分布的环境因素。在玉兰长叶的过程中，温度能加速或减缓叶片的生长，而阳光是植物进行光合作用不可或缺的条件。因此，温度和阳光都对叶片的生长起着重要的作用，且属于非生物因素。

D 选项，学生需要知道绿色植物叶片光合作用的场所是叶绿体，而玉兰花内并无叶绿体，因此无法进行光合作用。

将“光合作用”“呼吸作用”与玉兰的生长习性相结合，学生需要从具体到抽象、再从抽象到具体地进行思考和分析，概括出玉兰生长过程中物质和能量的转换规律，理解开花和长叶过程中物质和能量的来源及变化。

（二）思维的条理性等价于学科知识运用的逻辑性

思维的条理性意味着思维过程的清晰、有序和连贯，避免混乱和跳跃。在学科知识运用中，思维的条理性表现为个体在系统掌握学科知识内在逻辑结构的基础上，能够按照问题的内在逻辑关系，综合运用学科知识进行逻辑严密的合理推理和论证。因此，考查思维的条理性可以转化为考查知识运用的逻辑性。

例题 1

2014 年 2 月，国务院批准了《注册资本登记制度改革方案》。该方案明确了放宽市场准入规则的总体思路，并提出了一系列措施：放松市场主体准入管制，降低准入门槛；实行注册资本认缴登记制；改革年度检验验照制度和简化住所（经营场所）登记手续等。

政府放宽市场准入规则会增加市场活力，最终使消费者受益。结合材料和所学经济知识，分析放宽市场准入规则是如何通过市场机制的作用使消费者受益的。

参考答案：放宽市场准入规则可以降低企业进入市场的成本，提高企业进入市场的积极性和速度，使市场上企业的数量增加，从而导致供给增加和竞争加大；供给增加意味着商品种类的丰富和数量的增加，有利于满足消费者的多样化需求；竞争加大有利于提高商品质量，降低商品价格，最终使消费者受益。

【试题分析】

这道试题在思想政治高考命题史上的影响力非常大。它的特点在于给出事物发展的起点和终点，让学生分析事物由起点发展到终点的过程，即分析事物的发展过程与运动过程。数学、物理、化学等理科考试科目的试题分析注重考查学生的论证过程、推理过程、分析过程和计算过程。注重“过程逻辑”是这些科目的鲜明特点，而这道题的价值在于将注重考查“过程逻辑”引入高中思想政治考试科目。

这道试题要求学生能够建构如下的逻辑链条：放宽市场准入规则→进入成本降低、企业数量增加→供给能力增加、竞争增加→质量提高、价格下降→消费者受益。而逻辑链条的建构要求学生理解市场机制的内在作用机理，这是学科知识的内在逻辑结构，也是市场经济运行的内在逻辑。注重分析事物的作用机理和注重过程逻辑已经成为高考中的难点问题，这类试题难度较高，能显著拉开考生分数差距。同时，这类试题对日常教学产生了一定影响：一是引导日常教学不能停留于孤立知识点的理解和掌握，而是要深入理解知识之间的内在逻辑关系，这就是知识结构化；二是引导日常教学要重视学生逻辑思维能力的发展。

例题 2

阅读材料，完成下列要求。

材料：中华文明在五千多年不间断发展的历史进程中，融汇各地域文化的涓涓细流，内涵不断丰富，影响逐渐扩大，形成“六合同风，九州共贯”的气象。

请选择一个地域，结合所学中国古代史知识，以具体史实阐述该地域对中华文明发展的贡献。（要求：选择的地域与史实须相互吻合，表述清晰，观点正确。）

参考答案：

地域：黄河流域。

观点：黄河流域是中华文明重要的发祥地之一。

论述：黄河流域气候适宜、土壤肥沃、动植物资源丰富，中国先民很早就在这里繁衍生息。旧石器时代黄河流域有丁村人、蓝田人，新石器时代黄河流域出现了仰韶文化、大汶口文化、龙山文化，代代先民繁衍生息、辛勤劳动，刻画出中华文明的成长轨迹。在新石器时代，先民使用磨制石器工具，开创了原始农业和家畜饲养业，发明了各式各样的农业工具，人们的生活逐渐稳定，由此进入农耕文明。生产生活方式的变化孕育了中国的自然观、时间观、宇宙观乃至伦理观。农耕的发展促进了制陶等手工业的发展，人们制作的精美陶器，如彩陶和黑陶，兼具实用性和艺术性，奠定了中华文明精于工艺、善于创造的基因。生产的发展催生文字的出现，陶器上的刻画符号表达了先民的需求和意愿，之后文字逐渐摆脱图形的束缚，接近我们熟悉的样貌。由于农耕生产的发展，社会生产力提升，社会分化随之出现。新石器晚期的大汶口文化和龙山文化遗址中有宫殿建筑、天文建筑、礼器，阶级分化明显，中国即将进入阶级社会。传说中五帝之首的黄帝是黄河中上游一带的部落首领，他联合另一部落首领炎帝，结成炎黄部落联盟。他们被后世尊称为华夏始祖，成为中华民族的纽带和精神核心。五帝中的最后两位是尧、舜，尧禅让于贤能的舜的做法成为后世国家治理中任人唯贤思想的源泉。约公元前2070年，禹在今河南建立我国第一个奴隶制国家——夏朝。因此，黄河流域在中华文明起源过程中扮演了中心的地位。

【试题分析】

这道试题体现了对学生思维条理性的考查。题目要求选择一个地域，并以具体史实阐述该地域对中华文明发展的贡献。这就要求学生不仅要掌握相关的历史知识，还要能够按照一定的逻辑顺序，如时间顺序、因果关系等，来安排和组织自己的论述，确保史实之间的关联性和连贯性。

首先，学生需明确黄河流域作为论述对象，这是整个论述的起点和基础。其次，学生可以按照时间顺序和因果逻辑逐步展开论述。从黄河流域的自然环境讲起，其气候适宜、土壤肥沃为早期人类繁衍生息提供了有利条件，这是黄河流域成为中华文明重要发祥地之一的重要基础。

随着时间的推移，黄河流域出现了旧石器时代的丁村人、蓝田人，以及新石器时代的仰韶文化、大汶口文化、龙山文化等，体现了不同历史时期先民的智慧与创造，也构成了中华文明的成长轨迹。学生需要清晰地描绘出这一历史脉络，展示黄河流域文明的连续性和发展性。

学生可以进一步分析黄河流域在新石器时代的社会经济变革，如农业和家畜饲养业的发展、制陶等手工业的兴起以及文字的萌芽等。这些变革不仅促进了社会生产力的提升，也为中华文明的形成和发展奠定了物质基础和文化基因。学生需要将这些分散的历史知识有机地串联起来，形成一个完整、系统的论述。

最后，学生可以总结黄河流域在中华文明起源过程中的中心地位，强调其对中华文明的深远影响。这既是对前面论述的回顾和总结，也是对题目要求的回应和升华。

例题 3

海洋是一个巨大的资源宝库，可以从海水中制得粗盐，以粗盐水为原料综合利用的部分途径如图 4-2 所示。

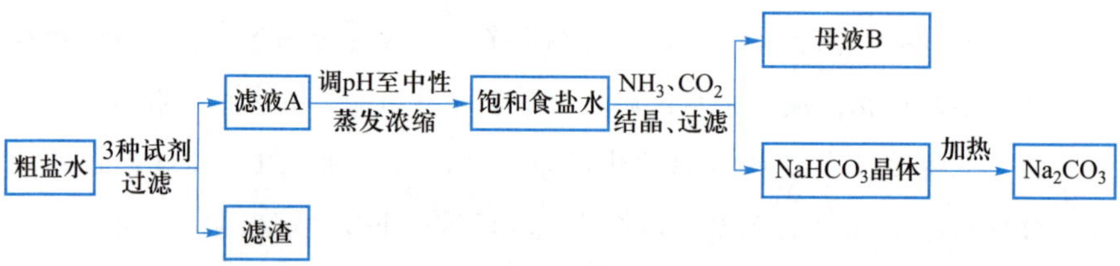

图 4-2　粗盐水的利用示意图

（1）为除去粗盐水中的 $CaCl_2$、$MgCl_2$ 和 Na_2SO_4 杂质，加入下列三种过量试剂的顺序依次可以是__________（填字母序号）。

A. Na_2CO_3、NaOH、$BaCl_2$　　　　B. $BaCl_2$、Na_2CO_3、NaOH

C. NaOH、$BaCl_2$、Na_2CO_3

（2）按加入试剂的正确顺序，过滤后的滤液 A 中溶质有________________________（填化学式）。小明直接将滤液 A 进行蒸发结晶，称取实验制得的固体 8 g，加入盛有 42 mL 蒸馏水的烧杯里（实验条件下，水的密度为 1 g/mL），完全溶解。在农业生产上，常用质量分数为 16% 的 NaCl 溶液进行选种，配制所得的 NaCl 溶液的浓度__________（大于/小于）16%。

（3）写出生成碳酸氢钠的化学方程式________________________；在该流程中，先向饱和食盐水中通入过量的氨气，再通入过量的二氧化碳。先通入过量氨气的目的是______________________________。

（4）若向分离出 $NaHCO_3$ 晶体后的母液 B（含有 NH_4Cl）中加入过量 $Ca(OH)_2$，则能获得一种可以循环使用的物质，其化学式是__________。

参考答案：

（1）BC。

（2）NaOH、Na_2CO_3、NaCl；小于。

（3）$NaCl+H_2O+NH_3+CO_2 = NaHCO_3\downarrow+NH_4Cl$；使溶液显碱性，有利于吸收二氧化碳。

（4）NH_3。

【试题分析】

（1）物质的提纯是指通过适当方法把混合物中的几种杂质除去以得到纯净物质的过程，也称除杂。为了保证将杂质除尽，所加的除杂试剂必须过量，因此为了不引进新杂质，后面步骤加入的除杂试剂要能除去前面步骤加入的过量除杂试剂。此题目考查学生思维的逻辑性：使用化学方法去除杂质进行提纯，需要遵循一定的逻辑，按照步骤进行。

粗盐溶液中存在的杂质离子：Mg^{2+}、Ca^{2+}、SO_4^{2-}		
去除杂质离子的方法	Mg^{2+}	Mg^{2+}与 OH^-反应生成 $Mg(OH)_2$ 沉淀
	Ca^{2+}	Ca^{2+}与 CO_3^{2-}反应生成 $CaCO_3$ 沉淀
	SO_4^{2-}	SO_4^{2-}与 Ba^{2+}反应生成 $BaSO_4$ 沉淀

续表

<table>
<tr><th colspan="3">粗盐溶液中存在的杂质离子：Mg^{2+}、Ca^{2+}、SO_4^{2-}</th></tr>
<tr><td rowspan="3">加入不同试剂的反应</td><td>$BaCl_2$</td><td>加入的 $BaCl_2$ 溶液能与 Na_2SO_4 反应生成 $BaSO_4$ 沉淀和 NaCl，从而除去 Na_2SO_4</td></tr>
<tr><td>Na_2CO_3</td><td>加入的 Na_2CO_3 溶液能与 $CaCl_2$、过量的 $BaCl_2$ 反应，生成 $CaCO_3$ 沉淀、$BaCO_3$ 沉淀和 NaCl，从而除去 $CaCl_2$ 和过量的 $BaCl_2$</td></tr>
<tr><td>NaOH</td><td>加入的 NaOH 溶液能与 $MgCl_2$ 反应生成 $Mg(OH)_2$ 沉淀和 NaCl</td></tr>
</table>

得到滤液 A 后，要将 pH 调至中性，则加入稀盐酸进行中和，目的是除去过量的 Na_2CO_3 和 NaOH。依次类推，则加入试剂的顺序为 $BaCl_2$ 溶液、Na_2CO_3 溶液、NaOH 溶液，或者 $BaCl_2$ 溶液、NaOH 溶液、Na_2CO_3 溶液，两种方法都可以达到除去杂质的目的。也就是说，先加入 $BaCl_2$ 溶液，其余两种溶液顺序可以调整，故选择 BC。

（2）按上题 B 选项加入试剂的顺序，得到的溶液中的溶质为反应生成的 NaCl，以及过量的 Na_2CO_3 和 NaOH。NaCl 溶液的浓度小于 16%，因为结晶出的固体内含杂质。此题目考查学生对溶液浓度概念的理解，学生需要将化学知识应用于解决实际问题。

（3）根据题目信息可知，在 NaCl 溶液中加入 NH_3 和 CO_2 生成 $NaHCO_3$，再根据（4）可知母液 B 为 NH_4Cl 溶液，则在 NaCl 溶液中加入 NH_3 和 CO_2 生成 $NaHCO_3$ 和 NH_4Cl，化学方程式为 $NaCl+H_2O+NH_3+CO_2 = NaHCO_3\downarrow+NH_4Cl$。先通入过量 NH_3 的目的是使溶液显碱性，有利于吸收 CO_2。

（4）母液 B（含有 NH_4Cl）中加入过量 $Ca(OH)_2$，该反应生成 NH_3、$CaCl_2$ 和 H_2O，题目信息中饱和食盐水和 NH_3、CO_2 制取 $NaHCO_3$，则母液 B 与 $Ca(OH)_2$ 反应生成的氨气为可以循环使用的物质，化学式为 NH_3。

化学课程标准要求学生具有证据意识，能基于证据对物质组成、结构及其变化提出可能的假设，通过分析推理加以证实或证伪。工艺流程题主要由三部分组成：情境创设、流程展示以及延伸出来的一系列有梯度的问题。工艺流程题主要有以下特点：（1）题目源于生产生活，以解决实际问题为思路导向，培养学生理论联系实际、学以致用的学习观念；（2）内容涉猎面广，涉及多个课程模块，着力考查学生对知识的综合、迁移、联想及推理能力；（3）面对这类题型需有较强的整体意识，有些信息隐蔽于流程中，需要深度挖掘、全盘考虑其转化过程。[①] 此类试题着重考查学生思维的逻辑性。在应对此类试题时，可以先通过抽象出模型或者流程图对过程进行简单梳理，然后再带入具体的材料完成题目。一般的工艺流程图的结构范式如图 4–3 所示。[②]

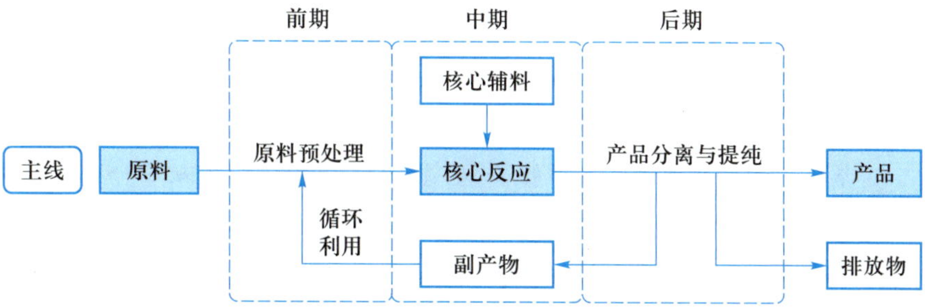

图 4–3　一般工艺流程图

工艺流程题从原料到产品会经过一系列化学变化。此类题目常以废弃溶液或废渣为原料，先对原料进行预处理，再加入辅料进行一系列反应，得到需要的产品及副产物，将产品分离提纯，最终得到需要的产物，同时将副产物进行重新利用。将考试中的工艺流程图按照以上范式进行处理，简化工艺流程图，可以使学生对题目有宏观把握，展现出思维的逻辑性。

（三）思维的灵活性等价于学科知识的依存运用

思维的灵活性意味着个体在面对不同情形时，能够灵活地调整思维方式和策略，以适应不同环境和应对不同的具体问题。在学科知识运用中，思维的灵活性表现为个体能够根据具体的问题情境，灵活地选择、组合和运用相关的知识和思维方法，以解决具体问题。也就是说，个体能够依据具体问题情境灵活地综合运用不同知识，本书称之为“知识的依存运用”，这里的“依存”是指知识的运用要依据具体的问题情境而定。“知识的依存运用”反映的是思维的灵活性，这种灵活性离不开学科知识的综合运用能力。

---

① 石保卫. 中考化学工艺流程题题型特点［J］. 数理化学习（初中版），2013（10）：41–43.

② 曾栋梁，李伟，付辉. 中考工艺流程题解题技巧和策略探究：以重庆市近几年中考化学试题为例［J］. 中学化学教学参考，2023（36）：52–56.

例题 1

2022 年 3 月 25 日，“华龙一号”示范工程在福建全面建成投运，标志着我国核电技术水平和综合实力跻身世界第一方阵。

“华龙一号”示范工程全面建成投运后，单台机组装机容量 116.1 万千瓦，每年发电近 100 亿千瓦时，相当于每年减少标准煤消耗 312 万吨、减少二氧化碳排放 816 万吨，相当于植树造林 7 000 多万棵，经济社会和环保效应显著。作为我国核电走向世界的“中国名片”，“华龙一号”已与 60 多个国家和地区开展合作，收益也相当可观——每出口 1 台就相当于出口 30 万辆汽车，能拉动装备和设计超过百亿元人民币，全寿命周期超过千亿元人民币。

“华龙一号”研发团队共开展了 54 项科研攻关项目，突破了一大批“卡脖子”的关键核心技术，也带动了高端装备制造业升级。“华龙一号”涉及全国各地 5 300 多家设备供货厂家，助推一大批核电装备和零部件生产企业迅速成长，形成了一批以国企为主导的三代核电装备供应链，成为了保障我国能源安全的“国之重器”。

结合材料，运用经济生活知识，说明“华龙一号”示范工程全面建成投运对促进我国经济高质量发展的作用。

参考答案：①通过技术创新为经济高质量发展提供新动能；②贯彻新发展理念中的绿色发展理念，为经济高质量发展创造良好的环境；③有利于促进对外开放，为经济高质量发展开拓更广阔的市场；④推动高端制造业转型升级，为经济高质量发展奠定坚实的基础；⑤该工程全面建成投运有利于提高能源安全。

【试题分析】

这道试题较好地体现了通过考查学生对学科知识依存条件的运用实现对思维灵活性的考查。综合运用知识时，必须考虑一个依存条件：“华龙一号”示范工程全面建成投运对经济高质量发展的各种影响。学生必须依据这个前提条件，灵活运用中国特色社会主义政治经济学中与经济发展有关的知识回答问题。经济发展理论本身是一个庞大而系统的理论体系，学生运用哪些知识、不用哪些知识，必须依据给定的情境材料加以灵活选择，而不能机械地照搬照抄。

对知识依存条件的运用已经成为高考考查的重点之一。知识依存条件的运用背后体现了思维的灵活性，因此在日常教学中必须重视学科阅读理解能力的培养，重视培养知识综合运用的灵活性，不能固化综合运用模式。这一切都是核心素养的题中应有之义。

例题 2

2023 年 5 月，世界现役运输能力最大的货运飞船天舟六号，携带约 5 800 kg 的物资进入距离地面约 400 km（小于地球同步卫星与地面的距离）的轨道，顺利对接中国空间站后近似做匀速圆周运动。对接后，这批物资（　　）。

A. 质量比静止在地面上时小

B. 所受合力比静止在地面上时小

C. 所受地球引力比静止在地面上时大

D. 做圆周运动的角速度比地球自转角速度大

参考答案：D。

【试题分析】

这道试题体现了对思维灵活性的考查。该题涉及多个物理概念，如质量、合力、引力和角速度，并将它们应用于特定的情境——货运飞船天舟六号与空间站对接后的状态。为了正确回答题目，学生需要灵活运用这些物理概念，并结合题目给出的具体条件（如飞船的轨道高度、与地球同步卫星的距离比较等）进行分析。对于选项 A，学生需要理解质量是物体的固有属性，不随位置改变而改变，因此无论在太空中还是在地面上，物体的质量不改变。对于选项 B 和 C，物体静止在地面时所受合力为零，物体在轨道上做匀速圆周运动时，学生需要运用万有引力定律，理解物体所受地球的引力与其到地心的距离有关，并结合题目条件判断引力和合力的大小。对于选项 D，学生需要知道地球同步卫星的角速度等于地球自转的角速度，并根据题目中飞船轨道高度小于地球同步卫星与地面距离的信息，推断出飞船的角速度大于地球自转的角速度。

例题 3

假设你是一名勇敢的航天员，被迫降落到一个奇怪的星球上，这个星球被称为“重力星球”，重力星球的特质是它的重力场非常不稳定，不同的区域有不同的重力加速度。你需要想办法用最短的时间修复你的飞船并逃离这个星球，但你首先要收集一些必要的零件，这些零件散落在星球的不同区域。

1. 你发现一个零件位于距离你 100 m 远的一个区域内，这个区域的重力加速度是地球的两倍（地球的重力加速度 g，约为 9.8 m/s^2）。如果你以 2 m/s 的初速度相对于地面竖直向上跳跃，忽略空气阻力，你能跳多高，并需要多少时间返回地面？

2. 当你拿到第一个零件之后，发现另一个必需的零件正从一个斜面上滑落，斜面所在区域的重力加速度是地球的三分之一，且斜面的长度为 50 m，倾角为 30°。不考虑空气阻力，求零件到达斜面底部所需的时间。

3. 最后一个零件被藏在一块高地的顶部，高地区域的重力加速度与地球相同。你必须推动一个 10 kg 的物体沿直线从静止开始，向上通过 50 m 的垂直距离到达高地。假设不计摩擦力，你需要给这个物体多少动能，才能让它刚好到达高地顶部？

参考答案：

（1）已知条件：重力加速度 $g_1=2g=19.6\ \text{m/s}^2$，初速度 $v_0=2\ \text{m/s}$。根据机械能守恒定律有 $\frac{1}{2}mv_0^2=mg_1h$，解得 $h=\frac{v_0^2}{2g_1}=\frac{2^2}{2\times19.6}\ \text{m}\approx0.102\ \text{m}$。由于上升和下降时间相等，总时间 $t=2\times\frac{v_0}{g_1}=2\times\frac{2}{19.6}\ \text{s}=0.204\ \text{s}$，故跳跃高度约为 0.102 m，从起跳到返回时间约为 0.204 s。

（2）已知条件：重力加速度 $g_2=\frac{g}{3}\approx3.27\ \text{m/s}^2$，斜面长度 $L=50\ \text{m}$，斜面倾角 $\theta=30°$。加速度沿斜面分量：$a=g_2\sin\theta=3.27\ \text{m/s}^2\times\sin30°=1.635\ \text{m/s}^2$，根据运动学公式：$L=\frac{1}{2}at^2$，解得 $t=\sqrt{\frac{2L}{a}}=\sqrt{\frac{2\times50}{1.635}}\ \text{s}\approx7.82\ \text{s}$，故零件到达斜面底部所需时间约为 7.82 s。

（3）已知条件：重力加速度 $g=9.8\ \text{m/s}^2$，物体质量 $m=10\ \text{kg}$，高度 $h=50\ \text{m}$。势能 $E_p=mgh=10\times9.8\times50\ \text{J}=4\,900\ \text{J}$，故需要给物体 4 900 J 的动能，才能让它刚好到达高地顶部。

【试题分析】

这道试题需要学生掌握多个概念知识，如运动学公式、牛顿第二定律和匀加速直线运动公式以及能量守恒定律等知识。

首先，需要计算在地球重力加速度两倍的区域（$g_1=2g$）竖直向上跳跃的高度和所需时间。这里需要用到物理学中匀变速直线运动公式，涉及速度、加速度和位移的关系。假设以相对于地面的速度 v_0 竖直向上跳跃，则跳跃高度 $h=v_0^2/2g_1$，上升和下落时间均为 v_0/g_1，从起跳到返回地面的时间 $t=2v_0/g_1$。

其次，当你拿到第一个零件后，发现第二个零件在一个斜面上，该区域的重力加速度是地球的三分之一（$g_2=g/3$）。此问题结合了重力加速度、三角函数和运动学知识。理解斜面的几何关系及重力对物体沿斜面分力的影响是解题关键。根据斜面长度 50 m 和倾角 30°，可以先计算出加速度沿斜面的分量 a，再利用公式 $L=\frac{1}{2}at^2$ 计算出零件下滑到斜面底部所需的时间。

最后一个零件藏在与地球重力加速度相同的一块高地顶部。这里主要运用了能量守恒定律和功的计算公式，涉及力、位移和能量之间的转换。将一个 10 kg 的物体推上 50 m 高的斜坡，需要克服重力做功。利用公式 $W=mgh$（其中 m 为物体质量，g 为重力加速度，h 为高度）计算出需要的动能，这等同于物体到达高地时具有的能量。通过综合运用知识解决这些问题，学生可以成功收集所有零件并修复飞船，最终逃离这个重力星球。对这三个问题的分析与解答，不仅需要深厚的物理和数学知识，还需要具备灵活运用知识解决实际问题的能力。

（四）思维的审慎性等价于学科知识运用的独立性

思维的审慎性意味着个体在思考问题时能够保持独立、客观的态度，不盲目从众或受既有观念束缚。在学科知识运用中，思维的审慎性表现为在学科知识的调用和运用过程中，个体能够保持自主思考，不盲目追随他人观点，而且能够基于事实和逻辑独立运用知识，提出可靠的独立见解，本书称之为“知识运用的独立性”。因此，考查思维的审慎性可以转化为考查知识运用的独立性，也就是考查独立思考能力或批判性思维。

例题 1

阅读材料，完成下列要求。

2012 年 6 月，商务印书馆出版了《现代汉语词典》（第六版），词典的正文收录了 NBA、BBS、GDP、UFO 等 239 个西文字母开头的词语。此举引起了广泛的争论，有的人反对，有的人支持。

反对《现代汉语词典》收录西文字母词的人认为：

“拉丁字母出现在方块汉字中，很是惹眼，看上去就是一个异类，是对汉语的污染。”

“我想会不会过几十年，汉语成了汉英混杂的语言。”

“文化有安全的问题，再国际化，也不能把自己的文字搞乱。”

……

支持《现代汉语词典》收录西文字母词的人认为：

“在对外开放条件下，字母词的产生有其必然性。应善待字母词的使用，而非简单的拒斥。”

“选录字母词只是对当下语言现实的承认，体现了语言使用的从简趋势，适应了社会生活变化的需要。”

……

你是赞成还是反对《现代汉语词典》收录西文字母词？请用文化生活有关知识阐明理由。

参考答案：

观点一：反对收录西文字母词。

理由：①语言文字是文化的基本载体，汉语是中华文明的重要标志，传承中华文明需要保持中华文化的民族特色，保持汉语的纯洁性。②不反对人们在日常生活中使用字母词，但《现代汉语词典》是规范语言文字的范本，不应收录，至少不应在正文中收录。

观点二：支持收录西文字母词。

理由：①收录字母词体现了中华文化的包容性特点.以包容的心态对待字母词的使用，有利于不同民族之间相互交流和相互理解，是汉语言文字具有活力的表现。②《现代汉语词典》收录的字母词数量很少，不会使汉语成为混杂的语言而损害其民族性。③字母词的使用是文化多样性的表现，尊重文化多样性是发展本民族文化的内在要求。

【试题分析】

这道试题在思想政治高考历史上具有非常大的影响力，因为它很好地体现了知识运用的独立性，从而较好地考查了思维的审慎性。它一改思想政治学科高考命题的传统，不再规定唯一合理的标准答案。无论学生是赞成还是反对，只要言之有据，均可以获得满分，这就要求被试者具有较高的独立思考品质，而且能够综合运用相关学科知识对自己的论点进行充分的论证。这种“不唯一的观点、理论论据的充分性”正是思维审慎性的突出体现。

这道试题无论是对高考命题还是对教学都产生了良好的导向作用。从这道当年沸沸扬扬的试题开始，思想政治学科的高考试题以各种形式体现“不唯一的观点、理论论据的充分性”，如今已经成为高考命题的常态。这种常态又有效地引导了日常教学注重批判性思维的培养，注重思想政治学科科学精神核心素养的培养。

例题 2

下表关于唐人李元谅身世的三则史料中（　　）。

史料内容	来源
本骆元光，姓安氏，其先安息人也。少为宦官骆奉先所养，冒姓骆氏……贞元三年（787）……帝（唐德宗）念其勋劳，又赐姓李氏，改名元谅。	《旧唐书·李元谅传》（五代刘昫等撰）
公本安姓，讳元光，其先安息王之胄也。轩辕氏廿五子在四裔者，此其一焉……（唐德宗）赐姓李氏，同属籍也。改名元谅，昭诚节也……贞元癸酉岁（793）十有一月十五日，薨于良原镇之公馆，享年六十七。	《李元谅墓志》
公本名元光，姓骆氏，武威姑臧人。盖黄轩帝孙，降居安息，高阳王□，留宅姑臧。	贞元五年（789）《李元谅颂碑》

A.《旧唐书》的记载相对客观

B. 所有的信息皆可互相证实

C. 墓志采用了《旧唐书》记载

D. 出现较早的史料最为真实

参考答案：A。

【试题分析】

这道试题体现了对思维审慎性的考查。题目给出了关于唐人李元谅身世的三则不同史料，要求学生根据这些史料进行判断。这需要学生首先了解每则史料的内容、来源和背景，然后运用自己的历史知识和逻辑思维去评估这些史料的可信度和价值。在这个过程中，学生需要保持审慎的态度，不盲目相信任何一则史料，也不轻易否定任何一则史料。同时，学生还需要保持独立思考的能力，不受其他观点的影响，根据自己的判断和分析得出结论。

选项 A“《旧唐书》的记载相对客观”的判断需要学生对《旧唐书》的性质和特点有深入了解。《旧唐书》作为官修正史，其记载通常被认为是比较可信的。但学生也需要知道，即使是官修正史也可能存在偏差或错误。因此，在判断这一选项时，学生需要审慎地考虑《旧唐书》的记载是否与其他史料相符，是否存在明显的矛盾或错误。同样，对于其他选项的判断也需要学生具备丰富的历史知识和独立思考的能力。选项 B“所有的信息皆可互相证实”需要学生对三则史料进行详细的比较和分析，以判断它们之间是否存在互相矛盾或不一致的信息。而选项 C“墓志采用了《旧唐书》记载”和选项 D“出现较早的史料最为真实”则需要学生对史料的形成时间、传播过程和影响因素有深入的了解和分析。

例题 3

不少网友大力推荐代餐奶昔作为减肥期间的代餐食品，理由是它营养均衡，可以作为正餐替代品，饱腹感强，且能帮助减肥者达到减重的目的。以下是某品牌代餐奶昔的产品信息：

> 产品名称：×× 代餐奶昔
>
> 营养成分：每瓶含有 552 千焦能量、6.6 克蛋白质、3.8 克脂肪、20.8 克碳水化合物、8.2 克膳食纤维。
>
> 建议用法：每日两次，代替午餐或晚餐。
>
> 产品功效：少摄入的热量相当于跳操 100 分钟、游泳 1 小时、跑步 8 千米。

（1）蛋白质、脂肪、碳水化合物和膳食纤维对人体的作用分别是什么？

（2）你的同学小华一直受到肥胖困扰，最近因为忙于学习而减少了运动时间。小华看到代餐奶昔的相关信息后非常兴奋，想要尝试用其来帮助自己减轻体重。你建议小华用代餐奶昔减轻体重吗？请结合已学过的相关知识分析说明。

参考答案：

（1）蛋白质是建造和修复身体的重要原料；脂肪是细胞内良好的储能物质；碳水化合物包含糖类，是主要的能源物质，为人体生命活动提供能量；膳食纤维是“第七类营养素”，能促进胃肠的蠕动和排空，但无法被人体肠道消化。

（2）不建议小华用代餐奶昔减轻体重。小华目前是初中生，正处于生长发育的关键时期，需要充足的营养来支持身体和智力的发展。长期或不当使用代餐奶昔可能导致矿物质、维生素等营养物质缺乏，进而可能引起机体营养不良、反应迟钝、脱发、记忆力下降、容易疲劳等问题。建议小华在饮食上摄取足够的蛋白质、脂质、维生素等，少喝含糖量高的饮料，少吃煎、炸食品；在生活上规律作息，合理安排学习和运动时间，科学地运动能促进代谢，同时也能释放学习压力，保持良好的精神状态。

【试题分析】

这道试题首先展示了生活中不少减肥人士热衷于通过代餐奶昔减肥的真实情境。代餐奶昔的减肥原理与学生在七年级上册“人所需的营养”一节中学过的知识产生认知冲突。第一个问题考查学生对食物中的营养物质的掌握情况，引导学生利用所学的知识分析情境内容，为回答第二个问题做铺垫。第二个问题考查学生能否保持独立、客观的态度，不盲目追随他人观点；能否用已经学过的知识审慎地分析代餐奶昔的成分、作用和功效，在生活中作出正确的判断。

（五）思维的结构性等价于学科知识运用的组织性

思维的结构性意味着对信息和观点的组织与整合，形成清晰的、有条理的思维结构。在学科知识运用中，思维的结构性表现为个体在分析和解决问题时，能够运用所学的陈述性知识和程序性知识，有组织、有条理地解释现象，表达结论，以揭示事物内在的结构。学生能够有组织、有条理地运用学科知识，不仅说明他已经理解和掌握了程序性知识，更意味着他能够将陈述性知识结构化，而且把它变为分析问题、解决问题的思维工具，即实现了该学科知识的思维化。

例题 1

党的十八届三中全会通过的《中共中央关于全面深化改革若干重大问题的决定》强调落实“税收法定原则”。2015 年 3 月，十二届全国人大三次会议表决通过新修订的《中华人民共和国立法法》，明确“税种的设立、税率的确定和税收征收管理等税收基本制度”只能由法律规定。

结合材料和所学政治知识，说明我国为什么要坚持税收法定原则。

参考答案：坚持税收法定原则是全面落实依法治国基本方略，加快建设社会主义法治国家的要求。有利于完善税收法律制度；规范政府行为，防止随意增减税负；保护纳税人权益。

【试题分析】

分析“为什么这么做”是思想政治学科每一年必有的高考题，而且分值占比相对比较高。这道试题与其他同类试题一样，其答案的组织不是任意的，而是有着深刻的内在组织结构。

“是全面落实依法治国基本方略，加快建设社会主义法治国家的要求”是对坚持税收法定原则的必要性的论证，是通过事物在现实社会生活中的重要性来进行必要性论证。“有利于完善税收法律制度；规范政府行为，防止随意增减税负；保护纳税人权益”则分析了坚持税收法定原则带来的好处或有利影响，可称之为“合理性论证”，但合理性论证本身也是有组织结构的，即遵循从总体到个体的方式有序地进行合理性论证。具体而言，这道试题采用了“社会—政府—公民”的分析框架。

“必要性+合理性”的分析与论证方式，是高中思想政治学科的一种重要分析方法，是一种程序性知识。它启发广大教师：日常教学不能仅仅停留于概念和原理的学习，还要注重方法和技能的学习。

例题 2

玉米收储制度的改革，是农业供给侧结构性改革的一场硬仗。为保障玉米的生产和供给，我国长期实行保护价（对农产品规定最低价）收购种植农户玉米的临时收储政策。2012 年以来，国际玉米价格大幅下跌，国内玉米价格远高于国际价格，造成了国内玉米库存高企和正常流通受阻。2016 年，国家发改委按照“市场定价、价补分离”的原则对我国玉米主产区东北三省一区的玉米收储制度进行改革，将玉米临时收储政策调整为“市场化收购+生产（种植）补贴”的新机制，2016年国内玉米市场价格比上一年出现下跌。新机制运行扭转了近些年玉米价格不断提高、库存不断增多、补贴和亏损不断增加的局面。

结合材料，运用经济知识分析国内玉米价格下降对玉米市场可能产生的影响。

参考答案：玉米种植面积下降，供给减少；下游企业生产成本降低，需求扩张；消化库存，促进玉米供需平衡；缩小国内外玉米价差，减轻玉米及替代产品的进口压力。

【试题分析】

这道试题很好地体现了陈述性知识向程序性知识的转化。

市场供求理论是一代又一代经济学家发展起来的，它是对供求、竞争、价格等现象的深刻认识，揭示了市场运行的奥秘。这个理论是现代经济学的核心理论，也是高中生必须掌握的基本理论。高中阶段对市场供求理论的基本学习要求是学生能够运用市场供求的眼光和思维分析市场现象，即能够把理论转化为眼光和思维。

试题中的经济现象属于市场现象，可以运用供求思维加以分析。参考答案体现了供求思维。按照供求思维，应该从供给、需求、市场三个方面分析影响，体现了“个体—总体”的思维结构。参考答案中的第一句话分析了对供给的影响，第二句话分析了对需求的影响，第三句话和第四句话分析了对整个市场（它是供给和需求的整合）的影响。

将陈述性知识转化为分析问题、解决问题的思维和眼光，是基础教育教学的基本要求，它启发教师在日常教学中要强化“学科知识思维化”训练，学科知识思维化与思维品质是在解决实际问题的过程中发展出来的。

例题3

小明同学想通过模仿自然界的生态系统制作一个能长期稳定运行的生态缸。

请你根据所学知识，从物质循环和能量流动的角度说明制作这个生态缸的要点。

参考答案：制作生态缸的时候一定要保证四点。一是拥有完整的食物链，最好是形成食物网，以保证物质循环和能量流动的通畅。二是保证生产者的数量远多于消费者，还必须有分解者清理消费者无法利用的物质和能量。三是需要考虑生产者和消费者的种类。四是除了光照以外，不能提供任何能量来源。自然界生态系统的能量均来自太阳能。

【试题分析】

自然界生态系统并非一个绝对稳定的状态，而是处于变化中的相对稳定状态。它有完整的食物链、食物网，生产者、消费者、分解者的数量均处于一定的动态平衡中。食物链中的捕食（吃与被吃）关系看起来既是物质的流动（生产者到消费者或分解者，消费者到分解者等，最终变成各种元素回归自然的现象），更是能量沿着食物链、食物网的逐级流动。生产者通过光合作用将来自太阳的能量固定，同化为第一营养级的能量。各级消费者通过捕食获得生产者或其他消费者的能量，并且能量单向流动，逐级递减。高中生物学知识告诉我们：能量传递效率为10%~20%。因此，生产者的数量应该最多，所蕴含的能量最大，接下来逐级递减，相应的各种消费者的数量减少，食物链、食物网一般不超过5个营养级。

因此，模仿自然界生态系统，一是要保证能量的输入只有太阳能，二是食物链、食物网的结构合理，三是各类生物的数量合理。在不考虑外界环境波动的情况下，它们最终实现物质循环和能量流动，保证生态系统处于相对稳定状态。

本节针对如何在纸笔测试中考查学科思维进行了深入分析，提出首先要明确考查的学科思维具体属性，然后提出运用等价技术依托知识运用的属性考查思维属性。这些思维属性的考查对试卷结构有着深刻的影响，一套好的试卷不能过度集中于某一种思维属性的考查，而是要全面考查思维的各个属性，从而确保试卷对学生思维发展水平的全面诊断，提高诊断的科学性。下面这道高考试题很好地体现了对思维属性考查的丰富性，有利于强化读者对思维属性和等价技术的认识。

例题 4

The goal of this book is to make the case for digital minimalism, including a detailed exploration of what it asks and why it works, and then to teach you how to adopt this philosophy if you decide it's right for you. To do so, I divided the book into two parts. In part one, I describe the philosophical foundations of digital minimalism, starting with an examination of the forces that are making so many people's digital lives increasingly intolerable, before moving on to a detailed discussion of the digital minimalism philosophy.

Part one concludes by introducing my suggested method for adopting this philosophy: the digital <u>declutter</u>. This process requires you to step away from optional online activities for thirty days. At the end of the thirty days, you will then add back a small number of carefully chosen online activities that you believe will provide massive benefits to the things you value.

In the final chapter of part one, I'll guide you through carrying out your own digital declutter. In doing so, I'll draw on an experiment I ran in 2018 in which over 1,600 people agreed to perform a digital declutter. You'll hear these participants' stories and learn what strategies worked well for them, and what traps they encountered that you should avoid.

The second part of this book takes a closer look at some ideas that will help you cultivate (培养) a sustainable digital minimalism lifestyle. In these chapters, I examine issues such as the importance of solitude (独处) and the necessity of cultivating high-quality leisure to replace the time most now spend on mindless device use. Each chapter concludes with a collection of practices, which are designed to help you act on the big ideas of the chapter. You can view these practices as a toolbox meant to aid your efforts to build a minimalist lifestyle that words for your particular circumstances.

1. What is the book aimed at?

A. Teaching critical thinking skills. B. Advocating a simple digital lifestyle.

C. Solving philosophical problems. D. Promoting the use of a digital device.

2. What does the underlined word "declutter" in paragraph 3 mean?

A. Clear-up. B. Add-on.

C. Check-in. D. Take-over.

3. What is presented in the final chapter of part one?

A. Theoretical models. B. Statistical methods.

C. Practical examples. D. Historical analyses.

4. What does the author suggest readers do with the practices offered in part two?

A. Use them as needed.　　B. Recommend them to friends.

C. Evaluate their effects.　　D. Identify the ideas behind them.

参考答案：1. B；2. A；3. C；4. A。

【试题分析】

第 1 题体现了对思维概括性的考查。这道试题要求学生从提供的文本信息中提炼出书籍的主要目标或宗旨，需要学生具备概括性思维，能够运用所学的知识与术语从复杂的信息中提炼出核心要点或主题。

第 2 题体现了对思维灵活性的考查。这道试题要求学生根据上下文推断出特定词汇的具体含义，需要学生具备灵活性思维，能够根据具体的上下文来理解和运用词汇知识，而不是机械地套用固定的定义或解释。

第 3 题体现了对思维条理性的考查。这道试题要求学生根据文本信息有条理地分析并判断最后一章的内容，需要学生具备清晰的逻辑思维，能够按照一定的逻辑顺序整理和分析信息，从而得出合理的结论。在这个过程中，学生需要运用所学的知识和逻辑规则来支持自己的分析和判断。

第 4 题体现了对思维审慎性的考查。这道试题要求学生理解和分析作者的建议，并根据这些建议来决定如何行动，需要学生具备审慎性思维，能够独立思考和评估信息，并基于自己的判断做出决策。在这个过程中，学生需要独立运用所学知识，而不是简单地接受或模仿他人的观点或做法。

需要注意的是，以上四个题目并不是完全严格对应这四个思维属性，在实际的思维过程中，这些属性往往是相互交织、共同作用的。一个题目可能同时涉及多个思维属性，只是侧重点不同。

第五章

必备知识情境化模式下的试题难度控制进阶技术

思维是核心素养最重要的品质之一。在核心素养测评中，等价技术能够解决思维品质或思维能力的考查问题。同时，合理控制试题难度也是实际命题工作需要解决的关键问题之一。必备知识情境化模式下的试题难度控制进阶技术有效地回答了纸笔测试条件下核心素养测评的试题难度控制问题。本章先介绍作为教育教学观念的必备知识情境化和作为试题难度控制模式的必备知识情境化，然后集中介绍必备知识情境化模式下的试题难度控制进阶技术。本章的创新在于提出必备知识情境化是核心素养测评中试题难度控制的基本模式，并在此基础上提出试题难度控制进阶技术。等价技术与进阶技术共同构成了笔者团队探索的核心素养立意的关键测评技术，是关键命题技术。

第一节

必备知识情境化

试题难度控制问题是纸笔测试条件下构建核心素养测评体系需要解决的重要问题，只有难度合适的试题和试卷才能诱导出被试者的关键行为表现。而什么样的试题难度才是合适的，不仅取决于实际的测试目标，如强基测试的试题难度就应该大大高于学业质量监测的试题难度，因为二者的目标取向不同，也取决于我们所持有的教育教学理念。本书侧重于从教育教学理念出发探讨试题难度的科学控制问题。

一、基础教育的痼疾：纵向延伸

我国教育体系主要由基础教育和高等教育构成。2023 年 5 月 29 日，习近平总书记在中共中央政治局第五次集体学习时强调，建设教育强国，龙头是高等教育，基点在基础教育。要发挥好基础教育对教育强国建设的基点作用，必须回答好一个关键问题：面对学科知识的学习，高等教育和基础教育的根本区别在哪？长期以来，我们并没有回答好这个问题，也没有凸显基础教育的特色和要求，而是存在着基础教育模仿高等教育的严重现象。例如，“财政政策”是学生在高中思想政治“经济与社会”模块中需要了解的核心概念，教材仅要求学生知道“财政政策是通过控制财政收入和支出影响宏观经济”，但部分教师在教授这一概念时自行补充和增加了大量财政学的专业知识，如财政收入和支出各有哪些主要组成部分、如何根据不同宏观经济形势选择不同的财政手段等。也就是说，把基础教育阶段的高中生视为高等教育阶段学习经济学或财政学专业的大学生，这就明显超出了普通高中课程标准和教材的要求。这种超越学习阶段、加深知识学习深度的做法已经成为基础教育课堂上的惯常做法。

基础教育的这种做法可以称为学科知识学习的“专业化倾向”。这本应是高等教育应该肩负的社会使命，因为高等教育是专业教育，旨在引导学生学习和探索高深知识。基础教育阶段的学科知识学习专业化倾向注重纵向延伸，追求高深知识学习，即沿着学科知识这个维度不断加深学习的难度和专业化程度，追求学科知识学习的不断深化、具体化、细微化。纵向延伸和高深知识学习本来应该是高等教育专业化学习的特色和追求，是高等教育学科学习与基础教育学科学习的基本区别所在。但是，长期以来，我国基础教育在学科学习中不正常地模仿高等教育，进行纵向延伸，这给基础教育带来了一系列严重的后果和问题。

第一，加重了学生的学习负担。在实践中，对学科知识学习进行纵向延伸，不仅容易导致师生琢磨各种偏题和怪题，形成钻牛角尖的习惯，还会使学生形成“提前学”“刷题”等不良学习习惯，导致基础教育学习存在严重的“繁难偏旧”，从而加重了学生学科知识学习的负担。

第二，导致学生的实际学习内容错漏百出。笔者担任国家教材主编二十年以来，在全国各地的长期观察发现：如果中小学教师不是专业研究人士，当他们对教学内容进行纵向延伸，并补充更加专深的专业内容时，就容易出现各种错漏：一是科学性问题。例如，比较优势是高中经济学的重要学习内容，但是在纵向延伸过程中，有的教师不能从机会成本差异理解这一概念，经常把它理解成绝对优势，甚至荒唐到望文生义。二是任意纵向延伸。学科知识的延伸发展有其内在的学科逻辑，但是，由于专业功底不扎实，有的教师经常进行无意义的纵向延伸。例如，需求法则是高中经济学的重要学习内容，高中生能够理解需求法则的正常曲线表达即可，但是在实践中，一些教师围绕需求曲线进行了各种毫无学理依据的古怪构造。三是习题和模拟题不严谨。有的教师专业功底不扎实、缺乏专业严谨性，在习题和模拟题中纵向延伸造成的后果就是问题无解或条件无法支撑答案。

第三，模糊基础教育的学习特色。中国高考评价体系明确指出高考要着重考查思维方法和素养，其表达的诉求之一就是：同样学习一个基本理论，基础教育要着眼于把该理论转化为学生看待世界的眼光，转化为分析问题、解决问题的思维工具。但是，基础教育学科知识纵向延伸的做法与这种追求背道而驰，是在不恰当地追求学科知识学习的专业化、高深化。

第四，片面化和虚化基础教育目标。为了培养全面发展的人，我国基础教育改变重视基础知识和基本技能习得的“双基”传统，提出了由知识与技能、过程与方法、情感态度与价值观或知识、能力、情感态度价值观构成的

“三维目标”设想。新一轮基础教育课程改革对“三维目标”进行了整合，提出了发展核心素养、培养德智体美劳全面发展的社会主义建设者和接班人的教育方针。但是，纵向延伸带来的繁重学习负担，使得在实际教学中学科知识的深入学习取代了“三维目标”或核心素养中的其他目标，导致其他重要教育教学目标被虚化。

二、必备知识情境化：基础教育学科学习的基本观念

面对学科知识学习，以“追求高深知识”为己任的高等教育应该追求学科知识学习的专业化和细分化，追求纵向延伸。那么，同样是面对学科知识学习，基础教育应该追求什么，采取什么样的教育教学观念呢？

课程标准和中国高考评价体系都告诉我们：基础教育的学科学习应该以历经长期的学科发展历史而沉淀的基础知识为学习对象，并将其转化为分析问题、解决问题的思维工具。笔者以“必备知识情境化”表达这一观念。

必备知识是指一个学科经过长期沉淀而积累的、构成学科基本框架的核心知识或基础知识。它具有三个特性：一是强支撑性。它如同人体的骨骼，如同大树的树干，构成了支撑学科知识体系的基本架构。二是硬核化。这些必备知识构成了学科的基本范式，一旦这些知识不再是该学科的必备知识，那就意味着学科发生了重大革命。因此，这些必备知识构成了该学科的硬核，即无论学科发展受到多少冲击，只要学科革命没有发生，这些知识都不会发生变化。因此，这些知识都是经过千锤百炼的知识，具有极为重要的学习价值。三是可扩展性。这些必备知识不仅是学科知识体系的硬核，同时构成它的每一个核心概念、核心原理均包括无数的细分问题，沿着它们可以发展出庞大的知识子系统群，甚至可以发展为二级、三级学科。

基础教育阶段的学科学习要以必备知识为学习对象，并依据学段特征进行学习内容的进阶安排。但是，基础教育阶段的学生在学习必备知识时，必须放弃对扩展性的追求，不再增加知识本身的深度和难度，而是朝着另外一个方向发展：将必备知识转化为思维工具，并用于分析和解决不同情境中的问题，即学习不再是围绕知识深度做文章，而是在知识深度不变的前提下，围绕思维和情境做文章。因此，必备知识情境化就是指将具有强支撑性、硬核化、可扩展性的学科核心知识作为学习对象，并将它转化为思维工具，用

于分析和解决不同情境中的问题。它注重横向延伸，注重学科知识思维化，注重学科知识与实际问题的联系。

基础教育与高等教育的差异如图 5-1 所示，从图中可以清晰地看出：面对学科知识学习，高等教育应该采取学习专业化观念，以纵向延伸为特色；而基础教育应该采取必备知识情境化观念，以横向延伸为特色。因此，必备知识情境化彰显了基础教育的功能，凸显了基础教育与高等教育的重要差异。

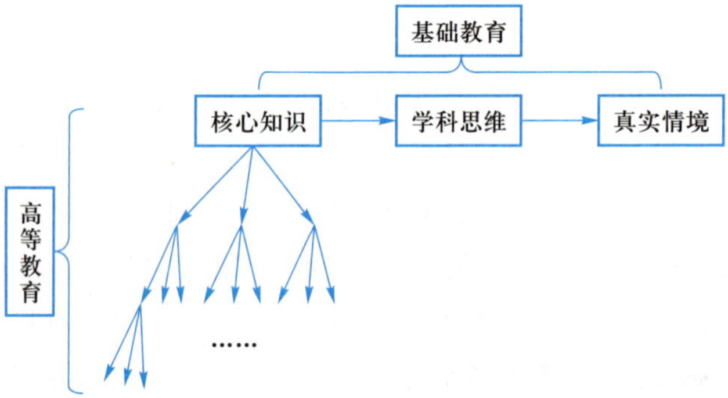

图 5-1　基础教育与高等教育的差异

三、必备知识情境化：试题难度控制的一种基本模式

必备知识情境化不仅是一种区分基础教育与高等教育学科学习的教育教学理念，也是核心素养测评中的一种重要的试题难度控制模式。

试题难度控制的基本模式是测评体系的本位或基本立意在试题难度控制领域的具体反映。不同本位的测评体系有着不同的试题难度控制基本要求，会产生不同的试题难度控制问题。因此，试题难度控制的基本模式不仅上承测评体系的本位立场，而且向下内蕴着试题难度控制的原则与技术体系。下面介绍两道高考试题。

例题 1

黄河是中华民族的母亲河，也是一条桀骜难驯的忧患河。“九曲黄河万里沙”，三年两决口、百年一改道，曾给沿岸百姓带来深重灾难。中华民族始终在同黄河水旱灾害作斗争，但是受主客观条件的制约，黄河屡治屡决的状况没有得到根本改观。

20世纪中叶，黄河治理的千古难题历史性地交到了中国共产党人手中。1952年，毛泽东发出“要把黄河的事情办好”的伟大号召，动员和激励了千百万黄河儿女兴修水利、筑坝拦洪、修复生态，开启了破解黄河治理千古难题之旅。经过几代人不屈不挠的顽强拼搏，特别是党的十八大以来按照“节水优先、空间均衡、系统治理、两手发力”的治水思路进行的全面整治，黄河水沙治理取得显著成效，实现连续20年不断流，黄河流域生态环境持续明显向好，经济社会发展水平不断提升，黄河儿女交出了一份优异的治黄答卷。

2019年9月，习近平总书记郑重宣布，黄河流域生态保护和高质量发展是重大国家战略。他深入剖析黄河水少沙多等难题症结，强调黄河治理要坚持“绿水青山就是金山银山”的理念；坚持生态优先、绿色发展，紧紧抓住水沙关系调节这个“牛鼻子”；坚持山水林田湖草综合治理、系统治理、源头治理。习近平关于黄河治理的战略思想，为“让黄河成为造福人民的幸福河”提供了行动指南。

请运用整体与部分辩证关系原理说明黄河治理战略思想的科学性。

参考答案：整体与部分的关系原理要求树立全局观念，立足整体，统筹全局，抓住关键部分，选择最优方案。黄河治理是一个系统工程，涉及环境修复保护和生产生活等多个方面。黄河治理的战略思想坚持生态优先，紧紧抓住水沙关系调节这个关键，推动黄河治理工作整体发展：坚持综合治理、系统治理、源头治理，统筹水沙治理、环境保护、经济发展和民众生活各项工作，实现整体最优目标。

例题2

中国是人类命运共同体理念的倡导者。党的十八大报告正式提出“倡导人类命运共同体意识”。2017年1月，习近平主席在联合国日内瓦总部发表题为《共同构建人类命运共同体》的主旨演讲，系统地阐述了人类命运共同体理念。2017年2月，“构建人类命运共同体”理念被写入联合国有关决议。

中国是构建人类命运共同体的先行者。在联合国维和行动中，中国派出维和人员最多，维和摊款出资位居前列。在应对气候变化上，中国率先批准《巴黎协定》。改革开放以来，中国经济增长对世界经济增长的贡献率年均在30%以上，中国对全球减贫的贡献率超过70%。中国积极推进国际合作。“一带一路”倡议提出以来，我国已与152个国家、32个国际组织签署了200多份共建“一带一路”合作文件，覆盖我国83%的建交国（数据截至2023年8月）。

构建人类命运共同体需要世界各国共商共建共享，请运用整体与部分的知识并结合材料加以阐述。

参考答案：整体在事物的发展过程中居于主导地位，构建人类命运共同体，明确了人类发展方向，契合了世界各国对于发展的共同诉求。部分影响整体，关键部分的功能及其变化甚至对整体的功能起决定作用。中国倡导和推动构建人类命运共同体，各国积极响应，共同参与，加强双边、多边合作，实现共建共享。

这两道高考试题虽然具体情境、具体问题均不同，但是它们均考查了整体与部分的辩证关系原理。这个原理是高中生进行哲学学习时必须掌握的必备知识。了解系统科学或物理学的人都知道：整体与部分的关系是一个非常复杂的高深问题，但是，高中教材并不要求学生深研整体与部分的关系，而是以“整体与部分的辩证关系原理”的名义，仅要求学生掌握最一般的结论，这些结论就是必备知识。高中哲学试题不在必备知识的深度上下功夫，那么它的功夫下在哪里呢？情境化！高中哲学试题要求学生运用必备知识分析和解决不同情境中的具体问题。学生只需要知道在具体情境中整体是谁、部分和关键部分是谁，它们二者如何相互作用即可。因此，这两道试题很好地体现了核心素养测评中试题难度控制的基本模式——必备知识情境化。

必备知识情境化作为试题难度控制的基本模式，强调在学科核心素养测评中，试题难度控制要遵循三个基本原则：第一，试题要严格以课程标准为依据，不可增加知识本身的难度。课程标准规定的课程内容均是经过反复提炼的必备知识，反映着学科教育专家共同体在当下对基础教育阶段学习内容的共识。第二，要以能否凸显“考生是否能够把必备知识作为看待问题的眼光”作为试题难度控制的基本要求，即不能把必备知识本身作为难度控制的基本变量。第三，要以真实情境作为命题的载体，围绕必备知识与真实世界的联系来确定试题的难度。

根据试题难度控制的必备知识情境化模式和上述三条基本原则，在核心素养立意的测评体系中，试题难度控制的基本变量是情境和思维，这也是核心素养立意测评体系的命题操作变量。显然，这与传统学科知识立意的测评体系有着根本性区别。在传统测评体系中，知识深度是试题难度控制的基本变量。

必备知识情境化是在长期的命题实践中探索出来的行之有效的试题难度控制基本模式，符合核心素养立意的命题要求，凸显了基础教育的学习特色。在这一模式下，我国命题专家围绕情境和思维这两大基础变量，在实践中探索出了许多非常有价值的试题难度控制技术，可以实现对试题难度梯度的精准调控、科学调控，因此本书将其称为“试题难度控制进阶技术”。

第二节 试题难度控制进阶技术

在我国高考命题实践中，学者们围绕情境和思维这两大试题难度控制的基本变量，分别探索出许多行之有效且易于操作的具体进阶技术，它们共同构成了一个完整的技术体系。借助试题难度控制的进阶技术体系，可以实现试题难度控制由经验时代走向科学时代。

本节首先以思想政治学科为例，详细介绍各种试题难度控制的具体进阶技术，然后再将进阶技术一般化。

一、思想政治学科的试题难度控制进阶技术

思想政治学科核心素养测评的载体是来自社会主义建设中鲜活的、典型的情境材料。高考命题围绕真实情境，主要采用情境维度和逻辑思维维度这两项进阶技术实现对试题难度的精准控制。

（一）情境维度下的进阶技术

1. 合理控制学科术语情境所指的概括程度

例题 1

2013 年 11 月，习近平总书记在湖南省花垣县十八洞村考察扶贫工作，

首次提出了“精准扶贫”的重要思想和要求。十八洞村是由4个寨子合并而成的贫困村，村民生活困难，观念相对保守，存在“等靠要”思想，同村不同心。为贯彻习近平总书记的思想和要求，强力推进精准扶贫工作，花垣县派出扶贫工作队进驻十八洞村，工作队和村党支部、村委会开办“道德讲堂”，评选明理尚德星级示范户，组织参观考察和学习培训，培育村民创新意识和创新能力，激活精准扶贫内生动力；根据当地地理位置、气候条件和民族文化资源，精准发展特色支柱产业，如猕猴桃种植、黄牛养殖、乡村旅游、劳务经济和苗绣；精准识别贫困人口542人，摸索出资金跟着穷人走，穷人跟着能人（合作社）走，能人（合作社）跟着产业走，产业跟着市场走的扶贫路径，取得了显著成效，2015年全村人均收入3 580元，人民日报、新华社、中央电视台等先后报道了十八洞村精准扶贫经验。2015年12月，中共中央、国务院颁布《关于打赢脱贫攻坚战的决定》，提出“实施精准扶贫方略”。

扶贫先扶“精气神”是十八洞村精准扶贫的重要经验，请运用文化对经济作用的知识说明这一经验的合理性。

参考答案：文化以经济为基础，又对经济具有能动的反作用，落后文化阻碍经济发展，先进文化能够促进经济发展。观念保守是十八洞村贫穷的一个重要原因，扶贫必须转变观念。通过举办“道德讲堂”、考察学习和培训等活动，增强了村民的自主脱贫意识和创新能力，为扶贫实践提供了思想动力和智力支持，促进了经济发展。

例题2

黄河是中华民族的母亲河，也是一条桀骜难驯的忧患河。“九曲黄河万里沙”，三年两决口、百年一改道，曾给沿岸百姓带来深重灾难。中华民族始终在同黄河水旱灾害作斗争，但是受主客观条件的制约，黄河屡治屡决的状况没有得到根本改观。

20世纪中叶，黄河治理的千古难题历史性地交到了中国共产党人手中。1952年，毛泽东发出“要把黄河的事情办好”的伟大号召，动员和激励了千百万黄河儿女兴修水利、筑坝拦洪、修复生态，开启了破解黄河治理千古难题之旅。经过几代人不屈不挠的顽强拼搏，特别是党的十八大以来按照“节水优先、空间均衡、系统治理、两手发力”的治水思路进行的全面整治，黄河水沙治理取得显著成效，实现连续20年不断流，黄河流域生态环境持续明显向好，经济社会发展水平不断提升，黄河儿女交出了一份优异的治黄答卷。

2019年9月，习近平总书记郑重宣布，黄河流域生态保护和高质量发展是重大国家战略。他深入剖析黄河水少沙多等难题症结，强调黄河治理要坚持“绿水青山就是金山银山”的理念；坚持生态优先、绿色发展，紧紧抓住水沙关系调节这个“牛鼻子”；坚持山水林田湖草综合治理、系统治理、源头治理。习近平关于黄河治理的战略思想，为“让黄河成为造福人民的幸福河”提供了行动指南。

请结合材料并运用文化力量的知识，分析新中国黄河治理交出优异答卷的原因。

参考答案：文化作为一种精神力量，能够在人们认识世界、改造世界的过程中转化为物质力量，对社会发展产生深刻的影响。中国共产党关于治理黄河的号召、思路和战略，为黄河治理提供了强大的精神动力和实践指南。千百万黄河儿女发扬不屈不挠、顽强拼搏的奋斗精神，兴修水利，治沙治水，恢复生态，交出了一份优异的治黄答卷。

在例题1中，“文化”是指“开办‘道德讲堂’、评选明理尚德星级示范户、组织参观考察和学习培训”。而在例题2中，“文化”是指毛泽东关于黄河治理的伟大号召、党的十八大的治水思路和习近平总书记关于黄河治理的战略思想。很显然，例题2总结概括难度更大，对学生的学科阅读理解能力的要求更高。由此可见，在命题实践中，命题人可以通过如下方法控制试题难度：让学生完成“明确学科术语在材料中代表什么”的任务，命题人则根据实际需要控制好事实的总结概括程度，以此调控试题的难度。

2. 合理控制学科术语对情境材料的抽象概括程度

例题1

近年来，浙江省舟山市在中街山列岛海洋特别保护区打造海洋牧场，探索“绿水青山”转化为“金山银山”的科学路径。

2015年，中街山列岛41.8平方千米海域被列入首批国家级海洋牧场示范区。2017年至2020年间，当地共投放5 300个人工鱼礁单体，上覆海草和藻类底栖植物，构筑起空间大小为5.69万立方米的立体式海洋生物之家，海洋牧场生态环境持续改善。通过实施增殖放流，不断丰富渔业资源，每年增殖放流各类鱼苗均在1 000万尾以上，实现海洋牧场鱼类的品种和数量双提升。得益于海洋生态环境的改善和生物多样性的恢复，该海域养殖的水产品跟野生的十分接近，在市场上很受欢迎。渔民由传统的生产性捕捞转向网箱养殖，每年伏季休渔期，当地都会开展包括海钓在内的休闲经营活动。从“传统捕鱼”到“网箱养鱼”，再到“休闲钓鱼”，“三条鱼”见证了当地渔民的普遍增收，昔日的小渔村变成具有浓郁海岛特色的富裕村。

请运用经济与社会的知识，分析该地探索“绿水青山”转化为“金山银山”的路径。

参考答案：坚持以人民为中心的发展思想，发展为了人民、发展依靠人民、发展成果由人民共享，在该地的统筹安排下，渔民按照科学的养殖方式和经营模式普遍增收，昔日的小渔村变成具有浓郁海岛特色的富裕村；坚持绿色新发展理念，使养殖符合海洋的规律，在海洋牧场生态环境持续改善的同时，实现海洋牧场鱼类的品种和数量双提升；坚持全面实施乡村振兴战略，渔民不但进行科学养殖，还开展包括海钓在内的休闲经营活动，促使渔民增收，建设具有浓郁海岛特色的富裕村。

例题2

长江拥有独特的生态系统，是我国重要的生态宝库。2018年，习近平总书记在长江岳阳段考察时强调：“修复长江生态环境，是新时代赋予我们的艰巨任务，也是人民群众的热切期盼。”“绝不容许长江生态环境在我们这一代人手上继续恶化下去，一定要给子孙后代留下一条清洁美丽的万里长江！”

治理污染不讲条件，严控空间不让分毫，修复生态不打折扣。湖南扛牢“守护好一江碧水”政治责任，以“一湖四水”为主战场，继全部清理洞庭湖区黑杨林后，将洞庭湖区被围圈的湖面“还湖于湖”，全部退出湖区造纸产能，推进重点工矿区转型升级，……2021年长江湖南段两岸种植营造林1 786.6万亩、石漠化综合治理391.5万亩、水土流失治理574.7万亩，恢复湿地面积3.49万亩，生态环境持续向好，在确保“一江清水向东流”中彰显新担当。

请结合材料，运用联系客观性的知识，谈谈如何给子孙后代留下一条清洁美丽的万里长江。

参考答案：联系具有客观性，要从事物固有的联系中把握事物，切忌主观随意性。人与自然是有机整体，长江拥有独特的生态系统，是我国重要的生态宝库。历史上对该区域过度、无序、劫掠开发导致长江生态环境严重恶化。这告诉我们要尊重自然，从人与自然的固有联系中认识和改造自然，坚持人与自然和谐共生；人对事物的联系并不是无能为力的，人们可以根据事物固有的联系，改变事物的状态，调整原有的联系，建立新的联系。新时代，我们只有坚持绿色发展理念，在修复长江生态环境中彰显新担当，努力作为，才能确保"一江清水向东流"，让生态环境持续向好。

例题 1 基本上是要求考生运用学科术语对第二自然段的主旨进行逐句的抽象概括。而例题 2 的学科术语概括难度大大提高，因为它的第二自然段讲的都是与长江保护有关的联系，因此，整段话必须用一个术语进行概括，对于绝大部分学生而言，抽象概括难度极大。因此，命题人可以通过控制对材料事实进行抽象概括的程度来调控试题的难度。

3. 合理控制问题答案和情境材料的关联程度

例题 1

2022 年 3 月 25 日，"华龙一号"示范工程在福建全面建成投运，标志着我国核电技术水平和综合实力跻身世界第一方阵。

"华龙一号"示范工程全面建成投运后，单台机组装机容量 116.1 万千瓦，每年发电近 100 亿千瓦时，相当于每年减少标准煤消耗 312 万吨、减少二氧化碳排放 816 万吨，相当于植树造林 7 000 多万棵，经济社会和环保效应显著。作为我国核电走向世界的"中国名片"，"华龙一号"已与 60 多个国家和地区开展合作，收益也相当可观——每出口 1 台就相当于出口 30 万辆汽车，能拉动装备和设计超过百亿元人民币，全寿命周期超过千亿元人民币。

"华龙一号"研发团队共开展了 54 项科研攻关项目，突破了一大批"卡脖子"的关键核心技术，也带动了高端装备制造业升级。"华龙一号"涉及全国各地 5 300 多家设备供货厂家，助推一大批核电装备和零部件生产企业迅速成长，形成了一批国企为主导的三代核电装备供应链，成为了保障我国能源安全的"国之重器"。

请结合材料，运用经济生活知识，说明"华龙一号"示范工程全面建成投运对促进我国经济高质量发展的作用。

参考答案：①通过技术创新为经济高质量发展提供新动能；②贯彻新发展理念中的绿色发展理念，为经济高质量发展创造良好的环境；③有利于促进对外开放，为经济高质量发展开拓更广阔的市场；④推动高端装备制造业转型升级，为经济高质量发展奠定坚实的基础；⑤该工程全面建成投运有利于提高能源安全。

例题 2

2009 年，我国将公民个人信息纳入刑法保护。2012 年，全国人大常委会表决通过关于加强网络信息保护的决定。2012 年上半年,20 个省、自治区、直辖市公安机关抓获侵害公民个人信息的犯罪嫌疑人 1 700 余名。2013 年，工业和信息化部联合其他部门制定的个人信息保护国家标准正式实施。该标准规定个人信息管理者在处理个人信息时要遵循安全保障等原则，在收集身份证号码、手机号码和指纹等个人敏感信息之前，要得到个人信息主体的明确授权。

请结合材料，运用政治生活的知识，阐明为什么要对公民个人信息进行保护。

参考答案：公民个人信息属于公民的合法权益，受法律保护。侵害公民个人信息，不仅是对公民合法权益的侵害，同时也会扰乱正常的社会秩序。

在例题 1 中，命题人通过第二和第三自然段的材料事实充分揭示了“‘华龙一号’示范工程全面建成投运对促进我国经济高质量发展的作用”，学生作答时只需要将这些材料事实转化成概括性的抽象的学科术语。而例题 2 明显不同，材料所描述的事实根本没有涉及原因，也就是说，材料没有提示任何答案，情境材料仅仅只是试题的引子，框定了设问的范围，学生作答时只能依靠对知识储备的灵活运用。因此，从情境材料与问题答案的关系看，可以把思想政治学科核心素养立意下的高考试题分为两大类：答案与材料有关型、答案与材料无关型。命题人可以通过控制答案和情境材料的关联程度来实现对试题难度的精细化调控。

（二）逻辑思维维度下的进阶技术

围绕“思维”这个基本维度，思想政治学科在高考命题实践中也探索出了许多行之有效、意义深远的试题难度控制进阶技术。在核心素养立意的高考命题实践中，思想政治学科侧重围绕对逻辑思维的考查发展出以下三种具体进阶技术：

1. 合理控制作用机理的隐显程度

例题 1

2013 年 11 月，习近平总书记在湖南省花垣县十八洞村考察扶贫工作，首次提出了“精准扶贫”的重要思想和要求。十八洞村是由 4 个寨子合并而成的贫困村，村民生活困难，观念相对保守，存在“等靠要”思想，同村不同心。为贯彻习近平总书记的思想和要求，强力推进精准扶贫工作，花垣县派出扶贫工作队进驻十八洞村，工作队和村党支部、村委会开办“道德讲堂”，评选明理尚德星级示范户，组织参观考察和学习培训，培育村民创新意识和创新能力，激活精准扶贫内生动力；根据当地地理位置、气候条件和民族文化资源，精准发展特色支柱产业，如猕猴桃种植、黄牛养殖、乡村旅游、劳务经济和苗绣；精准识别贫困人口 542 人，摸索出资金跟着穷人走，穷人跟着能人（合作社）走，能人（合作社）跟着产业走，产业跟着市场走的扶贫路径，取得了显著成效，2015 年全村人均收入 3 580 元，人民日报、新华社、中央电视台等先后报道了十八洞村精准扶贫经验。2015 年 12 月，中共中央、国务院颁布《关于打赢脱贫攻坚战的决定》，提出“实施精准扶贫方略”。

扶贫先扶“精气神”是十八洞村精准扶贫的重要经验，请运用文化对经济作用的知识说明这一经验的合理性。

参考答案：同第 142 页。

例题 2

2018 年是改革开放 40 周年。我国改革开始于农村，安徽省凤阳县小岗村是我国农村改革的主要发源地。我国农村改革始终是在党的领导下进行的。

1978 年冬，小岗村的 18 户村民以“敢为天下先”的精神，在一纸大包干的“秘密契约”上按下鲜红的手印，拉开了中国农村改革的序幕。改革如同释放了魔力，次年，小岗村迎来大丰收，粮食总产达 13.3 万斤，一举结束 20 余年吃国家救济粮的历史，并首次归还国家贷款 800 元。进入新时代，小岗村大力推进土地“三权分置”改革，完成土地承包经营权确权登记颁证工作；成立集体资产股份合作社并发放股权证，实现了村民从“户户包田”到

“人人持股”的转变。2017 年，小岗村集体收入突破 820 万元，农村人均收入比 2012 年增长 70% 以上。

小岗村的改革发展实践证明，唯改革才有出路，改革要常讲常新，请运用生产力和生产关系的辩证关系原理加以说明。

参考答案：生产力决定生产关系，生产关系反作用于生产力，适合生产力状况的生产关系推动生产力发展，不适合生产力状况的生产关系阻碍生产力发展。在社会主义社会，改革是解决生产力和生产关系矛盾、解放生产力的基本方式，是推动经济社会发展的强大动力。小岗村进行“大包干”改革、推进土地承包经营权确权和土地流转，发展集体股份经济，不断破除阻碍农业生产力发展的经济体制和经营机制弊端，极大地解放了生产力，促进了经济发展。

在例题 1 中，关于文化是如何促进经济发展的，材料已经对作用机理进行了很好的概括：培育村民创新意识和创新能力，激活精准扶贫内生动力。但是在例题 2 中，生产关系究竟如何反作用于生产力，如大包干如何促进粮食总产量增加、三权分置改革和发展集体股份经济如何促进收入增加，情境材料不仅没有概括其作用机理，也没有任何其他提示，完全依靠考生灵活运用相关的知识储备。也就是说，命题人可以借助作用机理的隐显程度精心调控试题难度。

2. 合理控制逻辑推理的长度

例题

被授予“国家杰出贡献科学家”荣誉称号的钱学森认为，他的人生受益于中学教育。他常常深情地回忆自己的中学生活：

化学教师特别重视化学实验和培养学生对科学的兴趣，化学实验室随时开放，学生进出自由，我那时做了许多实验。生物教师常带领学生去野外采集标本，教学生解剖蜻蜓、蚯蚓和青蛙，我用在野外抓到的蛇制作了标本。学校组织各种课外小组，开设无机化学、诗词、音乐、伦理学等选修课。师生常常一起讨论数学、物理、化学等问题，大家都畅所欲言、无拘无束。大家都不怕考试，没有人为考试而开夜车，更没有人死背书。有一位数学教师在给学生的测验评分时独出心裁，出 5 道题，学生都答对了，但解法平淡，只给 80 分；如果答对 4 道，但解法富有新意，就给 100 分，还另加奖励。民主、开拓、创新的学校文化深深地感染着每一个学生。

进入新世纪，素质教育理念更加深入人心。围绕推进素质教育，培养创新型人才，各地进行了新的探索：课程超市、创意集市、探究性学习、名家讲坛、才艺拓展……取得了丰硕成果。在中学教育改革不断深化的今天，钱学森的中学学习经历可以为我们提供启迪。

结合材料，运用文化创新作用的知识，说明教育创新对培养人才的意义。

参考答案：创新是文化富有生机和活力的重要保证。文化创新推动实践发展、文化繁荣和创新人才培养。教育创新促进了民主、开拓、创新的学校文化的形成和发展，有利于激发学生的求知欲望、民主意识、创新精神，树立科学的世界观、人生观和价值观，从而促进学生全面发展。

熟悉参考答案或相关专业知识的教师都知道，在例题中，教育创新何以能够促进人的全面发展，其逻辑推理需要三步。这是串联型作用机理题。显然，逻辑推理的步骤越长，试题的难度通常越大，命题人可以利用逻辑推理的长度实现对试题难度的有效调控。

3. 合理控制并联路径的数量

例题

城镇化，指农村人口、富余劳动力和企业逐渐在空间上聚集而转化为城镇的经济要素，成为促进经济发展重要动力的过程。

2004 年，某县在 R 镇征地近 2 000 亩（1 公顷=15 亩）建立了一个工业园，在一家知名装备制造企业入驻后，150 多家配套企业相继入园，2012 年该园区实现产值 120 亿元。在园区周围，学校、医院、银行等服务业纷纷出现。2012 年，该镇人口由 2.3 万增加到 3.5 万，新增人口中有 7 000 多人是脱离土地的农民，他们在接受培训后成为园区的产业工人。务工农民留下的土地由一些经管大户集中起来、统一经营，建立了一批优质稻米、蔬菜和水果等现代农业生产基地，取得了良好的经济效益。该镇 90% 的劳动力实现当地就业，人均收入明显增加。

结合材料和所学的经济知识，分析城镇化对 R 镇经济发展的推动作用。

参考答案：企业的聚集发挥了规模经济优势，带动了产业发展，促进了产值增加；农民转变为产业工人，为园区和该镇的发展提供了劳动力；土地的统一集约经营，提高了农业生产率，推动了现代农业发展；居民收入增加，刺激了消费，带动了服务业的发展（或有利于扩大内需）。

在例题中，城镇化何以能够促进 R 镇的经济发展，其作用机理是通过四条平行路径（企业聚集、劳动力转移、现代农业集约发展、居民收入增加）发挥作用，这是并联型作用机理。为了精确控制难度，命题人可以通过控制并联路径的数量来控制试题难度。

二、试题难度控制进阶技术的一般化

在学科知识立意的传统测评体系中，知识是控制试题难度的基础变量，命题人通过控制知识的深度和广度来调控试题的难度。按照“必备知识情境化”理念，知识的深度不应该成为控制试题难度的工具。依据核心素养立意的考查要求，知识综合运用的广度依然能够成为控制试题难度的重要变量。但是，知识综合运用的广度不应该成为控制试题难度的基础变量，而是应该服从于对思维和实际问题解决能力的考查。

例如，对比“中国式现代化必然是一个‘并联式’的发展过程。结合材料，运用具体问题具体分析的知识加以说明”和“培育和践行社会主义核心价值观需要记住乡愁，传承中华传统美德，运用文化生活知识对此加以说明”，可以发现：第一道试题的难度较低，因为它只需要运用一条原理，而且已经明确了原理。第二道试题不仅没有明确用什么原理，而且需要综合运用知识的广度，明显难度更大。

又如，试题“有观点认为，为推动我国经济高质量发展，钢铁行业应扩大粗钢产量并增加出口。结合材料，运用经济与社会、当代国际政治与经济知识，对该观点进行评析。”要求学生综合运用两个模块的知识分析问题，难度比较大。

总之，在核心素养测评中，测评者依然可以将学科知识的广度作为控制试题难度的重要变量，因为广度依然是衡量素养高低的重要变量。但是，它不是控制试题难度的基础变量，核心素养测评需要引入其他变量（情境和思维）作为控制试题难度的基本抓手。测评者可以通过情境的复杂程度、概括程度与问题答案的关联程度来合理调控试题难度，也可以通过控制思维含量来合理控制试题难度。

综合来说，在核心素养测评中，合理控制试题难度的主要技术工具有三大类：合理控制学科知识综合运用的广度，合理控制情境的结构化程度，合理控制学科思维的含量，其中后两类是基础。

（一）合理控制学科知识综合运用的广度

在合理控制学科知识综合运用的广度方面，试看以下两道高考试题：

例题 1

20 世纪 70 至 90 年代，珠海淇澳岛红树林植被退化，形成的裸滩被外来入侵植物互花米草占据，天然红树林秋茄（乔木）－老鼠簕（灌木）群落仅存 32 hm^2。为保护和恢复红树林植被，科技人员在互花米草侵占的滩涂上成功种植红树植物无瓣海桑，现已营造以无瓣海桑为主的人工红树林 600 hm^2，各林龄群落的相关特征如表 5-1 所示。

表 5-1　各群落的相关特征

红树林群落（林龄）	群落高度	植物种类	树冠层郁闭度	林下互花米草密度	林下无瓣海桑更新幼苗密度	林下秋茄更新幼苗密度
无瓣海桑群落（3 年）	3.2 m	3 种	70%	30 株/m^2	0	0
无瓣海桑群落（8 年）	11.0 m	3 种	80%	15 株/m^2	10 株/100 m^2	0
无瓣海桑群落（16 年）	12.5 m	2 种	90%	0	0	0
秋茄－老鼠簕群落（大于 50 年）	5.7 m	4 种	90%	0	0	19 株/100 m^2

淇澳岛红树林现为大面积人工种植的无瓣海桑纯林，为进一步提高该生态系统的稳定性，请根据生态工程自生原理并考虑不同植物的生态位差异，提出合理的无瓣海桑群落改造建议。

参考答案：适当控制引进树种规模，扩大本土树种的种植，增加物种量，使营养结构变得复杂，不仅可以提高生态系统的稳定性，还能防止新物种入侵。

例题 2

人体缺乏尿酸氧化酶，导致体内嘌呤分解代谢的终产物是尿酸（存在形式为尿酸盐）。尿酸盐经肾小球滤过后，部分被肾小管细胞膜上具有尿酸盐转运功能的蛋白 URATL 和 GLUT9 重吸收，最终回到血液。尿酸盐重吸收过量会导致高尿酸血症或痛风。目前，E 是针对上述蛋白治疗高尿酸血症或痛风的常用临床药物。为研发新的药物，研究人员对天然化合物 F 的降尿酸作用进行了研究。给正常实验大鼠（有尿酸氧化酶）灌服尿酸氧化酶抑制剂，获得了若干只高尿酸血症大鼠，并将其随机分成数量相等的两组，一组设为模型组，另一组灌服 F 设为治疗组，一段时间后检测相关指标，结果见图 5-2。

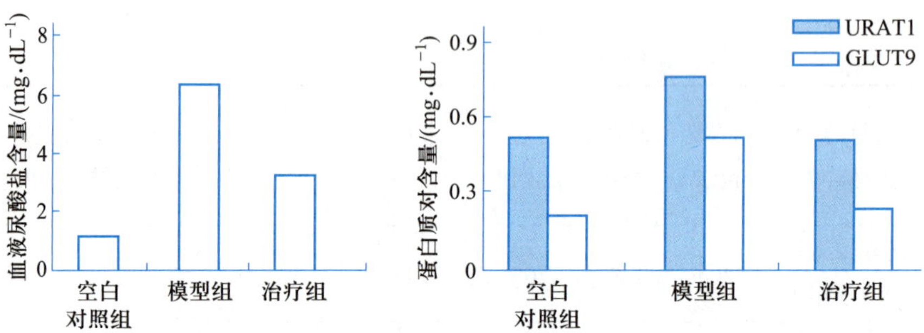

图 5-2 实验结果

根据尿酸盐转运蛋白检测结果，推测 F 降低治疗组大鼠血清尿酸盐含量的原因可能是____________________，减少尿酸盐重吸收，进一步评价 F 的作用效果，本实验需要增设对照组，具体为____________________。

参考答案：F 抑制转运蛋白 URAT1 和 GLUT9 基因的表达；给高尿酸血症大鼠灌服等量生理盐水配制的 E 溶液。

例题 1 明确提示考生答题方向，将知识范围锚定在生态学中的生态工程自生原理和不同植物的生态位差异上，学生在回答时易于结合材料提取知识并组织回答，属于知识范围小的题目。而例题 2 的材料基于肾小管重吸收作用的情境，给学生提供的是关于跨膜运输的信息，第一空需要学生联系“基因表达”“基因工程”方面的知识进行作答。例题 2 涉及的知识范围比例题 1 大，难度也更大。

通过知识综合运用的广度来控制试题难度，应该以必备知识为严格遵循，不能增加超出必备知识的其他知识。从知识综合运用的广度看，可以分为模块内必备知识综合运用、跨模块必备知识综合运用、跨学科必备知识综合运用。知识的跨度越大，试题的难度通常会更大。这项技术在各地的中考命题中也被经常采用。

1. 模块内必备知识综合运用

例题 1

某海岛在 20 世纪 80 年代受采石、海浪侵蚀等影响，沙滩被碎石掩埋，植被退化，生态功能下降。近年来，通过填土、修复植被、整治湖泊等措施，岛上的植物恢复到 470 余种，动物增加到 170 余种，生态修复效果显著。2023 年，该海岛被评为“和美海岛”。请回答：

（1）采石、海浪侵蚀导致该海岛生态功能下降，这是因为生态系统__________是有限的。

（2）碎石填土后植物才能生长，土壤是影响植物生长的______________因素。

（3）修复植被过程中新引入 60 余种植物，在引种时既要考虑植物能________海岛环境，又要防止形成________入侵。修复后的植被可为动物提供________和________，动物迁入使物种多样性增加，生态系统的__________更复杂，稳定性增强。

（4）该海岛远离陆地，存在淡水资源匮乏的问题，请提出一个解决思路：____。

参考答案：（1）自动调节能力。（2）非生物。（3）适应；外来物种；物质；能量；成分。（4）通过整治湖泊等措施，使岛上物种多样性增加，植被增多，涵养海岛水源（合理即可）。

例题 2

“月宫一号”人工闭合生态系统（图 5-3），舱内有小麦、生菜、黄粉虫（富含动物蛋白，可食用）和微生物等。志愿者在舱内完成了 370 天的封闭实验。

请回答：

（1）图 5-3 植物舱中的二氧化碳传感器等智能设备可以精准调控二氧化

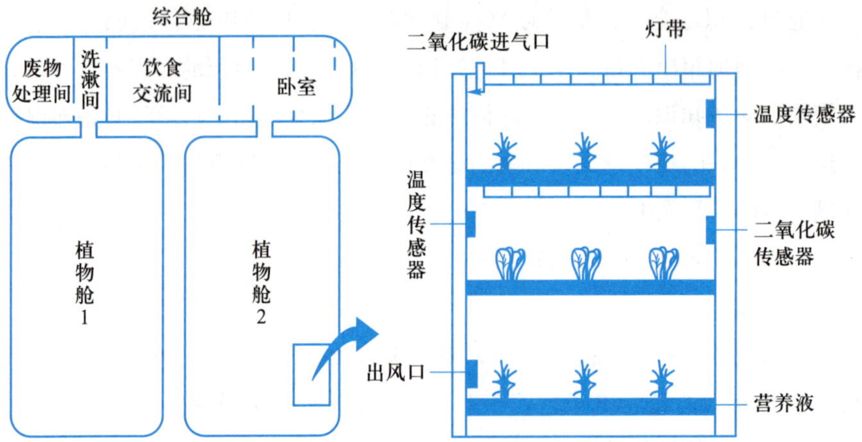

图 5-3 “月宫一号”模式图及植物舱示意图

碳浓度。植物利用二氧化碳进行________，合成________，为志愿者提供食物来源。

（2）尿液和生活废水经微生物处理后用于配制营养液，营养液中的水可被植物根尖的________吸收，通过输导组织运输到叶片，绝大部分水以水蒸气形式通过________（填结构名称）散出，水蒸气经冷凝净化后供志愿者使用。

（3）“月宫一号”初步建立了完整的生命保障系统。请在图 5-4 中，用“→”和文字补充人与其他生物的物质循环关系。

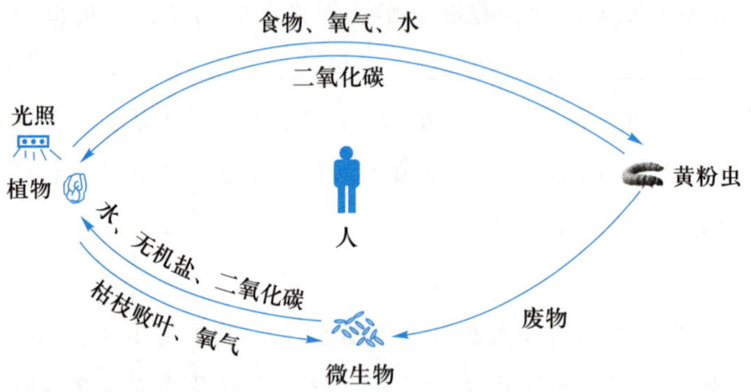

图 5-4 舱内物质循环示意图

参考答案：（1）光合作用；有机物。（2）成熟区；气孔；（3）如图 5-5 所示。

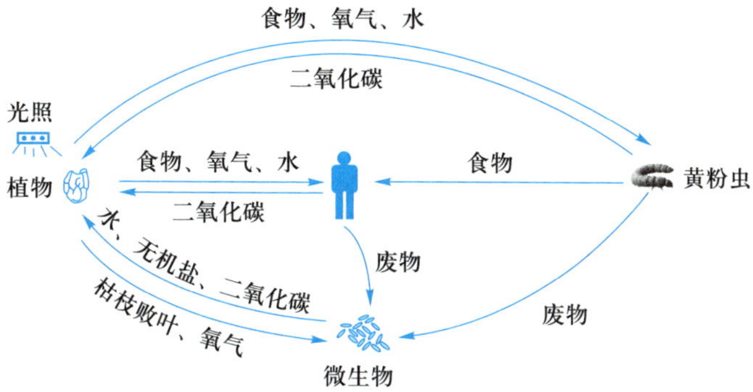

图 5-5　舱内物质循环示意图

例题 1 考查了“生物与环境”这一模块的知识，即“生物与环境相互依赖、相互影响，形成多种多样的生态系统”，需要学生结合生态系统的自我调节能力有一定限度、生态修复与生物多样性保护、生物能够适应和影响环境等多方面的知识，同时也检验了学生的问题解决能力、创新思维、信息整合与表达能力。通过分析海岛因采石、海浪侵蚀导致的生态功能下降及后续通过填土、植被恢复等措施实现的生态显著恢复，学生需要理解生态系统自我调节能力的有限性，并认识到生物多样性对维持生态系统稳定的重要性。此外，针对海岛淡水资源匮乏的问题，学生还需要展现出创新思维，提出海水淡化、雨水收集等解决方案，以体现其综合运用知识解决实际问题的能力。

例题 2 主要考查了“植物的生活”这一模块的知识。学生需要运用光合作用、蒸腾作用等知识，理解植物如何利用二氧化碳进行生命活动并为人类提供食物。这不仅考查了学生对专业知识的掌握情况，还体现了对学生综合素质和实际应用能力的重视。这两道试题属于同一模块内必备知识综合运用的题目。

2. 跨模块必备知识综合运用

例题 1

某兴趣小组探究镁与稀盐酸的反应。

（1）镁与稀盐酸反应的化学方程式为____________________________。

（2）实验前，用砂纸打磨镁条的目的是____________________________。

（3）将打磨后的镁条放入稀盐酸中，一段时间后发现有灰白色沉淀产生的异常现象。

提出问题：灰白色沉淀可能含有什么物质？

查阅资料：$Mg(OH)_2$ 受热分解生成 MgO 和 H_2O；变色硅胶遇水由蓝色变为粉红色；碱式氯化镁［Mg(OH)Cl］不溶于水，受热易分解生成 MgO 和 HCl 气体。

提出假设：甲同学认为灰白色沉淀中不含 $MgCl_2$，你认为原因是________________________________。

（4）乙同学认为灰白色沉淀中可能含有________________。

猜想Ⅰ：Mg

猜想Ⅱ：Mg(OH)Cl

猜想Ⅲ：$Mg(OH)_2$

实验探究：乙同学将灰白色沉淀洗涤、干燥后，分别置于编号为②和③的试管中。

序号	实验操作	实验现象	实验结论
实验 1	向试管①中加入适量______（填物质名称）	沉淀消失 无气泡产生	猜想Ⅰ 不成立
实验 2	加热试管②，并将蘸有紫色石蕊溶液的滤纸条置于试管口	滤纸条变红	猜想Ⅱ ________
实验 3	加热试管③将产生的气体通过变色硅胶	变色硅胶 ________	猜想Ⅲ 成立

（5）讨论分析：实验 2 中滤纸条变红是由于 HCl 气体溶于水使溶液呈酸性，生成 HCl 气体的原因是________________（用化学方程式表示）。

参考答案：（1）$Mg+2HCl=MgCl_2+H_2\uparrow$。（2）去除镁条表面的氧化物薄膜。（3）$MgCl_2$ 可溶于水。（4）稀盐酸；成立；由蓝色变为粉红色。（5）$Mg(OH)Cl \xlongequal{\triangle} MgO+HCl\uparrow$。

例题 2

实验室制取 O_2 及性质检验。

1. 图 5-6 中仪器 a 的名称是________。

2. 用高锰酸钾制取 O_2，应选择上图中的发生装置（填字母）________，化学方程式为________________。

3. 如下表所示，收集一瓶 O_2 并进行性质检验。集气瓶中 NaOH 溶液的

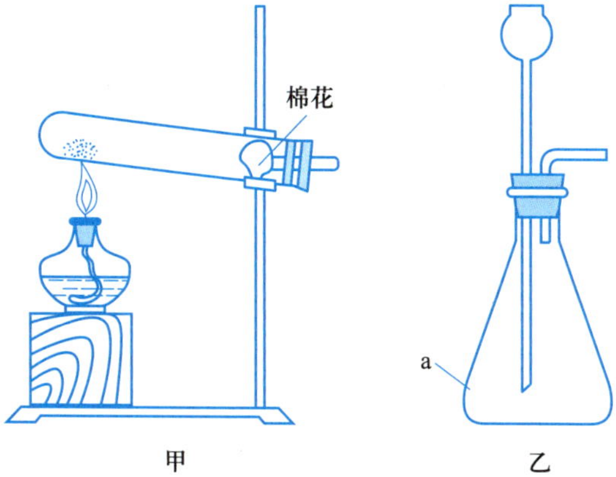

图 5-6　实验仪器

作用是______________________________。

操作	现象	结论
	硫燃烧时，____（填字母），生成刺激性气味的气体 a. 产生大量白烟 b. 生成黑色固体 c. 发出蓝紫色火焰	O_2 具有氧化性

4. 制作氧自救呼吸器。查阅资料，超氧化钾（KO_2）为黄色固体，分别与 CO_2、H_2O 反应生成 O_2 和白色固体，产氧效率高，适合作生氧剂。

（1）原理分析：$4KO_2+2CO_2=2K_2CO_3+3O_2$，$4KO_2\uparrow+2H_2O=4X+3O_2$，则 X 的化学式为__________。

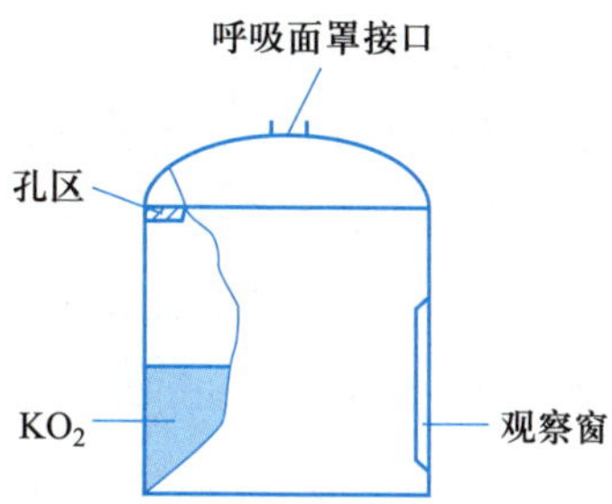

图 5-7　氧自救呼吸器示意图

（2）动手实践：设计并制作氧自救呼吸器，如图 5-7 所示，使用一段时间后，观察到生氧剂由__________（填颜色变化）则基本失效。

参考答案：（1）锥形瓶。（2）甲；$2KMnO_4 \xlongequal{\triangle} K_2MnO_4+MnO_2+O_2\uparrow$。（3）c；吸收二氧化硫，防止污染空气。（4）KOH；黄色变为白色

例题 1 作为一道实验探究题，通过设定具体的实验目的——探究镁与稀盐酸反应产生的灰白色沉淀的成分，要求学生设计出三个具有显著反应现象的实验方案，以科学严谨的方式逐一验证沉淀的组成，包括利用沉淀与稀盐酸的反应排除镁的可能性，通过沉淀受热分解产生的氯化氢气体确认碱式氯化镁的存在，以及利用分解产生的水蒸气证明沉淀中含有氧化镁。这一过程需要综合运用“物质的性质与应用”中的“金属与金属矿物”知识和“科学探究与化学实验”中的“实验探究”知识。

在例题 2 中，制作氧自救呼吸器的过程涉及一种关键反应，该反应能够生成氧气以供紧急情况下使用。推理“X”的化学式需要学生联系“物质的化学变化”中的“化学反应及质量守恒定律”和“物质的组成与结构”中的“元素、分子、原子与物质”的知识进行解答。

这两道试题属于跨模块必备知识综合运用的题目，在答题过程中，学生需要通过跨模块知识内容确定答题范围与方向。

3. 跨学科必备知识综合运用

例题 1

材料一：近年来，有声阅读的兴起和繁荣有效地推动了社会阅读文明的构建。许多经典名著如《西游记》《红楼梦》等制作成有声读物纷纷上线，使读书变得更加生动鲜活、切实可感。有声阅读将明确的、认真的、专注的学习型阅读与浏览型、消遣型的阅读有机结合，有效地推动了全民阅读品质的提升。“听”和“看”作为两种不同的阅读方式，在阅读的体验上呈现不同的特征。有声语言表达作为一种创造性的劳动，表达者在创作过程中融进了自己对作品的理解和感受，并且运用一定的技巧把它表达出来。大量高水平、高质量有声阅读产品的出现，逐渐满足社会的阅读需求，不仅使有声阅读沿着正确的方向稳步发展，而且在推动社会阅读文明、弘扬中华优秀传统文化中发挥了积极的作用。

——摘编自高国庆、马玉坤《有声阅读价值论刍议》(有改动)

材料二：截至 2021 年 12 月 31 日，微信公众平台有声阅读发文量达 230 万篇，相关文章的阅读量已达 21.9 亿次，有声阅读的热点话题热度也不断变

化，如图 5-8 所示。有声阅读氛围越来越浓，阅读率越来越高。作为全民阅读的重要组成部分，有声阅读丰富了阅读内容和形式，促进了社会阅读文明的发展。

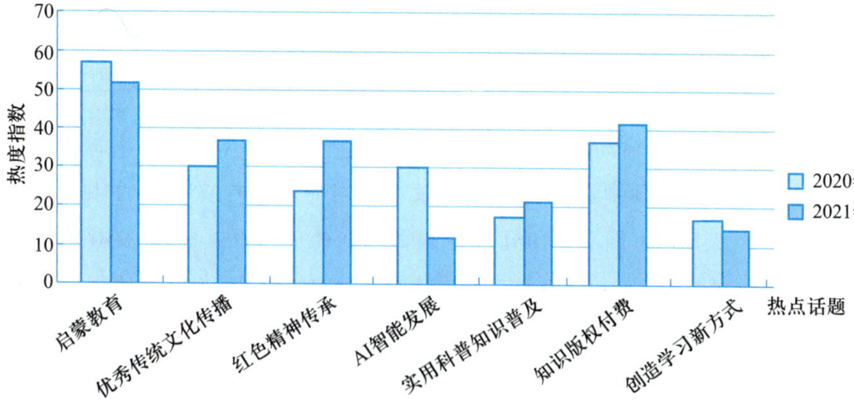

图 5-8 有声阅读相关热点话题热度示意图

热度指数是指舆论在公开社交场景中对有声阅读相关话题的讨论和传播，由各平台公开渠道信息传播量综合加权计算并归一化处理后获得，满分 100 分。

——摘编自《“有声”打开全民阅读新格局：2021 有声阅读产业调查报告》

材料一提到有声阅读在弘扬中华优秀传统文化中发挥了积极作用，请你用材料二的相关信息对这一提法加以说明。

参考答案：从材料看，“优秀传统文化传播（红色精神传承）”是有声阅读的热点话题，有浓厚的阅读氛围和较高的阅读量；2021 年它的热度比 2020 年明显增长；在各类热点话题中，它的热度增长幅度较大。可见有声阅读为弘扬中华优秀传统文化发挥了积极作用。

例题 2

史料是认识历史的依据，运用可信史料进行历史解释是历史学习必备素养。阅读材料，完成下列要求。

材料一：见表 5-2。

▶▶ 表 5-2　1928—1931 年中国进出口贸易情况（单位：亿关两）

年份	进口净值	出口净值	出超（+）或入超（-）
1928	11.96	9.91	-2.05
1929	12.66	10.16	-2.50
1930	13.10	8.95	-4.15
1931	14.33	9.09	-5.24

——摘编自许涤新等主编《新民主主义革命时期的中国资本主义》等

材料二：1950 年中苏两国的贸易额在中国内地对外贸易中的比重，由 1949 年的第三上升为第一。1951 年中国与苏联的进出口总额比 1950 年增长了 138.9%，到 1952 年，中国与苏联、东欧及亚洲社会主义国家的贸易总额已占中国内地对外贸易总额的 81.26%。

——摘编自武力主编《中华人民共和国经济史》

（1）根据材料一并结合所学知识，指出 1928—1931 年中国进出口贸易的变化及其背景。

（2）根据材料二，指出这一时期中国对外贸易的发展趋势，并结合所学知识对其进行合理解释。

（3）数据是史料的表现形式之一，也是历史研究的重要依据和支撑。在探究历史过程中，对数据的使用应注意什么？

参考答案：

（1）变化：进口净值逐年增加；出口净值有所波动；入超增多（增加）。（任意一点即可）背景：国内政局动荡；世界经济危机影响等。

（2）趋势：中苏贸易额增加；中国与社会主义国家的贸易额占比提高。（任意一点即可）解释：中华人民共和国成立后，与苏联等社会主义国家建立外交关系，保持良好的经贸交流；1950 年抗美援朝战争爆发，对中国与西方的贸易产生一定影响；冷战形势下，美国等帝国主义国家对中国敌视、封锁和禁运，中国与西方国家的贸易额下降等。（任意两点即可）

（3）在使用数据时不能根据使用需要任意修改数据；数据统计容易受到多种因素影响，应多方查证，相互印证，谨慎使用等。（言之有理即可）

例题 1 虽然主要围绕有声阅读的社会影响展开，但其背后涉及多个学科领域的交叉融合。首先，从文化传播学角度来看，有声阅读作为一种新兴的阅读方式，对社会阅读文化及中华优秀传统文化起到推动作用，体现了文化传播媒介的变革对文化传承与创新的影响。其次，从教育学角度来看，有声阅读的出现丰富了教育资源的形式，促进了全民阅读习惯的养成，对提升国民素质、构建学习型社会具有重要意义。此外，例题 1 还隐含了信息科技的元素，如微信公众平台的运用，展示了数字化技术如何助力文化传播的广度和深度。因此，例题 1 通过有声阅读这一具体案例，巧妙地融合了文化传播学、教育学、信息科技等多个学科的知识，体现了跨学科教学理念。

例题 2 则更加直接地展现了跨学科特征。从历史学角度来看，该题目要求学生理解特定历史时期的贸易状况及其背后的政治、经济原因。从经济学角度来看，题目涉及进出口贸易等经济学概念，要求学生理解这些概念在国际贸易中的含义和作用。从社会学角度来看，题目中的贸易状况变化也反映了社会结构和国际关系的变迁。学生需要运用社会学的视角，分析贸易状况变化对社会结构、阶级关系、文化交流等方面的影响。本题通过对中国进出口贸易及对外贸易趋势的探讨，引导学生跨越历史学、经济学、社会学、语言学和信息素养等多个学科界限，综合运用多学科的知识与方法进行深入的探究与分析。这种跨学科的教学方式不仅有助于培养学生的综合素养和创新能力，还能够使他们更好地理解和应对复杂多变的现实世界。

（二）合理控制情境的结构化程度

合理控制情境的结构化程度，简单来说就是控制情境的复杂程度、新颖程度、关联程度。试看以下两道高考试题：

例题 1

翻译思想是决定译者翻译行为和翻译结果的主因，只有通过其翻译思想，读者才能理解其翻译过程中所采取的种种策略，也才能对这些策略所产生的译文进行更客观的评价。从霍克思的译本中可见，他对原文采取了大多时候“忠实不渝”、间或背信弃“意”的态度。为证此言，举个背信弃“意”的例子。《红楼梦》第一回中，曹雪芹用了一个较长的段落交代自己的写作目的，并说明选用“甄士隐”和“贾雨村”作为人物姓名的缘由，为读者理解整部小说进行铺垫。霍克思在其译本中大胆地省却了这段文字的翻译，直接从“列位看官：你道此书从何而来？”译起。霍克思的省译，显然不是漏译或者不能译，最有可能的原因，是霍克思对其译本艺术性的考量。为了实现译本与原著在艺术性方面的等值或者说最大程度的接近，霍克思将“忠实”的对象定位于篇章层面。杨宪益的翻译可以称之为“临摹式翻译”。“临摹”是初学书画之法，就是照着一幅书法或者绘画描其形而逮其神，最终达到与原作的惟妙惟肖。临摹者往往会将忠实原作视为自己对艺术的全部追求，杨宪益翻译的《红楼梦》正是这样一件艺术性高超的临摹作品。

——摘编自党争胜《霍克思与杨宪益的翻译思想刍议》

请根据材料简要说明杨宪益与霍克思对译文艺术性的理解有何不同。

参考答案：霍克思主张大多时候忠于原著，但出于对译本艺术性的考量，可以删减文字。杨宪益主张“临摹”式翻译，将忠实原著作为其全部艺术追求。

例题 2

对素食者和肠胃疾病患者来说，藜麦的发现是一个奇迹。藜麦不含麸质，富含镁和铁，比其他种子含有更多的蛋白质，包括人体无法独自生成的必需的氨基酸。美国宇航局宣布，藜麦是地球上营养最均衡的食物之一，是宇航员的理想之选。产于安第斯山的藜麦有一个令西方消费者神往的传说：印加人非常重视藜麦，认为它是神圣的，并且称之为“万谷之母”。不过，藜麦的爱好者却通过媒体发现了一个令人不安的事实，从 2006 年到 2013 年，玻利维亚和秘鲁的藜麦价格上涨了两倍。2011 年，《独立报》称，玻利维亚的藜麦消费量“5 年间下降了 34%，当地家庭已经吃不起这种主食了，它已经变成了奢侈品”。《纽约时报》援引研究报告称，藜麦种植区的儿童营养不良率正在上升。2013 年，《卫报》用煽动性标题提升了人们对这个问题的关注度：“素食者的肚子能装下藜麦令人反胃的事实吗？”该报称，贫穷的玻利维亚人和秘鲁人正在食用更加便宜的“进口垃圾食品”。《独立报》2013 年一篇报道的标题是“藜麦：对你有利——对玻利维亚人有害”。这些消息传遍了全球，在健康饮食者之中引发了一场良心危机。在社交媒体、素食博客和健康饮食论坛上，人们开始询问食用藜麦是否合适。这种说法看似可信，被许多人认可，但是经济学家马克·贝勒马尔等人对此则持保留意见。毕竟，藜麦贸易使大量外国资金涌入玻利维亚和秘鲁，其中许多资金进入了南美最贫穷的地区。几位经济学家跟踪了秘鲁家庭支出的调查数据，将种植且食用藜麦的家庭、食用但不种植藜麦的家庭和从不接触藜麦的家庭划分为三个小组。他们发现，从 2004 年到 2013 年，三个小组的生活水平都上升了，其中藜麦种植户家庭支出的增长速度是最快的。农民们正在变富，他们将这种新收入转化为支出又给周边民众带来了好处。那么藜麦消费量下降 34% 又是怎么回事呢？原来，在很长的时间内两个国家的藜麦消费量一直在缓慢而稳定地下降，这意味着消费量的下降和价格的激增不存在明显的联系。更加接近事实的解释是，秘鲁人和玻利维亚人只是想换换口味，吃点别的东西。

为了解藜麦的种植情况，我去了秘鲁科尔卡山谷，这里在印加时代以前就得到了开垦。藜麦是一种美丽的作物，拥有深红色或金黄色的巨大种球。在安第斯山的这片区域，人们在梯田上同时种植藜麦以及当地特有的玉米和马铃薯品种。“国外需求绝对是一件好事，”我的秘鲁向导杰西卡说道，“农民非常高兴，所有想吃藜麦的人仍然买得起这种食物。”她还解释了另一个好处。之前，秘鲁城里人往往认为他们这片区域吃藜麦的人“很土”。现在，由于美国人和欧洲人的重视，食用藜麦被视作一种时尚。“利马人终于开始尊重我们这些高原人和我们的传统了。”玻利维亚西南部有一片遥远而不适合居住的区域，那里到处都是盐湖和休眠火山。在那里，我看到了由藜麦资金支持的当地急需的开发和旅游项目。千百年来勉强能够养家糊口的自耕农开始为更加美好的未来而投资。我在 2017 年 4 月听到的玻利维亚人对于该作物的唯一抱怨是，日益增长的供给正在拉低价格。玻利维亚的藜麦种植面积增长了两倍多，从 2007 年的 5 万公顷增长到 2016 年的 18 万公顷。马克·贝勒马尔后来对我说：“这是一个令人悲伤的结局，因为它的价格不太可能再度回升。”在风景如画的科尔卡山谷，当太阳落山时，我问杰西卡，欧洲和北美的消费者是否应该为吃掉秘鲁人和玻利维亚人的食物而感到内疚。我可以猜到答案，但我想听到当地人的亲口否认。“相信我，”杰西卡笑道，“我们有许多藜麦。”乍一看，这一关于食物热潮、全球贸易和消费者忧虑的事件讲述了谎言被揭穿的过程。不过，这些受到错误解读的真相可能会对当地的人们造成真正的伤害。各行各业有经验的沟通者会通过片面的事实、数字、背景呈现某种世界观，从而影响现实。在这个例子中，新闻工作者和博主出于高尚的理由引导消费者远离藜麦：他们由衷地为一个贫困群体感到担忧，害怕狂暴的全球贸易风潮会危及这一群体的利益。我们很早就知道这一点：每个新手辩论者和犯错误的小学生都知道如何挑选最有利于自己的真相。不过，我们可能不知道这些真相为沟通者提供了多大的灵活性。很多时候，你可以通过许多方式描述一个人、一件事物或者一起事件，这些描述可能具有同等的真实性。我将它们称为“竞争性真相”。

——摘编自麦克唐纳《后真相时代》

请简要说明文本中的西方媒体在报道时使用了哪些“竞争性真相”。

参考答案：《独立报》通过片面的事实和数据，称藜麦价格的上涨使玻利维亚人吃不起藜麦；《纽约时报》直接援引他人研究，得出藜麦种植区的儿童营养不良率正在上升的结论；《卫报》和《独立报》使用有明显倾向性的标题强调藜麦价格上涨对藜麦种植者造成的伤害。

两道试题都侧重考查学生理解文本内容、筛选整合文本信息的能力。例题 1 需要根据材料的原文按照一定顺序概括。整道试题只需要学生认真阅读，根据文章顺序，用原文的概括性术语，如“临摹式”“艺术性考量”等，逐句对情境材料进行概括即可。

而例题 2 首先要求学生在所给情境中理解“竞争性真相”这一学术术语的内涵，找到材料最后一段“通过许多方式描述一个人、一件事物或者一起事件，这些描述可能具有同等的真实性”和原文其他内容，并以此为基础，运用抽象术语对《独立报》《纽约时报》等报纸的内容进行整合，思考这些“竞争性真相”都得出了什么结论，进一步考查学生对材料的抽象概括能力。虽然两则材料的问题答案和情境材料的相关程度相似，但整体上例题 2 的情境复杂程度比例题 1 更高，对学生抽象概况能力的要求也更高，试题难度也更大。

通过控制情境的关联程度来控制试题难度在命题实践中比较常用。试看以下两道试题：

例题 1

12 世纪欧洲最有名的集市是香槟集市，它们是位于巴黎东面香槟地区的四个城市。商人用马车或驮畜运来货物，在预定时间、地点相互交易。香伯爵在骚乱年代维持了秩序，给商人和旅行者提供居所和保护。到 12 世纪中叶，香槟集市因其贸易量而蜚声于整个大陆。14 世纪初，香槟地区成为法兰西国王属地，国王收取比交易费用更高的费用，如棚舍出租费和销售税等。

随着欧洲贸易量的增长，集市城市里的运输和交易已不能满足需求，其重要性开始下降。

——摘编自庞兹《中世纪城市》等

根据材料，简析香槟集市的影响。

参考答案：促进了西欧城市经济的联系与交流；促进了西欧与地中海区域的贸易联系，扩大了国际贸易的规模；促进了欧洲各国的贸易和文化交流；有利于王权的加强和国家民族的兴起。（任意两点即可）

例题 2

《塞尔登中国地图》长 160 厘米，宽 96.5 厘米，采用中国古代风景画手法，使用汉字标注，并采用上北下南方位，同时标识了欧洲风格的罗盘和比例尺条。图中明朝信息最为丰富，北京城、黄河、各省边界等都有详细描绘。但却仅位于地图左上部分，中国南海前所未有地占据了中央位置。地图展现了东亚和东南亚全貌，覆盖了西起印度洋、北抵日本海、东南达印尼中部诸岛的广大地区。该地图瞻观性较高，但它并非一幅中国传统的陆地舆图，而更可能是一幅航海路线图。这些航线以中国南部的泉州与漳州港为起点，形成一个网络、最远可达地区最西端的印度于利于特港。图中还标注了如何前往也门、阿曼和霍尔木兹海峡。有学者根据图中信息判定，该地图为明末中国人所绘。

该地图后被英国东印度公司的约翰·萨利斯获得，辗转落到了约翰·塞尔登（1584—1654）手中。塞尔登是英国律师，下议院议员，东方学家，是对波斯、阿拉伯以及中国的相关知识感兴趣的英国学者之一。在他那个年代，海洋是全世界关注的焦点。塞尔登比同时代的人更敏锐地察觉到，自己生活在一个正经历海洋变迁的时代。他主张海洋在某些特定情况下，可以由国家行使管辖权。在去世前夕，他将该地图捐赠给母校牛津大学博德利图书馆，《塞尔登中国地图》的名字也由此而来。

——摘编自卜正民《塞尔登的中国地图：重返东方大航海时代》等

（1）根据材料并结合所学世界近代史知识，简析这幅地图流传到英国的背景。

（2）根据材料并结合所学知识，说明学者判断这幅地图为中国人所绘制的依据，以及该地图的意义。

参考答案：

（1）背景：英国建立了君主立宪制，确立了资产阶级民主代议制；西方列强进行殖民扩张，大肆掠夺资源；资本主义经济发展，早期资产阶级力量逐渐壮大；启蒙运动兴起；新航路开辟，航海技术进步；世界各地之间的联系和贸易往来日益密切，资本主义世界市场进一步发展。

（2）依据：地图的内容使用中国古代绘画手法，使用汉字标注；采用中国传统上北下南的方位标注，其中有关明朝的内容最为丰富；地图以中国南海为中心，航线网络以中国的泉州和漳州港为起点。意义：有助于了解中国明朝后期的对外经贸往来；为了解当时中国、东亚和东南亚甚至其他地区的地理状况提供了较为详实的资料；冲击了世界对中国传统的认知；有利于研究当时的中外交往情况。

例题 1 的情境较为清晰明了，材料直接告诉学生集市对商贸的作用，如促进地区间贸易交流、维护秩序、有利商业活动的开展等。题目的问题也比较明确，学生对材料的分析理解、归纳概括，以及回答的范围和角度都在材料中有所提示。由此可见，这道题的情境与问题的关联程度很高，学生只需从材料中提取相关信息并结合所学知识进行回答即可。

例题 2 的材料中包含了地图的详细信息以及一些朝代信息，但并未直接指出具体的历史背景。学生需要综合材料中的信息和应掌握的历史知识（如英国的君主立宪制、欧洲的殖民扩张、资本主义的发展、启蒙运动、新航路的开辟等）进行分析。这道试题的情境关联程度较低，要求学生具有较强的综合分析能力和较丰富的历史知识储备。

通过对比可以看出，例题 1 提供了明确的线索，学生只需提取和归纳信息即可，难度较低；而例题 2 需要学生进行较为复杂的背景分析和综合判断，难度较高。因此，在合理控制情境的结构化程度时，可以通过控制情境与必备知识之间的关联程度来控制试题难度。

合理控制情境的结构化程度还可以用情境的新颖程度调整试题难度。以例题 2 第（2）问为例，材料描述了《塞尔登中国地图》的特点及其流传到英国的过程，考查学生应掌握的地理知识、历史背景以及跨文化交流等必备知识。材料通过具体的地图实例引导学生思考中国古代绘图技术与西方航海图的结合，学生需要综合材料中的信息和自身的历史知识，分析地图的绘制背景和历史意义，明白其展示了中西方文化交流的成果及其对当时海上贸易的重要性。这种情境设计不仅增加了试题的趣味性和挑战性，还培养了学生的综合分析能力和跨学科思维能力。

合理控制情境的结构化程度在中考命题中主要有以下三种体现：

第一，通过控制情境的复杂程度来控制试题难度。

例题 1

小明了解到有种说法“在室内穿两件薄衣服比只穿一件厚衣服更保暖”。他采用如图 5-9 的装置进行实验：在甲、乙两个相同的瓶子中装入等体积的热水，用两层灰色薄棉布包裹着甲瓶（内层紧贴，外层相对宽松），用一层灰色厚棉布紧贴包裹着乙瓶（厚度与两层薄棉布相当），用数显温度计测量瓶中热水的温度，测得有关数据如表 5-3 所示。

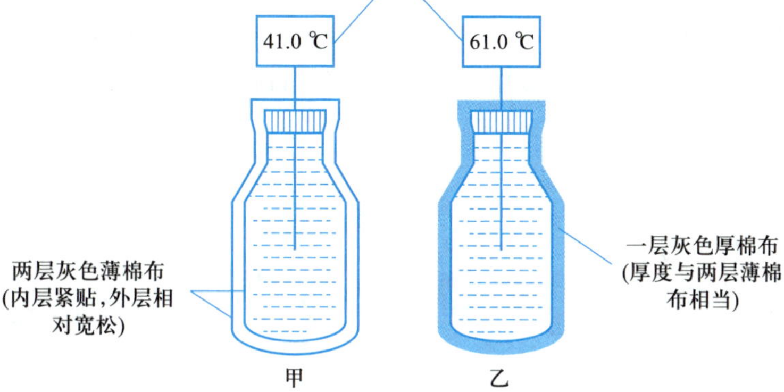

图 5-9　实验装置示意图

表 5-3　实验数据

室温：25.0 ℃					
时间/min	0	20	40	60	80
甲瓶水温/℃	61.0	56.6	62.5	50.9	48.5
乙瓶水温/℃	61.0	55.6	52.3	49.0	45.7

（1）表 5-3 中有一个温度值记录错误，该错误的温度值是____℃。水温会先降到 41.0 ℃的是______瓶。已知瓶中水的体积是 350 mL，该瓶中水的温

度降至 41.0 ℃时，其放出的热量是______J。

（2）如果把瓶中的热水换成冰块，______瓶中的冰块熔化较慢。分析实验结果，可猜想“在室内穿两件薄衣服比只穿一件厚衣服更保暖”的原因可能是两件薄衣服中间有____________。

（3）请写出一个生活中与你的猜想相符合的例子：__________________。

参考答案：（1）62.5；乙；2.94×10^4。（2）甲；空气。（3）棉服/羽绒服内充满空气更保暖，双层玻璃的隔热效果更好，保温杯的夹层设计使保温效果更好。（例子能体现空气层的隔热效果，言之有理即可）

例题 2

阅读材料，回答问题。

风 力 发 电

风能是一种清洁的可再生能源，利用风力发电将助力我国实现碳中和目标，风力发电机组主要由叶片、齿轮箱、发电机等组成，其简化结构如题图 5-10 中的甲所示。叶片横截面的设计原理如图 5-10 中的乙所示，一面较平，另一面较弯曲。叶片在风的作用下旋转，经过齿轮箱增速后，发电机转子高

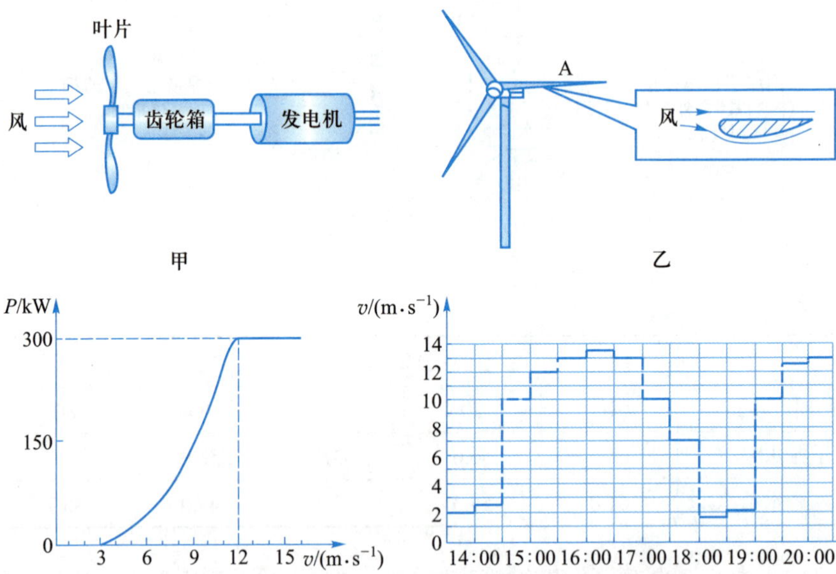

图 5-10 示意图

速旋转发电。

某风力发电机组利用齿轮箱可实现叶片转 1 圈，发电机转子转 20 圈。风力发电机组输出功率 P 与风速 v 的关系如图 5–10 中的丙所示。在 5 m/s ≤ v ≤ 10 m/s 的范围内，P 与 v_3 成正比。风力发电机组所在风场某段时间内的风速 v 与时间 t 的关系如图 5–10 中的丁所示。（为方便计算，图 5–10 中的丙和丁数据已作简化处理）

（1）完成下列风力发电的主要能量转化流程：

（2）当风正面垂直吹向静止叶片时，如图 5–10 中的乙所示，从正面看，叶片 A 会____________（选填“顺时针”或“逆时针”）转动。

（3）当风速为 12 m/s 时，风力发电机组工作 1 h 输出的电能相当于____________kg 的煤完全燃烧放出的热量。（$q_{煤}=3.0\times10^7$ J/kg）

（4）当风速为 13 m/s 时，发电机转子 1 分钟转 400 圈，若发电机输出电能 1 kW · h，叶片需要转动____________圈。

（5）若 14 : 00—15 : 00 和 15 : 00—16 : 00 两段时间内输出电能之比为 1 : 3，则 14 : 00—20 : 00 时间段内风力发电机组的输出电能为____________ kW · h。

参考答案：（1）①机械能；②电能。（2）顺时针。（3）36。（4）4。（5）1 084.3。

例题 1 主要侧重对实验设计与数据分析能力的考查。材料情境较为简单，学生为了验证某种说法而展开实验探究。在此过程中，学生需要仔细阅读实验描述，理解实验目的、方法以及所使用的装置和材料，并结合实验原理（如热传递、热量计算）分析实验结果。

例题 2 涉及风力发电机利用齿轮箱实现叶片转动的工作机制，要求学生在理解风力发电基本原理和流程的基础上，综合运用多个物理知识点，进行复杂的计算和逻辑推理。例如，在回答第（3）问和第（4）问时，学生需要将物理公式与图表数据相结合，进行精确的计算和推理。

例题 1 属于实验验证类题目，包含的情境较为简单，学生只需要根据数据对实验结果进行解释说明；而例题 2 的情境较为复杂，需要学生理解风力发电机组的工作机制，在理解的基础上进行计算，难度加大。

第二，通过控制情境的新颖程度来控制试题难度。

例题 1

如图 5-11，一次函数 $y=x+m$ 的图象与 x 轴交于点 $A(-3,0)$，与反比例函数 $y=k/x$（k 为常数，$k\neq0$）的图象在第一象限的部分交于点 $B(n,4)$。

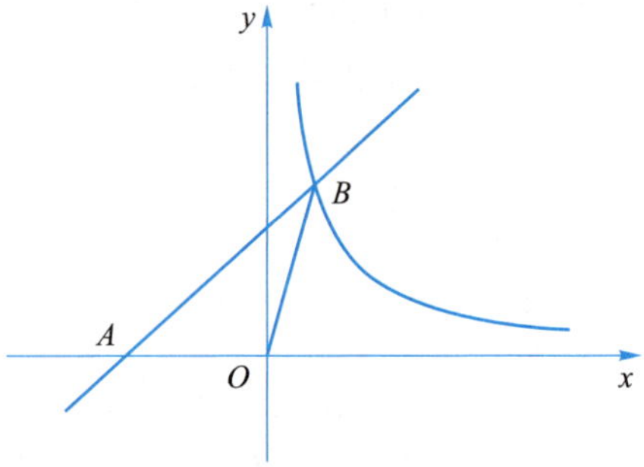

图 5-11　函数图象

（1）求 m，n，k 的值。

（2）若 C 是反比例函数 $y=k/x$ 的图象在第一象限部分的点，且三角形 AOC 的面积小于三角形 AOB 的面积，直接写出点 C 的横坐标 a 的取值范围。

参考答案：（1）$m=3$，$n=1$，$k=4$。（2）$a>1$。

例题 2

某班同学分三个小组进行“板凳中的数学”的项目式学习研究。第一小组负责调查板凳的历史及结构特点；第二小组负责研究板凳中蕴含的数学知识；第三小组负责汇报和交流。下面是第三小组汇报的部分内容，请你阅读相关信息，并解答“建立模型”中的问题。

- 背景调查

图 5-12 中的板凳又叫“四脚八叉凳”，是中国传统家具，其榫卯结构体现了古人含蓄内敛的审美观。榫眼的设计很有讲究，木工一般用铅笔画出凳面的对称轴，以对称轴为基准向两边各取相同的长度，确定榫眼的位置，如图 5-12 中的乙所示，板凳的结构设计体现了数学的对称美。

- 收集数据

小组收集了一些板凳并进行了测量，设以对称轴为基准向两边各取相同的长度为 x，凳面的宽度为 y，记录如表 5-4 所示。

表 5-4　测量数据

以对称轴为基准向两边各取相同的长度 x/mm	16.5	19.8	23.1	26.4	29.7
凳面的宽度 y/mm	115.5	132	148.5	165	181.5

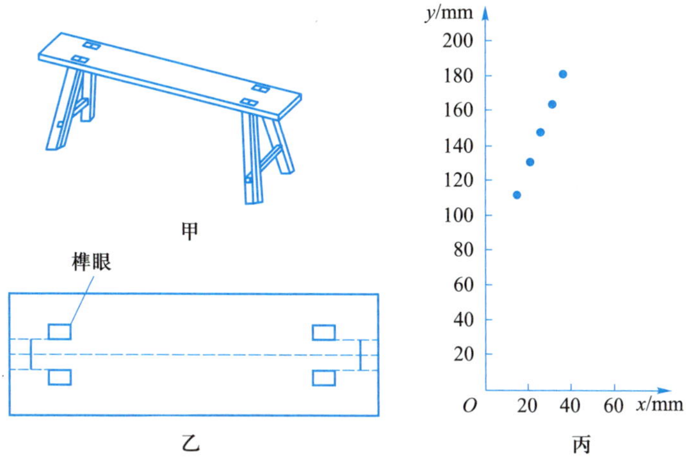

图 5-12　示意图

- 分析数据

如图 5-12 中的丙，小组根据表中 x，y 的数值，在平面直角坐标系中描出了各点。

- 建立模型

请你帮助小组解决下列问题：

（1）观察上述各点的分布规律，它们是否在同一条直线上？如果在同一条直线上，求出这条直线所对应的函数解析式；如果不在同一条直线上，说明理由。

（2）当凳面宽度为 213 mm 时，以对称轴为基准向两边各取相同的长度是多少？

参考答案：（1）在同一条直线上；函数解析式为 $y=5x+33$。（2）当 $y=213$ mm 时，$213=5x+33$，解得：$x=36$。所以当凳面宽度为 213 mm 时，以对称轴为基准向两边各取相同的长度是 36 mm。

例题 1 的情境较为简单，问答的方式也是学生常见的。例如，第（1）问“求 m，n，k 的值”，学生只要将 A、B 两点坐标代进去就能求出函数的表达式，得出 m，n，k 的值。

例题 2 的难度较大，虽然同样是一次函数的公式，但学生需要理解试题所谈到的情境。例题 2 的情境相较于例题 1 来说更新颖，与真实生活密切相关，并且需要学生在正确理解对称概念的基础上，求出一次函数的表达式。

面对如此新颖的情境，学生需要付出一定的努力来理解并完成作答。

第三，通过控制情境的关联程度来控制试题难度。

例题 1

2024 年 5 月，在新疆塔里木盆地万亩沙漠温室内，科研人员在水稻试验区采用垂直立体无土栽培方式，试种快速繁育水稻获得成功。据此完成 1—2 题。

1. 建设沙漠温室利用的土地属于（　　）。

A. 居住用地　　B. 工矿用地

C. 牧草地　　D. 难利用土地

2. 发展沙漠温室农业，塔里木盆地的突出自然优势有（　　）。

① 光热充足　② 降水充沛　③ 土壤肥沃　④ 土地面积大

A. ①②　　B. ①④　　C. ②③　　D. ③④

参考答案：1.D；2.B。

例题 2

近年来，我国物流业迅速发展，快递点进村已成为新的趋势。图 5-13 为我国北方地区某村及其周边等高线地形图。据此完成 1—2 题。

1. 该村及其周边的主要地形类型为（　　）。

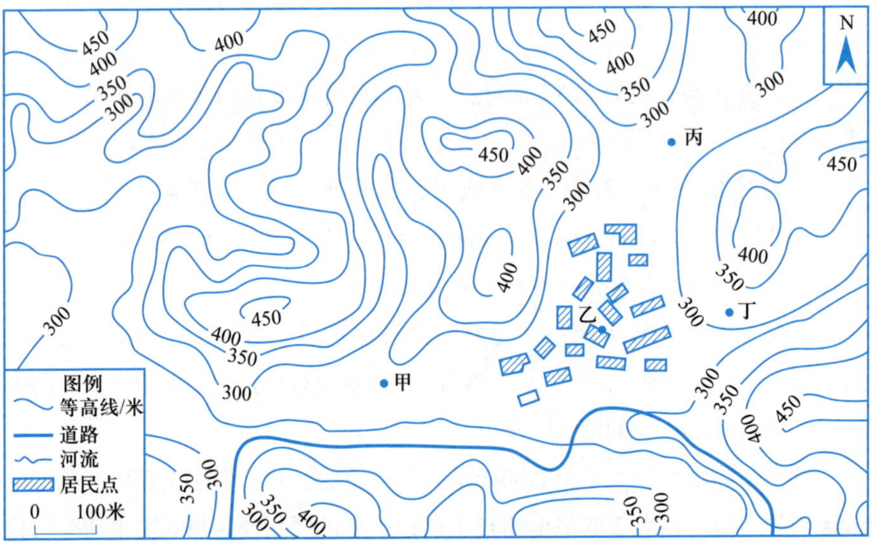

图 5-13　等高线地形图

A. 丘陵　　　　B. 高原　　　　C. 平原　　　　D. 山地

2. 甲、乙、丙、丁四处，最适合设快递点的是（　　）。

A. 甲　　　　B. 乙　　　　C. 丙　　　　D. 丁

参考答案：1. A；2. B。

例题 1 与学生的生活相关，但与所给材料的关联度不大。第 1 问考查的是学生已有的地理知识，也就是学生回忆知识的能力，只要学生知道土地类型就能作答。第 2 问同样也是考查学生已有的地理知识。例题 2 难度较大，问题均需要从所给材料中概括出答案，考查学生的分析概括能力。第 1 问需要结合材料中的等高线地形图，根据图中的等高线海拔高低与地形起伏信息，从而综合判断地形类型。第 2 问需要学生结合图中的居民地分布和人口密集程度来选择最佳位置。

两道例题均选自 2024 年中考试题，其中例题 1 的问题与其材料情境没有较大的关联性，即使没有材料情境，学生根据已有的知识储备也可以做出正确回答，而且考查的知识较为简单。例题 2 的问题与所给材料情境紧密相关，学生在阅读材料后才能正确回答问题。换句话说，问题的答案藏在材料中，需要学生细心阅读并加以概括。

（三）合理控制学科思维的含量

合理控制学科思维的含量，在实际操作过程中既可以通过控制逻辑推理的长度来实现，也可以通过控制作用机理的类型来实现，如上一节说到的"串联型作用机理"或"并联型作用机理"。如何通过控制逻辑推理的长度合理控制学科思维的含量？试看以下两道例题：

例题 1

记△ABC 的内角 A，B，C 的对边分别为 a，b，c。已知 $b^2=ac$，点 D 在边 AC 上，$BD\sin\angle ABC=a\sin C$。

证明：$BD=b$。

参考答案：

由正弦定理可知：$\dfrac{b}{\sin\angle ABC}=\dfrac{c}{\sin\angle ACB}=2R$

$\therefore b=2R\sin\angle ABC$，$c=2R\sin\angle ACB$

$\because b^2=ac$

$\therefore b \cdot 2R\sin\angle ABC = a \cdot 2R\sin\angle ACB$，$b\sin\angle ABC = a\sin C$

$\because BD\sin\angle ABC = a\sin C$

$\therefore BD = b$

例题 2

如图 5-14，在三棱锥 $A-BCD$ 中，平面 $ABD \perp$ 平面 BCD，$AB=AD$。O 为 BD 的中点。

证明：$OA \perp CD$。

参考答案：

$\because AB=AD$，O 为 BD 中点

$\therefore OA \perp BD$

$\because OA \subset$ 平面 ABD，平面 $ABD \perp$ 平面 BCD 且平面 $ABD \cap$ 平面 $BCD=BD$，

$\therefore OA \perp$ 平面 BCD

又 $CD \subset$ 平面 BCD

$\therefore OA \perp CD$

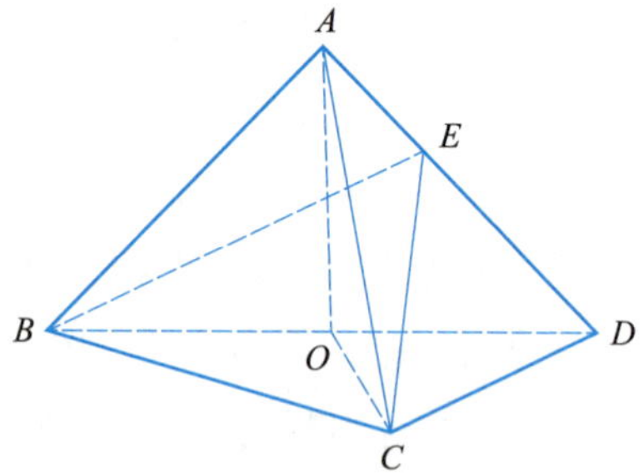

图 5-14　示意图

例题 1 根据正弦定理的边角关系和 $BD\sin\angle ABC = a\sin\angle C$ 可以得到 $BD=ac/b$，再根据已知条件 $b^2=ac$，即可证明结论。由此可见，学生解答例题 1 时仅运用正弦定理即可，其逻辑推理只需要一步。

例题 2 要证明线线垂直，学生需要先结合已知条件，将问题转化为线面垂直，再根据直线与平面垂直的性质（如果一条直线垂直于一个平面，那么该直线垂直于平面内的所有直线）证明结论。因此，问题便转化为如何证明线面垂直。学生根据题干中的已知条件，可得 $AO \perp$ 平面 BCD，即线面垂直，又因为 CD 是平面 BCD 中的直线，因此可证 $OA \perp CD$，其逻辑推理经过两步。

两道例题相比，例题 2，学生无法直接做出解答，需要进行多步逻辑推理，造成本题所涉及的数学学科思维含量较多。而例题 1，学生仅需运用正弦定理即可解答，省去了多步逻辑推理，所涉及的数学学科思维含量较少。因此例题 2 的难度比例题 1 大。

如何通过控制作用机理的类型合理控制学科思维的含量呢？试看以下两道例题：

例题 1

阅读图文资料，完成下列要求。

针对干旱区煤矿采空区治理和水资源短缺等问题，我国学者提出利用采空区建设地下水库的建议。M 煤矿矿区位于晋陕蒙交界地带，属温带大陆性季风气候，地下水资源丰富。该煤矿经过多年开采，已形成采空区。调查发现，该采空区水体中含有来自地表的污染物（图 5–15）。

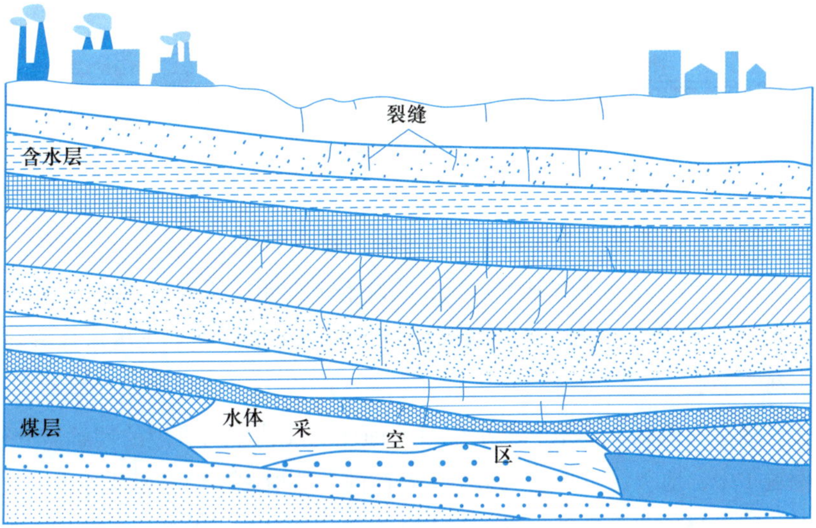

图 5–15　M 煤矿采空区及地层剖面示意图

简述 M 煤矿矿区地表污染物进入采空区水体的自然地理过程。

参考答案：M 矿矿区采矿活动产生的地表污染物，在降雨和地表水流动的作用下，被冲刷进入河流、湖泊或地下水系统。煤矿采空区与地下水位和地下水系统相连通，污染物通过地下水系统，沿着岩石和土壤中的裂隙和空隙进入采空区。在某些情况下，地表污水可能直接通过塌陷坑或裂缝进入采空区。

例题 2

图 5–16 所示的我国祁连山西段某山间盆地边缘，山坡、冲积扇和冲积平原的植被均为草原，其中冲积平原草原茂盛。山坡表面多覆盖有沙和粉沙物质。附近气象站（海拔 3 367 米）监测的年平均气温为 –2.6 ℃，年降水量约 291 毫米，集中在夏季，冬春季多风。

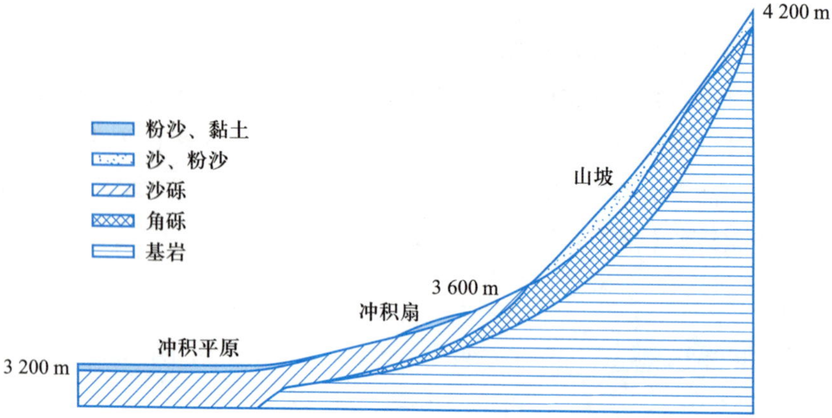

图 5-16　示意图

说明冲积平原水分条件比山坡和冲积扇好的原因。

参考答案：冲积平原地势较低，山坡和冲积扇流水在此汇集，（冲积扇前沿）地下水出露。地表物质颗粒较细，利于保水。深层土壤冰冻时间较长，利于蓄水。

例题 1 和例题 2 都是考查学生对地理环境及其作用机理的理解与分析。在例题 1 中，地表污染物进入采空区水体的自然地理过程需要从地表污染物来源、污染物迁移、污染物进入采空区的途径等多个因素考虑。即学生需要考虑采矿活动产生的污染物、降雨与地表水流动以及岩层和土壤中的裂隙和空隙等方面的影响，且各个影响因素之间不是独立的，而是存在一定因果联系。因此学生需要依次分析每一个影响因素的作用，再将这些因素按照因果关系串联起来，形成完整的逻辑链条。此题属于“串联型作用机理”的典型，难度较高。在例题 2 中，冲积平原水分条件较好的原因可以从地形、土壤、气候等多个方面进行分析，但这些影响因素处于“平等”地位，学生无须分析这些因素之间的关联，只要并行考虑各个因素的影响。例如，冲积平原由于地势较低，更容易汇聚地表水；土壤颗粒较细，保水性较好；夏季降水较多，可以提供充足的水分。这种分析方式不需要逐步推进，而是需要学生并行考虑多个因素，综合得出结论，逻辑推理的长度较短，但综合分析能力的要求较高，属于典型的并联型作用机理。

通过作用机理的类型来合理控制学科思维的含量，体现了对学生逻辑推理和综合分析能力的不同要求。串联型作用机理需要学生进行多步推理和逐步分析，思维过程较长，适用于考查学生的逻辑推理能力。而并联型作用机理需要学生综合考虑多个并列因素，思维过程较短，但综合分析能力要求较高，适用于考查学生的综合思维能力。

由此，命题者在控制学科思维的含量时，若需要试题难度降低一些，可以在串联型作用机理中减少逻辑推理长度，也可以在并联型作用机理中减少考查因素；若需要提高试题难度，则反之。

这项技术也可以用于中考命题，试看以下两道中考题目：

例题 1

小明设计了如图 5-17 甲的模拟智能测温报警电路：电源电压调为 12 V，报警器（电阻不计）通过的电流超过 10 mA 时就会报警，热敏电阻 R_T 其阻值随温度 T 的变化关系如图 5-17 乙所示。要求：当所测温度达到或超过 37.3 ℃时，系统报警。

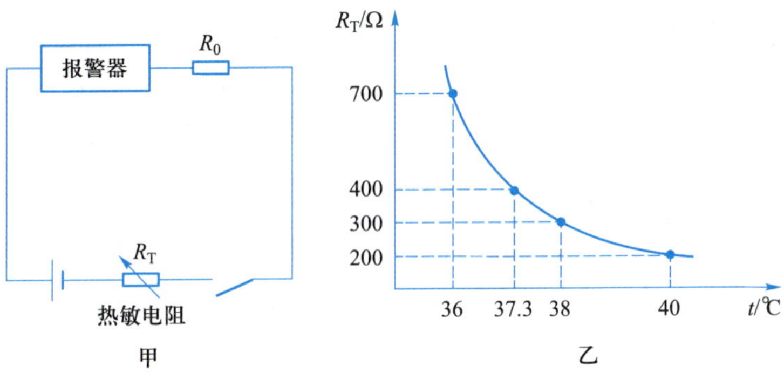

图 5-17　示意图

（1）计算 R_0；

（2）38 ℃时电流约为多少？

（3）36 ℃到 40 ℃的过程中，电路最大总功率。

参考答案：（1）R_0=800 Ω。（2）电流约为 0.011 A。（3）电路最大总功率为 0.144 W。

例题 2

图 5-18 甲是某款鸡蛋孵化器，底部装有加热器。通电后，加热器对水

加热，水向上方鸡蛋传递热量提供孵化所需能量。孵化器简化电路如图 5-18 乙，R_1、R_2 都是发热电阻，孵化器相关参数如表 5-5 所示。

甲

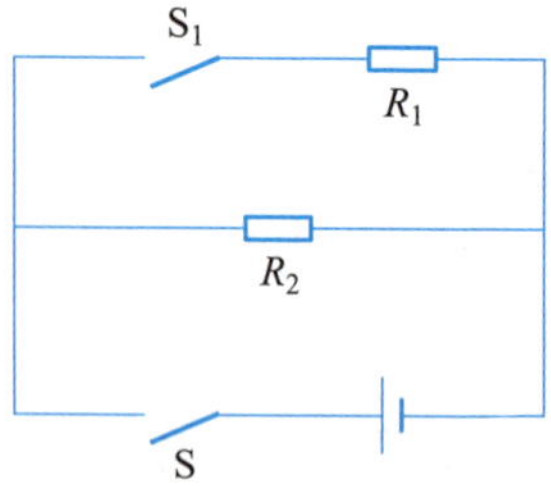

乙

图 5-18　示意图

表 5-5　孵化器相关参数

	额定电压	220 V
额定功率	加热档	80 W
	保温档	22 W

（1）孵化器在保温档正常工作，通过 R_2 的电流是多少？

（2）R_2 的阻值是多少？

参考答案：（1）通过 R_2 的电流是 0.1 A。（2）R_2 的阻值是 2 200 Ω。

例题 1 要求学生计算电阻 R_0 的阻值，学生根据报警电流和电源电压计算报警时的总电阻，然后用总电阻减去报警时热敏电阻的阻值，即可得到 R_0 的阻值。这个题目主要考查学生对串联电路的定律的理解和对欧姆定律的简单应用，运算步骤直接，推理逻辑链较短。

在例题 2 中，首先，学生需要明确孵化器在保温档正常工作时电路的状态，即仅闭合开关 S，只有 R_2 的简单电路，电路的总阻值较大，由 $P=U^2/R$ 可知，电路的总功率较小，处于保温状态。其次，学生需要结合功率的计算公式 $P=IU$ 得到 $I=P/U$，计算出通过 R_2 的电流。第（2）问直接根据保温状态下流经 R_2 的电流 I 与额定电压 U，结合欧姆定律的推导公式 $R=U/I$ 即可得出 R_2 的阻值。相比之下，例题 2 对学生的综合分析能力要求更高，学生经历了多个步骤的逻辑推理，题目难度明显大于例题 1。

下面继续通过两道中考试题来说明如何通过并联型作用机理控制试题难度。

例题 1

乡土文化的学习是厚植家国情怀的重要途径。岭南建筑既是中华民族建筑代表之一，也是广东的重要文化符号。阅读材料，完成下列要求。

材料一：岭南建筑案例如表 5-6 所示。

▶▶ 表 5-6　岭南建筑

<table>
<tr><th>案例</th><th>建筑相关图片</th><th>说明</th></tr>
<tr><td>案例 1</td><td>
外国画家绘制的明清时期怀远驿</td><td>宋代在广州设立专门管理外贸的机构——市舶司，同时建立来远驿，接待外国使者。明代改设怀远驿。清前期，裁撤怀远驿。代之以广州十三行夷馆</td></tr>
<tr><td>案例 2</td><td>
广州潮州会馆</td><td>会馆出现于明朝，是同乡或同行业者的联络机构，兼具祭祀议事、沟通信息、照顾贫病、寄宿读书等功能。随着商帮的出现，会馆成为商帮的活动场所之一。如潮州会馆在广州、苏州、北京等地出现</td></tr>
</table>

材料二：秦汉以前岭南多见干栏式木构建筑，未见有瓦件出土。秦末汉初岭南各地建造的一批高台建筑，显示出当时技术的飞跃及形制、材料受中原影响的烙印。隋唐岭南建筑在融进中原建筑体系的同时呈现不同的地方特色，如广州在城边设立外商居住的蕃坊。北宋政府颁发了《营造法式》后，岭南宋元建筑设计趋向规范，技术水平接近中原并有所创新。

——摘编自陈泽泓《南国杰构》

请选择一处上述材料之外你熟悉的中国历史建筑，说明其历史文化价值。

参考答案：故宫。故宫是由木匠出身的蒯祥等人设计的，占地面积 72 万平方米，是北京城的核心，是中国明清时期皇家宫殿，是中国最大、最完整的木质结构古建筑群之一。故宫不仅是中国历史文化遗产保护与传承的重要载体，也是向公众普及历史知识和传统文化知识的重要场所。（言之有理即可）

例题 2

民以食为天，国以农为本，某学习小组以“农业生产和粮食问题”为主题开展了研究性学习活动，搜集的资料如表 5-7 所示。

▶▶ 表 5-7　按朝代整理资料

朝代	资料
战国	都江堰
南北朝	《齐民要术》
唐朝	曲辕犁、筒车
宋朝	秧马、占城稻
明朝	《农政全书》玉米、甘薯等
清朝	黄河、淮河治理
抗战时期	大生产运动
1950 年	《中华人民共和国土地改革法》
20 世纪 70 年代	籼型杂交水稻
1978 年	家庭联产承包责任制

请结合所学知识，并根据上述资料，自拟一个论题展开论述，要求观点明确，史论结合，价值观正确。

参考答案：论题为“中国历来重视农业生产的发展”。战国时期，秦国蜀郡太守李冰修筑了都江堰水利工程，使成都平原成为“天府之国”。唐代时期江东地区出现了曲辕犁，极大地提高了农业耕作效率，推动了中国传统步犁技术的发展。新中国成立后，开展了土地改革，废除了地主土地私有制，实行农民土地私有制，调动了农民的生产积极性，促进了粮食产量的增加，奠定了国民经济恢复及发展的基础。1978 年改革开放后，我国在农村地区推广实行家庭联产承包责任制，使农民获得了土地的承包经营权，解放了农村生产力，促进了农业经济的发展。由此可见，农业是国民经济发展的重要基础，中国政府历来都重视农业生产的发展。

例题 1 是典型的并联型作用机理题目，即选择一个材料之外的中国历史建筑并分析其历史文化价值。学生需要从历史价值、社会影响、艺术价值、遗产保护、教育意义、现代意义等多个并列的方面进行综合分析。这些方面处于“平等”地位，且学生无须考虑它们之间的内在关联，而是并行考虑各个因素的影响，最后总结出选择的中国历史建筑的历史文化价值。

在此处如果需要控制难度，可以在材料中的建筑图例文字说明中提出一个历史文化价值分析的范例或进行分析维度的限定。当需要加大难度时，可以在题目中增添更多的分析角度（如民族认同、经济发展等），或减少答题方向的线索提示。当需要降低难度时则反之。

例题 2 也是典型的并联型作用机理题目，通过都江堰，曲辕犁、筒车，秧马、占城稻，黄河、淮河治理，《中华人民共和国土地改革法》，家庭联产承包责任制等关于农业的不同方面的历史资料可以综合并提炼出观点：中国自古以来就重视农业生产的发展（若有其他联系，可以提取其他观点）。观点论述可对战国时期修建都江堰，唐朝时期发明使用曲辕犁、筒车，宋朝时期发明秧马、引进占城稻，清朝时期对黄河、淮河进行治理，新中国成立后的 1950 年颁布《中华人民共和国土地改革法》，1978 年实行家庭联产承包责任制等并列资料进行分析，最后进行总结。

从解析中可以发现，例题 1、例题 2 都是并联型作用机理的典型题目，但相较之下，例题 1 对综合分析能力的考查要求没有例题 2 高，这体现在例题 1 对答案的大方向“历史文化价值”作出了范围限定，学生只需结合材料与所学知识，在历史文化价值的各方面进行分析与总结。而例题 2 的难度体现在两个方面：一是需要学生对材料中不同种类的资料进行提炼，找到它们的共同属性与相关联系；二是在“农业生产和粮食问题”主题的限定之下，需要答题者综合各方面的因素以确定一个合适的论点，并通过材料中多个并行的资料分析出支撑该论点的论据。该题的历史思维含量明显比前一题要多，对学生的综合分析能力的要求比较高。

以上试题是为了启发大家运用具体的进阶技术合理分析本学科试题难度控制的阶梯。当然，由于学科特性不同，围绕着上述三个试题难度控制变量，不同学科有着不同的具体进阶技术，测评者可以结合本学科的特点，探索和总结出不同的试题难度控制进阶技术。

第六章 基于学科任务完成质量的等级评分量表技术

从命题蓝图到试题命制及其难度控制再到评分，这是测评工作的一个完整流程。核心素养测评不仅会引发测评框架、命题技术（包括试题难度控制技术）的变化，而且会引发评分方式的变化。如果对学生的作答继续采取传统评分方法，必然会导致整个基础教育改革功亏一篑。因此，笔者把评分方法改革称为基础教育考试评价改革的“最后一公里”。在探索核心素养测评体系的构建过程中，笔者最早探索的核心素养测评问题及发表的成果就是关于评分方式改革的。笔者在基础教育实践中发现：考试评价对我国教育的指挥棒作用很大程度上等价于评分方式对教育的指挥棒作用，如何评分决定着教师如何教。本章的创新点在于初步构建了基于学科任务完成质量的等级评分量表技术，旨在超越传统评分方法。

第一节

基础教育课程改革需要新的评分技术

评分是对学生作答结果的评定，它衡量着学生的学习成就，因而在实践中，评分是学生关注的焦点，无论采用何种考试评价理念，绝大部分学生关心的都是：我能够获得多少分？虽然今天反对“唯分数”论，但是只要分数还是衡量学生学习结果的重要指标，是中高考录取的重要指标，评分就必然是关注的焦点。

一、新课标对评分提出了新问题新挑战

（一）评分的功能

考试评分是对学生学习结果的一种评定，在教育教学中具有多种功能。

首先，评分是对学生学习效果的检验。考试与评分是一体的，教师能够通过学生每道题的得分情况，把握学生的学习状况。

其次，评分是鉴定与选拔人才的指标。分数在鉴定和选拔人才中起到了关键作用。虽然唯分数论遭到了严厉批评，但教育和评价改革并非要淘汰分数制，而是要由原来的知识立意评分转向素养立意评分，调整评分的观念和方式，即希望学生得到的分数不再代表知识量的掌握程度或深度，而是代表学生素养的发展程度，即学生做事能力的高低。

再次，评分可以保障教学的公平性。评分总是以一定的评分规则为标准，而评分规则作为指导评分的工具，具有一定的客观性。也就是说，教师对学生的评分不再凭借个人的主观经验，而是依据清晰明确的评分规则。

最后，评分可以激发学生的学习动力。清晰的评分能够反映学生的学习结果，反馈学生的学习状况。无论是成绩优秀的学生还是成绩一般的学生，均可以通过得分情况知道自己学习上的优点，增强自己的信心，还可以知道自己学习上的弱点，从而积极主动地向他人或老师请教，弥补不足，提升学习动力。因此，合理利用评分，可以使评分带有一定的激励性，既肯定了学生的优点，又能激发学生进步。

总之，评分在教育教学中具有诊断、甄别、选拔、激励和导向等功能，是教育教学和考试评价不可忽视的关键环节。

（二）新课标对评分提出了不可忽视的挑战

在新一轮基础教育课程改革中，新课标以核心素养作为立德树人的抓手，构建基于课程（学科）核心素养立意的教育教学体系。新课标研制了基于核心素养的学段特征、基于核心素养的学段目标、基于核心素养的学业质量标准等与核心素养有关的水平描述。

三者之间存在明显区别。基于核心素养的学段特征反映该学段各个核心素养的典型特征，它可能是外显化的关键行为表现特征，也可能是对内隐特征的陈述。基于核心素养的学段目标是指经过该学段学习后期望学生达到的各个核心素养的表现特征。如果说核心素养的学段特征是对平均事实的刻画，那么基于核心素养的学段目标则是一种预期，是一种可能的状态。基于核心素养的学业质量标准是以整合的方式描述经过课程学习后学生核心素养各个方面的综合外显表现，依然是一种预期，是一种可能的状态。

三者之间的直观区别在于基于核心素养的学段特征与基于核心素养的学段目标是依据核心素养分条陈述的，而基于核心素养的学业质量标准要对课程内容和核心素养进行整合，即一条表现可能对应着核心素养的多个方面。因此，基于三者的内涵，理解三者区别的重要维度包括整合与非整合、期望与事实、内隐与外显。

然而，三者之间又有着很多相同之处。例如，三者均指向核心素养，均指向学生核心素养发展水平，而且三者区分核心素养发展水平的维度也相同。各门课程均从三个维度区分核心素养的水平层级：一是学科知识综合运用的广度，即核心素养发展水平越高的人，其学科知识的综合运用能力越强。二是情境的复杂、新颖或结构不良程度，即核心素养发展水平越高的人，越能够应对更复杂（新颖或结构不良）的情境。三是所完成的学科任务的难度与广度，即核心素养发展水平越高的人，越能够完成更高难度、更广泛的学科任务。

但是上述衡量核心素养发展水平的做法给实际的评价操作带来一个严峻的挑战：稍有经验的老师都知道，在一场纸笔测试中，只要全体学生同做同一套试卷或同一道试题，就意味着上述三个变量不再是变化的量，而是一个固定的常数。因为知识综合运用的广度是给定的，情境的复杂（新颖或结构不良）程度是给定的，学科任务的难度和广度也是给定的，所以就会引发一个不得不回答的现实问题：在大家都完成同一套试卷或同一道试题（即上述变量固定不变）的情况下，如何判断学生核心素养发展水平的高低？这个问题是新课标留给考试评价实践的新问题，是评分环节必须解决的关键挑战。

核心素养测评要依次回答两个关键问题：一是如何命制能够有效测评核心素养的试题；二是如何对学生的作答表现进行核心素养立意的评定。这是两个接续一体的问题，前面介绍的双层多维细目表技术、等价技术、进阶技术都是为了回答好第一个问题。本章讨论的技术是为了回答好第二个问题，因为传统评分方法已经不能回答这一问题了。

二、传统评分方法

本部分着重介绍几种传统的评分方法，分析传统评分方法的特点（优点）及其存在的局限性，进而回应它们能否有效应对新课标带来的评分挑战。

（一）采点评分法

在传统评分方法中，采点评分法是最为普遍、最为流行的评分方法。所谓采点评分，就是评分者根据学生答案中的关键词与标准（参考）答案的要点进行匹配评分。采点评分法的特点和优点是操作便捷、节省时间，评分者只需要在学生的答案中找到符合标准答案的关键词即可，大大提高了阅卷效率。但这种评分方法最大的缺陷在于，评分者将注意力全部放到学生所给答案中的关键词上，忽视了学生作答的完整性与逻辑性，评的只是答案要点数量的多少，也就是学生对知识点的掌握情况，无法对学生完整的思维过程及其做事能力进行综合判断，因而并不适合评定学生的核心素养发展水平，更不用说回应新课标带来的评分挑战。

（二）教育目标分类评分法

按照布卢姆教育目标分类法，教育目标可以分为三大领域：认知领域、情感领域和动作技能领域。认知领域包括识记、理解、应用、分析、综合、评价六个维度，每一个维度的具体内容如6-1所示。

▶▶ 表 6-1　布卢姆教育目标的认知维度及具体内容

认知维度	具体内容
识记	识记是指认识并记忆。这个维度涉及具体知识和抽象知识的辨认，是学生用一种非常接近当初遇到的某种观念和现象时的形式，回想起这种观念或现象
理解	理解是指对事物的领会，但不要求深刻的领会，而是初步的，也可能是肤浅的，包括转化、解释、推断等
应用	应用是指对所学习的概念、法则、原理的运用。它要求在没有说明问题解决模式的情况下，学会正确地把抽象概念运用于适当的情况。这里所说的应用是初步的直接应用，而不是全面地、通过分析综合地运用知识
分析	分析是指把材料分解成它的组成要素部分，从而使各概念间的相互关系更加明确，材料的组织结构更为清晰，详细地阐明基础理论和基本原理
综合	综合是以分析为基础，全面加工已分解的各要素，并再次把它们按要求重新组合成整体，以便综合地、创造性地解决问题。它涉及具有特色的表达、制订合理的计划和可实施的步骤、根据基本材料推出某种规律等活动。它强调特性与首创性，是高层次的要求
评价	评价是认知领域里教育目标的最高层次。这个层次的要求不是凭借直观的感受或观察的现象做出评判，而是理性、深刻地对事物本质的价值做出有说服力的判断。它需要综合内在与外在的资料、信息，做出符合客观事实的推断

布卢姆的认知目标分类同样可以用于评分，即在上述描述的基础上进行等级划分。这种评分方式具有方便理解、易于操作的特点，被广大中小学广泛应用。这种评分方法实际上是以任务的类型来区分学业质量水平的高低，强调不同任务之间有着水平质性差异，但忽视了同一个任务内部水平上的质性差异，即"应用"也存在着素养高的应用和素养低的应用的区分。除此之外，"评价"这一任务也不一定比"理解"更高级。因此，这种评分方法并不适合回应新课标带来的评分挑战，因为这一挑战需要解决的是在同一个问题情境或同一个任务中的素养等级划分问题。

（三）等级描述型评分法——SOLO 分类评价法

SOLO（Structure of the Observed Learning Outcome）分类评价法是由比

格斯教授首先提出来的。它是一种以等级描述为基本特征的质性评价方法。SOLO分类评价法的理论基础是皮亚杰的认知发展阶段理论。在认知发展阶段理论的影响下，比格斯等人研究发现，人的认知不仅在总体上具有阶段性特点，在对具体知识的认知过程中，也具有阶段性特点，并且人在学习新知识的过程中所表现出来的思维阶段是可以观察到的，因此称为“可观察的学习成果结构”。他们将学习结果的复杂性归结为两个方面：一是量的方面，即学习要点的数量；二是质的方面，即怎样建构学习要点。也就是说，学生在学习具体知识时，都要经历一个从量变到质变的过程，每发生一次跃变，学生对这种知识的认知就会进入更高一级的阶段，其思维发展也就进入更高一级的水平，因此，我们能够根据学生回答问题时的表现来判断其思维发展水平，以思维发展水平的高低作为对学生评分的依据。

SOLO分类评价法深受皮亚杰的认知发展阶段理论影响，但又与该理论存在不同之处：它突破了根据学生总体上的思维水平进行分类的局限性，对学生针对具体问题时所表现出来的每个反应进行分类，由此判断学生的思维处于何种水平。比格斯把学生的学习结果由低到高分为五个不同的层次，不同层次的思维发展水平有着质性差异。各个层次及其具体表现如表6-2所示。

▶▶表6-2　SOLO分类评价法的层次及其具体表现

层次划分	具体表现
前结构层次	学生基本上无法理解问题和解决问题，或者被材料中的无关内容误导，回答问题逻辑混乱或同义反复
单点结构层次	学生在回答问题时，只能涉及单一的要点，找到一个解决问题的线索就立即跳到结论上去
多点结构层次	学生在回答问题时，能联系多个孤立要点，但这些要点是相互孤立的，彼此之间并无关联，未形成相关问题的知识网络
关联结构层次	学生在回答问题时，能联想问题的多个要点，并能将多个要点联系起来，整合成一个连贯一致的整体，说明学生真正理解了这个问题
抽象拓展结构层次	学生在回答问题时，能进行抽象概括，并从理论的高度分析问题，而且能深化问题，使问题本身的意义得到拓展

根据学生在回答具体问题时所做出的反应，我们可以判断他处于 SOLO 分类评价法五个层次中的位置，也就可以判断学生的思维处于哪个发展阶段。由于以 SOLO 为代表的等级描述型评分方法能够使学生的思维发展水平和阶段可视化，可以帮助教师进行有效教学，因此被广泛应用于考试评分。但 SOLO 分类评价法依然不适合回应新课标带来的评分挑战。它的不足主要表现为：评定维度的单一性。它对学生学业成就的评定侧重于知识理解与运用维度，忽视了评定核心素养发展水平需要综合考虑多方面因素。此外，在解决实际问题的过程中，学生需要完成不同的任务，而且这些任务的性质差异较大，很难用同一套标准衡量不同任务下核心素养发展水平的高低，而 SOLO 分类评价法试图用同一套标准涵盖千差万别的任务。

（四）传统评分方法的局限性

面对新课标提出的评分挑战——在情境、任务、知识等相关变量被“固定”的情况下，如何测评不同学生核心素养的发展水平？上述三种评分方法的局限性究竟是什么？本书将以举例的方式直观展示三种评分方法的不足。

你认为猴子捞月故事中的猴子能够成功地捞出月亮吗？试着做出合理的解释。（5 分）

学生 A：我认为猴子不能捞出月亮。

学生 B：不能。因为月亮在天上，猴子在井里看到的月亮是影子，所以猴子不能捞出月亮。

学生 C：猴子无法捞出井里的月亮，因为光遇到水面时会发生反射，井里的月亮其实是月亮在水中的影子，所以猴子无法将井里的月亮捞出来。

学生 D：猴子不能捞出井里的月亮。因为井里的月亮其实是光遇到水面发生反射所产生的倒影，井中的水面相当于平面镜，而井中的月亮是影子，这与我们在照镜子时能够看到自己的脸是一样的道理。

虽然不同学生对这一问题给出了相同的答案，但是做出了不同的解释。我们用上面谈到的三种传统的评分方法给学生打分，看看能否准确区分不同学生核心素养发展水平的高低。

采点评分法。这道题给出的参考答案是这样描述的：“不能。因为井中的月亮是由光的反射所产生的影子，所以不能捞出。”（学生结论正确得 2 分，结论正确并且能够结合学科术语做出解释得 5 分，其他情况酌情给分）。因此，我们可以判断出这道题需要“采”的点便是“不能”“光的反射”“影子”等相关术语。学生 A 的答案没有做出合理的解释，只能得 2 分；学生 B 给出了正确的答案，但是解释得不够深入，只看到了“影子”这一术语，得 3 分；学生 C 结论正确，并且参考答案中的给分关键词都涉及了，所以得 5 分；学生 D 同样给出了正确结论和解释，唯一不同的是在学生 C 的基础上加入了一个相关的例子，根据“采点”给分的方法，学生 D 同样也得到了满分。针对这道题，这种评分方法的漏洞主要表现在两个方面：第一，学生 A 没有做出解释，我们不知道他是不是随意填写的答案，无法准确判断他的核心素养发展水平，所以使用采点评分法给出的 2 分不可靠。第二，学生 C 与学生 D 都答出了评分要点，得到了满分，说明学生 C 与学生 D 的核心素养处于同一发展水平，但是学生 D 能够学以致用，联想到实际生活中的例子，所以二者的核心素养是否真正处于同一发展水平这个结论是可疑的。因此，利用采点评分法，我们无法在情境、任务难度与广度以及运用知识范围相同的情况下准确区分本题中不同学生的核心素养发展水平。

教育目标分类评分法。布卢姆教育目标分类的六个维度分别是识记、理解、应用、分析、综合、评价，依据布卢姆的观点，会应用的学生应该比会理解的学生获得更高的分数。仍以上面的那道题为例，学生 A 仅仅给出了答案，不知道他是不是真的理解这道题背后的原因，所以无法给学生 A 打分；从学生 B 和学生 C 的答案中，能看出两位学生理解了题目背后的原因，所以得同样的分数，说明二者的核心素养发展处于同一水平；而学生 D 能够将题目所涉及的原理与我们生活中的现象建立联系，所以学生 D 要比学生 B 和学生 C 的分数高，核心素养发展水平也比他们高一些。针对这道题，这种评分方法的漏洞主要表现在两个方面：第一，学生 B 和学生 C 均处于“理解”层面，但理解的深浅不同，因此无法对学生的核心素养发展水平做出准确判断。第二，虽然学生 D 处于“应用”层面，但是他的核心素养发展水平一定高于“理解”层面的学生吗？这一点显然是带有疑问的。因此，采用这种评分方法同样无法区分本题中不同学生的核心素养发展水平。

SOLO 分类评价法。这种评分方法把学生划分为五个水平层次：前结构、单点结构、多点结构、关联结构和抽象拓展结构。因为这道题考查的主要是学生的思维层面，所以将思维按照五个水平进行划分（表 6–3）。

▶▶表 6-3 SOLO 层次及思维水平表现[①]

层次划分	思维表现
前结构层次	没有基于任何素材或基于不相关素材进行答案概括
单点结构层次	在单一的相关素材上进行答案概括
多点结构层次	在多个孤立的相关素材上进行答案概括
关联结构层次	在已知情境中利用多个相互关联的相关素材进行答案概括
抽象拓展结构层次	在未知情境中综合多个素材关联体进行答案抽象概括

根据这种评分方法，学生 A 没有基于任何材料（原理）对现象进行解释，因此可以判断他的认知发展处于前结构层次，得到的分数是最低的；学生 B 利用单一的相关材料（从一方面）对现象进行解释说明，因此他的认知发展处于单点结构层次，分数应比学生 A 高；学生 C 在已知情境中利用多个相互关联的相关材料进行解释说明，因此他的认知发展处于关联结构层次，分数应比学生 B 高；学生 D 也是在已知情境中利用多个相互关联的相关材料进行解释说明，因此他的认知发展同样处于关联结构层次，与学生 C 得分一样。针对这道题，这种评分方法的漏洞主要体现在：学生 D 能够学以致用，将现象中所蕴含的原理与实际生活中的情境联系起来，其核心素养发展水平与其他学生显然是不相同的。因此，利用 SOLO 分类评价法，我们同样无法在情境、任务难度与广度以及运用知识范围相同的情况下准确区分不同学生的核心素养发展水平。

这就是新课标带来的评分挑战：在情境、任务难度与广度以及运用知识范围均相同时，如何衡量学生的核心素养发展水平。面对这一挑战，我们该如何回应呢？这就需要我们超越传统的评分方法，创新出适合新课标的评分方法。笔者与团队成员利用研制新课标和承担新课标核心素养测试工作的机会，探索和实践了新的评分技术。

① 徐万朝. SOLO 分类理论在生物学开放性试题评分中的应用［J］. 生物学教学，2018（6）：54-57.

第二节
基于学科任务完成质量的等级评分方法

在研制新课标时，笔者针对如何有效测评核心素养提出了学科任务导向型四维测评框架，以学科任务作为测评核心素养的基本载体。与该评价体系相一致，笔者团队借鉴 PTA 量表法[①] 提出基于学科任务完成质量的等级评分方法，并在承担新课标核心素养测试工作时加以验证和优化。

一、合一性原则与基于学科任务完成质量的等级评分方法

在学生面对的情境、任务难度与广度以及知识运用范围均给定的条件下，如何科学地评定学生的核心素养发展水平？要回答好这个问题，必须明确新的评分方法应该满足的基本前提条件。

构建评分方法是为了对学生的应答进行科学评判，而这种评判的背后反映了测评者的立场、价值和评价目标追求，因此，评分方法的构建必须满足“合一性原则”。

合一性原则是指命题的理念、原则与评分的理念、原则必须保持一致。新一轮基础教育课程改革和新高考改革倡导命题的核心素养立意，如果评分依然坚持学科知识立意，那么基于考试评价巨大的指挥棒作用，实际引导教学的依然将是传统的学科知识立意。无论新课标多么漂亮，课程设计多么美好，试题命制得多么高质量，只要评分环节与课程标准、课程、命题不能在理念上保持一致，所有的改革努力都将付之东流。

基于合一性原则，新的评分方法必须满足两个基本要求：第一，坚持核心素养立意。即新的评分方法必须基于学生的核心素养发展水平评定学生的应答表现，而不能基于传统的学科知识掌握的深浅和多少加以判断。第二，坚持学科任务导向。本书的重大创新之一在于提出运用学科任务导向型四维测评框架

① PTA（Primary Trait Analysis）即“基本要素特征分析法”，是由美国教师沃尔弗德和安迪生等设计的一种用于学生作业，尤其是开放性作业的评分工具。它是评价学生任何一种行为表现或若干综合表现的评分方法。

命制核心素养立意的试题。按照这个框架，以学科任务为核心，融真实情境、学科内容于一体，从而诱导出核心素养的关键行为表现。因此，既然学生完成的是学科任务，那么评分的对象就必须是学科任务本身，而不是别的对象。

无论是采点评分法、教育目标分类评分法，还是SOLO分类评价法，均不满足合一性原则。根据上述分析，与四维测评框架一致的评分变量只能是学科任务的完成质量，考生以完成任务始，以完成任务的质量终，保持了前后的一致性，是合一性原则的充分体现。

正如前面所说的，在学业质量标准中，衡量学生核心素养发展水平的变量有三个——情境、任务难度与广度、知识运用范围，即：$N=f$（X、Y、Z），N代表核心素养发展水平，X、Y、Z依次代表衡量核心素养发展水平的变量，f是函数符号。而在评分环节，X、Y、Z均为给定的，因此必须在函数中引入新的变量H作为评分变量，而这个H只能是学科任务完成质量。

学科任务完成质量究竟如何，不能依据教师的主观意愿加以判断，而是只能基于事物本身的属性加以判断。学生完成学科任务的质量究竟如何，必须从该任务的内在构成要素出发。任何一项学科任务都是由一系列基本要素构成的。要素是构成一项学科任务的必要元素，只要找出这些要素单元，将它们作为评价学科任务完成质量的维度，并对学生在这些要素单元上的行为表现做出准确的评定，就能对学生在完成这项具体任务时的总体质量特征进行合理评定。

虽然具体的、实际的学科任务有无数种，但是基于相同的课程（学科）本质，评价者应该将本质相同、性质相近的任务进行归并，将具体的学科任务进行归并，把学科任务分成若干项基本任务。例如，思想政治学科将基本任务分为描述与分类、解释与论证、预测与选择、辨析与评价，分别涉及“是什么”“为什么”“怎么做”“做得怎么样”等问题。

基于学科任务完成质量的评分方法的等级评分量表框架如表6-4所示。

针对不同的学科任务要编制不同的等级评分量表。一般来说，编制该量表主要有三个步骤：一是确定衡量每一项学科任务完成质量的维度；二是编制每个维度在每个水平层级的评分量表；三是对量表进行试测和修改。量表的编制过程主要是确定学科任务完成质量评价维度及其水平层级划分的过程。编制高质量的等级评分量表，既依靠评价者以往的经验，也依靠同行间的交

▶▶ 表 6-4　基于学科任务完成质量的等级评分量表框架

基本任务	学科任务完成质量的评价指标				
学科任务一	水平	水平 1	水平 2	水平 3	……
	指标系列 1				
	指标系列 2				
	……				
学科任务二	水平	水平 1	水平 2	水平 3	……
	指标系列 1				
	指标系列 2				
	……				
……	水平	水平 1	水平 2	水平 3	……
	指标系列 1				
	指标系列 2				
	……				

流与科学的实证研究，它是一个不断循环、不断修正、不断完善的过程。

从这个框架可以看出，与命题具有合一性的基于学科任务完成质量的等级评分量表技术具有以下鲜明特点：它的评分基本框架不再是不分何种任务均采用统一的评分标准，而是一个任务一个评分标准；不同任务之间不再具有素养的层级高低之分，素养或能力的层级高低之分是基于同一个任务的；这种评分方法强调对学生的应答表现进行整体性判断，从而判定学生解决真实问题的能力，即学生的做事能力。

基于学科任务完成质量的等级评分量表有利于引导教学，能够更好地鼓励和发展学生的开放性与创新性。因为这种评分方法以学科任务为引领，不再将学生的思维发展水平局限于一个个具体的知识点，而是给予学生较大的独立解决问题的发挥空间，能够培养学生的问题解决能力，激发学生的创新思维。

二、基于学科任务完成质量的等级评分量表示例

基于学科任务完成质量的等级评分方法源于笔者参与新课标研制工作。在实践过程中，我们发现有三个难点问题：一是如何合理划分学科任务；二是如何合理确定每一项学科任务的质量评价维度；三是如何对每个维度进行

质性的水平分层。这些问题的解决需要经验积累和实证研究。笔者基于多个测评项目的实践经验，分别提供了不同学段的案例供读者参考，启发大家在实践中探索出更好更合理的基于学科任务完成质量的等级评分量表。这些等级评分量表均是由团队核心成员开发的。

（一）小学学段

1. 科学

义务教育科学课程是一门体现科学本质的综合性基础课程，具有实践性。基于义务教育科学课程的性质和育人价值，我们确定了四项认知层面的学科任务，即观察与测量、猜想与假设、探究与推理、解释与论证。

观察与测量是指能够运用感官对事物进行仔细观察，理解被观察事物的特征，从而获取有用信息。

猜想与假设是指能够对特定的现象或问题作出合理的猜想与假设，调动已有的认知经验，分析产生该种现象或问题的原因。

探究与推理是指针对真实社会生活情境中的事物或问题，运用学科技能与方法，由已知的条件推理出正确的结论，或者由给出的结论反推出所需要的条件。

解释与论证是指针对真实生活情境中的事物或问题，运用学科技能与方法分析原因，探究不同变量之间的关系；运用一定的证据对事物或问题进行解释与论证。

这四项学科任务的完成质量如何衡量呢？我们确定了具有指导性的等级评分量表，将学科任务完成质量分为三个水平层级，构建了一个具体评价指标体系（表 6–5）。

表 6–5　基于小学科学学科任务完成质量的等级评分量表

基本任务	学科任务完成质量的评价指标			
	水平	水平 1	水平 2	水平 3
观察与测量	指标系列	能够从一个方面对事物进行观察	能够从多个方面对事物进行观察	能够从多个方面，借助多种感官和工具对事物进行观察与测量

续表

基本任务	学科任务完成质量的评价指标			
	水平	水平 1	水平 2	水平 3
猜想与假设	指标系列	能够从一个方面认识具体事物或问题，并且对事物或问题作出较为合理的假设	能够从两个方面认识具体事物或问题，并且对事物或问题做出较为合理的假设	能够从多个方面认识具体事物或问题，并且对事物或问题做出合理的假设
探究与推理	指标系列 1	能够正确运用某一个学科技能与方法进行探究，并分析原因	能够正确运用多个学科技能与方法进行探究，并分析原因	能够恰当选择用于探究的学科技能与方法，并分析原因
	指标系列 2	能够运用典型的实证材料对已有的原理、结论或自己的探究结论进行实证	能够运用学科原理对已有的原理、结论或自己的探究结论进行理论论证	能够有针对性地选择恰当的论证方式
解释与论证	指标系列 1	能够从一个方面对现象作出解释	能够从不同方面对现象作出解释	能够从不同方面对现象作出解释，并从中选出最合理的解释
	指标系列 2	能够从一个方面对接下来要发生的现象作出预测	能够从多个方面对接下来要发生的现象作出预测	能够根据合理的证据，从多个方面对接下来要发生的现象作出预测

下面以一道测试题为例加以说明。

静止在粗糙平面的小车受到了一个水平向左的拉力 F（图 6–1），试分析小车的运动情况。

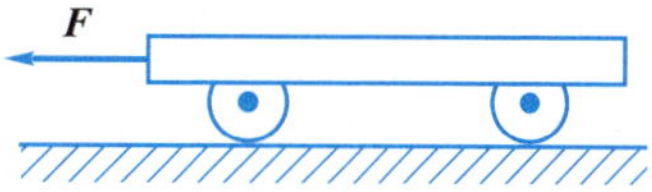

图 6–1　示意图

这道题所涉及的学科基本任务为“解释与论证”，根据上述对这一学科任务完成质量的评价指标，我们设计了一个等级评分量表（表 6–6）。

▶▶表 6-6　基于“解释与论证”任务的等级评分量表

基本任务	学科任务完成质量的评价指标		
	水平 1	水平 2	水平 3
解释与论证	能够从一个方面对接下来要发生的现象作出预测	能够从多个方面对接下来要发生的现象作出预测	能够根据合理的证据，从多个方面对接下来要发生的现象作出预测
	答案样例：小车水平向左运动，因为小车受到了向左的拉力	答案样例：小车水平向左运动，因为小车受到了水平向左的拉力和向右的摩擦力	答案样例：小车可能水平向左运动，也可能静止不动。当向左的水平拉力 F 大于小车受到的最大静摩擦力时，小车向左运动；当向左的水平拉力 F 小于或等于小车受到的最大静摩擦力时，小车静止不动

2. 道德与法治

思政课是落实立德树人根本任务的关键课程，道德与法治课程是义务教育阶段的思政课，旨在提升学生思想政治素质、道德修养、法治素养和人格修养等。基于义务教育道德与法治课程的性质及育人目标，我们确定了三项认知层面的学科任务，即辨识与判断、阐释与论证、探究与构建。

辨识与判断是指对于义务教育道德与法治课程以及中国特色社会主义建设实践过程中的具体事物或问题，学生能够辨识与判断它们的性质，概括它们的本质。这一学科任务要求学生着重回答“是什么”的问题，选择的行为动词主要包括识别、知道、讲述、陈述、体会、了解等。

阐释与论证是指对于真实社会生活情境中的事物或问题，学生能够运用学科技能与方法分析原因，探究不同变量之间的关系；能够运用实证材料或理论原理对探究结论进行合乎逻辑与科学要求的论证和检验。这一学科任务要求学生着重回答“为什么”的问题，选择的行为动词主要包括分析、理解、判断、例证、阐明、论述等。

探究与构建是指学生能够结合具体情况，通过逻辑推理、创新思维提出解决问题的思路、对策和方法，并能够选择符合具体情境的、能够解决问题的合理方案。这一学科任务要求学生着重回答“怎么做”的问题，侧重要求学生提出合理的建议或设计合理的问题解决方案。

在明确道德与法治学科任务以及影响学科任务完成质量的主要因素后，我们设计了一个等级评分量表（表 6–7），用来确定学生的核心素养发展水平。我们参照学生核心素养的发展要求，将道德与法治学科任务完成质量分为三个水平层级（水平 1、水平 2、水平 3），层级越高，水平越高，但在这个评分体系中，区分不同水平层级的唯一变量只有学科任务完成质量。

▶▶ 表 6–7　基于小学道德与法治学科任务完成质量的等级评分量表

<table>
<tr><th rowspan="2">基本任务</th><th colspan="4">学科任务完成质量的评价指标</th></tr>
<tr><th>水平</th><th>水平 1</th><th>水平 2</th><th>水平 3</th></tr>
<tr><td>辨识与判断</td><td>指标系列</td><td>能够从一个方面认识具体事物或问题，观点较为明确，条理较为清晰</td><td>能够从两个方面认识具体事物或问题，观点较为明确，条理较为清晰</td><td>能够从多个方面认识具体事物或问题，并且概括出事物的本质，观点较为明确，条理较为清晰</td></tr>
<tr><td rowspan="2">阐释与论证</td><td>指标系列 1</td><td>能够正确运用某一个学科技能与方法进行探究，并分析原因</td><td>能够正确运用多个学科技能与方法进行探究，并分析原因</td><td>能够恰当选择用于探究的学科技能与方法，并分析原因</td></tr>
<tr><td>指标系列 2</td><td>能够运用典型实证材料对已有的原理、结论或自己的探究结论进行实证</td><td>能够运用学科原理对已有的原理、结论或自己的探究结论进行理论论证</td><td>能够有针对性地选择恰当的论证方式</td></tr>
<tr><td rowspan="3">探究与构建</td><td>指标系列 1</td><td>能够设计出一个可行的方案</td><td>能够设计出多个可行的方案</td><td>能够设计出多个可行的方案，而且能够选择最佳的解决方案</td></tr>
<tr><td>指标系列 2</td><td>能够从最主要最常见的维度预测方案的结果或影响</td><td>能够从多个主要的维度预测方案的结果或影响</td><td>能够从多个维度（包含非主要维度）预测方案的结果或影响</td></tr>
<tr><td>指标系列 3</td><td>能够正确运用一个学科知识和方法对方案的合理性、可行性进行论证</td><td>能够正确运用多个学科知识和方法对方案的合理性、可行性进行论证</td><td>能够恰当选择学科知识和方法对方案的合理性、可行性进行论证</td></tr>
</table>

下面以一道测试题为例加以说明。

李某开摩托车，路遇消防车辆被堵在路上，无法通行。他心想摩托车比较灵活，就开车挨个向前面的车辆打招呼，请大家避让。之后，李某就开着摩托车走在前面，替消防车开道，进入了摩托车禁行的道路区域。李某在紧急关头帮助消防车辆疏导交通的行为得到众多网友点赞。事后，李某因行驶到禁行区域，收到违章处罚短信，但交警在了解了实际情况后，撤销了该处罚，并对他的行为给予了肯定。

运用所学知识，对李某的行为作出评析。

这道题涉及的学科基本任务为“辨识与判断”，根据上述对这一学科任务完成质量的评价指标，我们设计了一个等级评分量表（表 6-8）。

表 6-8 基于“辨识与判断”任务的等级评分量表

基本任务	学科任务完成质量的评价指标		
	水平 1	水平 2	水平 3
辨识与判断	能够从一个方面认识具体事物或问题，观点较为明确，条理较为清晰	能够从两个方面认识具体事物或问题，观点较为明确，条理较为清晰	能够从多个方面认识具体事物或问题，并且概括出事物的本质，观点较为明确，条理较为清晰
	答案样例：助人为乐是中华民族的传统美德，摩托车主在紧急关头帮助消防车辆疏导交通的行为得到众多网友点赞，体现了帮助他人可以赢得赞许	答案样例：助人为乐是中华民族的传统美德，摩托车主在紧急关头帮助消防车辆疏导交通的行为得到众多网友点赞，体现了帮助他人可以赢得赞许，实现个人价值。但摩托车主违反交通规则是不对的，交通规则维护了交通秩序，摩托车主应当自觉遵守交通规则	答案样例：助人为乐是中华民族的传统美德，摩托车主在紧急关头帮助消防车辆疏导交通的行为得到众多网友点赞，体现了帮助他人可以赢得赞许，实现个人价值。但摩托车主违反交通规则是不对的，交通规则维护了交通秩序，摩托车主应当自觉遵守交通规则。在日常生活中，我们应当在自觉遵守法律法规的基础上，弘扬中华民族的传统美德，努力践行社会主义核心价值观

（二）初中学段

1. 地理

地理学是研究地理环境以及人类活动与地理环境关系的科学，具有综合性、区域性等特点。基于义务教育地理课程的性质及育人目标，我们确定了四项认知层面的学科任务，即获取与解读、调动与运用、描述与阐释、论证与探讨。

获取与解读是指能够快速、准确并完整地获取所需地理信息，包括读取题目中的要求和各种有关地理事物定性、定量的信息，以及判读和分析各种地理图表等信息。

调动与运用是指能够灵活调用已掌握的地理知识、地理数据、地理概念等地理信息以及相关的地理基本技能，分析地理现象或解决实际的地理问题。

描述与阐释是指能够运用所学的地理知识，用地理学科的专业术语，以简洁的文字语言、图形语言或其他表达方式，对地理事物、现象、原理和规律进行准确、全面且深入的表述和解释。

论证与探讨是指能够综合运用地理知识和方法，发现或提出科学的地理问题，并对地理问题进行合理、深入的分析和论证，最终科学地、富有逻辑地解决地理问题。

将四项基本学科任务完成质量分为三个水平层级，构建了具体的评价指标体系（表 6–9）。

表 6–9　基于初中地理学科任务完成质量的等级评分量表

基本任务	学科任务完成质量的评价指标			
	水平	水平 1	水平 2	水平 3
获取与解读	指标系列	能够从题目的文字表述中获取地理信息，包括读取题目的要求和各种有关地理事物定性、定量的信息	能够快速、全面、准确地获取图形语言形式的地理信息，包括判读和分析各种地理图表所承载的信息	能够准确和完整地理解所获取的地理信息

续表

<table>
<tr><th rowspan="2">基本任务</th><th colspan="4">学科任务完成质量的评价指标</th></tr>
<tr><th>水平</th><th>水平 1</th><th>水平 2</th><th>水平 3</th></tr>
<tr><td>调动与运用</td><td>指标系列</td><td>能够调动和运用基本的地理数据、地理概念、地理事物的主要特征及分布、地理原理与规律等知识，按题目要求作答</td><td>能够调动和运用自主学习过程中获得的相关地理信息，并选择和运用其他相关学科的基本技能解决地理问题</td><td>能够运用地理基本技能，如地理坐标的判断和识别，不同类型地理数据之间的转换，不同类型地理图表填绘，地理数据和地理图表之间的转换，基本的地理观测、地理实验等</td></tr>
<tr><td>描述与阐释</td><td>指标系列</td><td>能够从单一层面用简洁的文字语言、图形语言或其他表达方式描述地理概念，地理事物的特征，地理事物的分布和发展变化，地理基本原理与规律的要点，从一个方面解释生活中的地理知识</td><td>能够从多个层面用准确的文字语言、图形语言或其他表达方式描述地理概念，地理事物的特征，地理事物的分布和发展变化，地理基本原理和规律的要点，从两个方面解释生活中的地理知识</td><td>能够运用所学的地理知识和相关学科的知识，从多个方面对生活现象或情境作出最佳的解释</td></tr>
<tr><td rowspan="2">论证与探讨</td><td>指标系列 1</td><td>能够发现或提出科学的地理问题</td><td>能够发现或提出科学的、具有创新意识的地理问题</td><td>能够发现或提出科学的、具有创新意识的地理问题，并且能够运用正确的地理观念探讨和评价这个地理问题</td></tr>
<tr><td>指标系列 2</td><td>能够用简单的语言和逻辑关系表达论证和解决地理问题的过程与结果</td><td>能够用科学的语言和正确的逻辑关系表达论证和解决地理问题的过程与结果</td><td>能够用科学的语言和正确的逻辑关系表达论证和解决地理问题的过程与结果，并给出必要的论据</td></tr>
</table>

下面以一道测试题为例加以说明。

下周，王云的学校即将举行以“这是我的家乡”为主题的实践调查活动，活动要求每位同学了解自己家乡的发展历程，并对未来的发展发表自己的想法。图 6–2 是王云同学家乡的地形图，请你试着帮她解决以下问题：

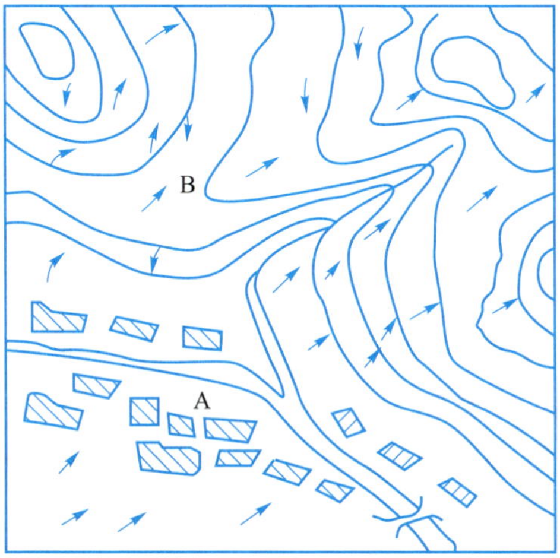

图 6–2　地形图

王云家乡的县城为什么最初出现在图中的 A 处，而不是 B 处？

这道题涉及的学科任务为“描述与阐释”，根据上述对这一学科任务完成质量的评价指标，我们设计了一个等级评分量表（表 6–10）。

表 6–10　基于“描述与阐释”任务的等级评分量表

基本任务	学科任务完成质量的评价指标		
	水平 1	水平 2	水平 3
描述与阐释	能够从单一层面用简洁的文字语言描述地理事物的分布和发展变化，地理基本原理与规律的要点，从一个方面解释生活中的地理知识	能够从多方面用准确的文字语言描述地理事物的分布和发展变化，地理基本原理与规律的要点，从两方面解释生活中存在的地理知识	能够运用所学的地理知识和相关学科的知识，从多个方面对生活现象或情境作出最佳的解释
	答案样例：因为 A 处地势较低，地形平坦	答案样例：因为 A 处地势较低，地形平坦，有河流经过，水源充足	答案样例：因为 A 处地势较低，地形平坦，有河流经过，水源充足，交通便利，所以更适合人们居住生活

2. 历史

历史学是在一定的历史观指导下叙述和阐释人类历史进程的学科。义务教育历史课程是学生在马克思主义唯物史观指导下，了解中外历史发展进程、传承人类文明、提高人文素养的课程，具有思想性、人文性、综合性、基础性等特点，具有鉴古知今、认识历史规律、培养家国情怀、拓宽国际视野等重要作用。基于义务教育历史课程的性质及育人目标，我们确定了三项认知层面的学科任务，即学习理解、实践应用、迁移创新。

学习理解是指能够顺利地获取历史知识并对知识进行加工，从而对历史事件、人物、制度、文化等有更加深入的理解。

实践应用是指能够应用历史知识和方法分析历史问题，对历史问题提出看法，形成自己的历史观点，并对历史进行阐述和解释。

迁移创新是指能够应用历史知识和方法分析解决复杂陌生的历史问题，并针对历史构建个人系统化的见解，创造性地生成新知识。

将三项基本学科任务完成质量分为三个水平层级，构建了具体的评价指标体系（表 6-11）。

表 6-11　基于初中历史学科任务完成质量的等级评分量表 ①

基本任务	学科任务完成质量的评价指标			
	水平	水平 1	水平 2	水平 3
学习理解	指标系列 1	能够复述已学过的历史知识	不仅能够复述已学过的历史知识，还能确定史实在历史知识结构中的位置	不仅能够复述已学过的历史知识，确定史实在历史知识结构中的位置，还能将重要的史实与其所处时间、空间对应
	指标系列 2	能够用文字或图示说明历史概念之间的关系	不仅能够用文字或图示说明历史概念之间的关系，还能将历史概念和它指代的具体史事对应	不仅能够用文字或图示说明历史概念之间的关系，将历史概念和它指代的具体史事对应，还能用证据说明历史观点和结论

① 郑林，赵璐，孙瑞. 基于学科能力的高考历史命题研究［J］. 中国考试，2019（8）：15–20.

续表

基本任务	学科任务完成质量的评价指标			
	水平	水平 1	水平 2	水平 3
学习理解	指标系列 3	能够按一定标准将史事归类	不仅能够按一定标准将史事归类，还能从所给材料中提炼要点，概括中心思想	不仅能够按一定标准将史事归类，从所给材料中提炼要点，概括中心思想，还能从具体的史实中抽象出本质特征
实践应用	指标系列 1	能够从单一角度比较不同的历史观点，比较历史人物、历史事件、历史现象的异同	能够从多个角度比较不同的历史观点，比较历史人物、历史事件、历史现象的异同	能够从多个角度比较不同的历史观点，比较历史人物、历史事件、历史现象的异同，并对历史人物、历史事件等作出一定的评价
	指标系列 2	能够判断历史人物的行为动机	不仅能够判断历史人物的行为动机，还能分析和推断历史事件、历史现象的因果关系及其对后世的影响	不仅能够判断历史人物的行为动机，分析和推断历史事件、历史现象的因果关系及其对后世的影响，还能对同一个历史人物、历史事件、历史制度的不同看法进行评析
迁移创新	指标系列 1	能够从各种史料中选择适当的材料，按照史学规范完成对单个史事的叙述	不仅能够从各种史料中选择适当的材料，按照史学规范完成对单个史事的叙述，还能建立多个历史事实、历史概念之间的关系，再现某个时段历史过程的全貌	不仅能够从各种史料中选择适当的材料，按照史学规范完成对单个史事的叙述，建立多个历史事实、历史概念之间的关系，再现某个时段历史过程的全貌，还能运用多种证据证明相关史事
	指标系列 2	能够鉴别材料的可信度和适用性	不仅能够鉴别材料的可信度和适用性，还能提出历史问题，并运用合适的材料解答	不仅能够鉴别材料的可信度和适用性，提出历史问题，并运用合适材料解答，还能从历史的视角寻找解决现实问题的答案

下面以一道测试题为例加以说明。

孙中山先生说："我们革命的目的，是为中国谋幸福，因不愿少数满洲人专制，故要民族革命；不愿君主一人专制，故要政治革命；不愿少数富人专制，故要社会革命。"

根据材料并结合所学知识，评价辛亥革命产生的影响。

这道题涉及的学科任务为"实践应用"，根据上述对这一学科任务完成质量的评价指标，我们设计了一个等级评分量表（表 6-12）。

表 6-12　基于"实践应用"任务的等级评分量表

基本任务	学科任务完成质量的评价指标		
	水平 1	水平 2	水平 3
实践应用	能够从单一角度比较不同的历史观点，比较历史人物、历史事件、历史现象的异同	能够从多个角度比较不同的历史观点，比较历史人物、历史事件、历史现象的异同	能够从多个角度比较不同的历史观点，比较历史人物、历史事件、历史现象的异同，并对历史人物、历史事件等作出一定的评价
	答案样例：辛亥革命结束了两千多年的封建帝制，建立了中华民国，开始了比较完全意义上的反帝反封建的民族民主革命，为中国进步打开了闸门	答案样例：辛亥革命结束了两千多年的封建帝制，建立了中华民国，开始了比较完全意义上的反帝反封建的民族民主革命，为中国进步打开了闸门。但是辛亥革命的果实被袁世凯窃取，没有完成反帝反封建革命任务，中国依旧是半殖民地半封建社会	答案样例：辛亥革命结束了两千多年的封建帝制，建立了中华民国，开始了比较完全意义上的反帝反封建的民族民主革命，为中国进步打开了闸门。虽然辛亥革命的果实被袁世凯窃取，没有完成反帝反封建革命任务，中国依旧是半殖民地半封建社会，但是它推动了中华民族的思想解放，为先进知识分子探索新的革命道路打开了视野，不断激励中国人民为争取民族独立和人民解放、实现国家富强而更加勇敢地奋斗，是中华民族伟大复兴征程上一座巍然屹立的里程碑

（三）高中学段

1. 语文

语文课程是一门学习祖国语言文字运用的综合性、实践性课程。普通高中语文课程应使全体学生在接受义务教育的基础上，进一步提高语文素养，形成良好的思想道德修养和科学人文修养，为终身学习奠定基础，为传承和发展中华文化、增强民族凝聚力和创造力发挥独特的功能，为培养德智体美劳全面发展的社会主义建设者和接班人发挥应有的作用。基于普通高中语文课程的性质及育人目标，我们确定了两项认知层面的学科任务，即阅读与理解、表达与写作。

阅读与理解包括信息性阅读理解、文学性阅读理解和古代诗文阅读理解三个部分。信息性阅读是以求知求真的态度与方式阅读文本，从而不断拓宽知识面、增强认知能力、提升思维品质，其对象主要有论述性文本和实用性文本。文学性阅读是以审美的态度和方式阅读文本，从而涵养性情、滋润心灵，不断提升审美情趣和审美品位，丰富关于文学和世界的想象与认知，其对象主要是小说、散文、诗歌、戏剧等文学作品。古代诗文阅读是富有中国特色的独特内容设置，显示了积淀与传承中华优秀传统文化的重要意义，发挥着涵养人文素质、增强文化自信的积极作用。影响阅读与理解这一学科任务难度的主要因素有：对文本情境的熟悉程度，对文本的主要概念、观点、方法等关键信息的整体感知程度，对文本内容及情感的理解程度，能否对文本表达的情感产生共情。

表达与写作包括语言策略与技能和写作两部分。语言策略与技能是指基于具体的语言情境，根据不同的对象和目的，进行准确、连贯、得体表达的能力。写作是指在特定情境中，运用语言文字构建语篇进行表达和交流活动。影响表达与写作这一学科任务难度的主要因素有：对国家通用语言文字中常用规范字的字音、字义和字形，以及各种实用文体和文学体裁的特征及写作常识的熟悉程度，是否掌握基本的语法规范和标点符号用法、语篇衔接的常用手段，以及常用的语用规则、修辞手段和写作的基本规律，能否根据具体情境准确地表情达意。①

在明确高中语文的学科任务以及影响任务完成质量的主要因素后，我们将学科任务完成质量分为四个水平层级，并构建了具体的评价指标体系（表 6–13）。

① 张开. 基于高考评价体系的语文科考试内容改革实施路径［J］. 中国考试，2019（12）：21–26.

▶▶表 6-13　基于高中语文学科任务完成质量的等级评分量表[①]

基本任务		学科任务完成质量的评价指标				
		水平	水平 1	水平 2	水平 3	水平 4
阅读与理解	信息性阅读理解	指标系列 1	能够从单一方面把握文章的内容	能够从多个方面把握文章的内容	能够从整体上感知文章的主要内容	能够从整体上感知文章的主要内容，把握作者在文中想要表达的思想
		指标系列 2	能够从单一角度评估作者的写作意图	能够从多个角度评估作者的写作意图	能够从多个角度评估作者的写作意图，并对文中观点作出评判	能够根据文本的社会价值和现实意义评估作者的写作意图，有理有据地对文中的观点进行评判
		指标系列 3	只能理解单一文本	能够建立不同文本之间的联系，比较其中的异同	能够比较多个文本的异同，对有关问题形成更加全面的认识	能够比较多个文本的异同，对有关问题形成更加全面的认识，并提出值得探究的新问题
	文学性阅读理解	指标系列 1	能够从单一角度理解作者表达的情感	能够从多个角度理解作者表达的情感	能够从多个角度理解作者表达的情感，并对其作出相应的评价	能够从多个角度理解作者表达的情感，充分调动生活经验和知识积累进行审美鉴赏和审美评价
		指标系列 2	能够从单一维度对作品的表达效果和思想艺术价值作出分析与评价	能够从多个维度对作品的表达效果和思想艺术价值作出合理的分析与评价	能够从多个维度对作品的表达效果和思想艺术价值作出合理的分析与评价，能够对文本艺术创新的主题意向、思想蕴涵有所领悟并展开联想	能够从多个维度对作品的表达效果和思想艺术价值作出合理的分析与评价，能够对文本艺术创新的主题意向、思想蕴涵有所领悟并展开联想，还能从不同角度和层面发掘文本反映的人生价值和时代精神

① 张开. 基于高考评价体系的语文科考试内容改革实施路径［J］. 中国考试，2019（12）：21–26.

续表

基本任务		学科任务完成质量的评价指标				
		水平	水平 1	水平 2	水平 3	水平 4
阅读与理解	古代诗文阅读理解	指标系列 1	熟悉掌握常用文言实词及古汉语词类活用的一般规则	熟悉掌握常用文言实词、虚词及古汉语词类活用的一般规则	熟悉掌握常用文言实词、虚词及古汉语词类活用的一般规则和常见的特殊句式	熟悉掌握文言实词、虚词及古汉语词类活用的一般规则和特殊句式
		指标系列 2	能够正确标点古代诗文	能够正确标点古代诗文，准确理解文意	能够正确标点古代诗文，准确理解文意，还能将古代诗文准确地翻译成现代汉语并进行规范表达	能够正确标点古代诗文，准确理解文意，还能将古代诗文准确地翻译成现代汉语并进行规范表达，体会古诗文的思想情感
表达与写作	语言策略与技能	指标系列 1	熟悉国家通用语言文字中常用规范字的字音、字义和字形	熟悉国家通用语言文字中常用规范字的字音、字义和字形，掌握基本的语法规范和标点符号用法	熟悉国家通用语言文字中常用规范字的字音、字义和字形，掌握基本的语法规范和标点符号用法以及语篇衔接的常用手段	熟悉国家通用语言文字中常用规范字的字音、字义和字形，掌握基本的语法规范和标点符号用法、语篇衔接的常用手段，以及常用的语用规则和修辞手法
		指标系列 2	能够根据具体的交际对象、单一的交际目的完成交际任务	能够根据具体的交际对象、多个交际目的完成交际任务	能够根据具体的交际对象、交际目的和交际情景正确地遣词造句，完成交际任务	能够根据具体的交际对象、交际目的和交际情景正确地遣词造句，准确地表情达意，有效地完成交际任务
	写作	指标系列 1	能够根据写作的具体情境和要求构造简单的语篇	能够根据写作的具体情境和要求构建较为复杂的语篇	能够根据写作的具体情境和要求构建较为完整的语篇	能够根据写作的具体情境和要求灵活使用语言文字和各种表达手段构建完整的语篇

续表

基本任务		学科任务完成质量的评价指标				
		水平	水平 1	水平 2	水平 3	水平 4
表达与写作	写作	指标系列 2	能够掌握较为简单的表达能力，能够运用单一表达方式进行写作	能够掌握多种基本表达能力，能够运用不同的表达方式进行写作	能够掌握多种基本表达能力，能够运用不同的表达方式进行写作，符合文体和语体的要求	能够掌握多种基本表达能力，能够按语篇功能和写作目的，综合且灵活地运用多种表达方式，符合文体和语体的要求

文章材料

下面以 2024 年新高考 I 卷现代文阅读 II 第 8 题为例加以说明。

阅读下面的文字，完成下面小题。文章材料选自徐则臣的《放牛记》。

文章为何说“放牛给了我一个几近完美的少年时代”？

这道题考查的是文学性阅读能力，所涉及的学科基本任务为“阅读与理解”，根据上述对这一学科任务完成质量的评价指标，我们设计了一个等级评分量表（表 6–14）。

表 6–14　基于“阅读与理解”任务的等级评分量表

基本任务	任务完成质量的评价指标			
	水平 1	水平 2	水平 3	水平 4
阅读与理解	能够从单一维度对作品的表达效果和思想艺术价值作出分析与评价	能够从多个维度对作品的表达效果和思想艺术价值作出合理的分析与评价	能够从多个维度对作品的表达效果和思想艺术价值作出合理的分析与评价，能够对文本艺术创新的主题意向、思想蕴涵能有所领悟并展开联想	能够从多个维度对作品的表达效果和思想艺术价值作出合理的分析与评价，能够对文本艺术创新的主题意向、思想蕴涵能有所领悟并展开联想，还能从不同角度和层面发掘文本反映的人生价值和时代精神

续表

基本任务	任务完成质量的评价指标			
	水平 1	水平 2	水平 3	水平 4
阅读与理解	答案样例：放牛生活给了作者一个轻松自由的少年时代，作者拥有了一段无忧无虑的快乐回忆	答案样例：通过描写自由自在、丰富多彩的放牛生活，展示了作者轻松自由的少年时代；作者能够与自然亲密接触，拥有了一段无忧无虑的快乐回忆	答案样例：通过描写自由自在、丰富多彩的放牛生活，展示了作者轻松自由的少年时代；作者能够与自然亲密接触，拥有了一段无忧无虑的快乐回忆；作者在文中多次提到放牛时快乐的感受，表达了作者对少年时代放牛生活的喜爱	答案样例：通过描写自由自在、丰富多彩的放牛生活，展示了作者轻松自由的少年时代；作者能够与自然亲密接触，拥有了一段无忧无虑的快乐回忆；作者在文中多次提到放牛带来的快乐，这些情感的表达说明了放牛对作者的重要性；放牛给作者带来的自由、放松和与自然的亲密接触，使得这段经历成为他少年时代的美好回忆

2. 思想政治

基于普通高中思想政治课程的性质及育人目标，我们确定了四项学科任务，即描述与分类、解释与论证、预测与选择、辨析与评价。

描述与分类是指对真实社会生活情境中的事物或问题的性质、特征、表现，能够按照某个维度进行描述，并对它们进行比较和分类。它着重回答“是什么”的问题。

解释与论证是指对真实社会生活情境中的事物或问题，运用学科技能与方法分析其必要性和合理性，探究不同变量之间的关系；运用理论和实证材料对探究结论进行合乎逻辑与科学要求的论证和检验。它着重回答“为什么”的问题。

预测与选择是指结合具体的社会生活情境，运用科学的方法和原理对行为、问题的结果或影响进行分析与预测；根据约束条件和决策目标设计出合理可行的方案；比较不同方案的优劣利弊并做出合理选择。它着重回答“怎样做”的问题。

辨析与评价是指结合具体的社会生活情境，根据某个维度对事物的作用、价值与功能进行分析和评价，辨识事物之间的关系；合理运用相关理论和方法对不同观点与立场、不同利益诉求进行辨析、辩护和辩驳。它着重回答“做得怎么样”的问题。

思想政治学科将核心素养及其学业质量水平分为四个层级，第一级代表最低水平层级，第四级代表最高水平层级。在此基础上，我们将学科任务完成质量分为四个水平层级，并构建了具体的评价指标体系（表 6-15）。

表 6-15　基于高中思想政治学科任务完成质量的等级评分量表

基本任务	任务完成质量的评价指标				
	水平	水平 1	水平 2	水平 3	水平 4
描述与分类	指标系列 1	能够准确表述关于社会生活的某个基本原理以及党和国家的基本路线、方针、政策等	能够用典型事例阐释关于社会生活的某个基本原理以及党和国家的基本路线、方针、政策等	知道关于社会生活的某个基本原理得以成立的前提条件，或者知道制定基本路线、方针、政策的背景和必要性	理解是结构化的，而不是孤立零碎的，而且可能是具有创造性的
	指标系列 2	能够运用最主要最常见的维度进行描述、比较和分类	能够运用多个主要维度进行描述、比较和分类	能够运用多个维度（包含非主要维度）进行描述、比较和分类	能够根据任务情境的要求和特点，选择合适的、恰当的维度进行描述、比较和分类
解释与论证	指标系列 1	能够正确运用某一个学科技能与方法进行探究	能够正确运用多个学科技能与方法进行探究	能够恰当选择用于探究的学科技能与方法	能够创造性运用或综合运用学科探究技能与方法，而且会对探究结论、探究技能与方法进行检验

基本任务	任务完成质量的评价指标				
	水平	水平 1	水平 2	水平 3	水平 4
解释与论证	指标系列 2	能够运用典型实证材料对已有的原理、结论或自己的探究结论进行实证	能够运用学科原理对已有的原理、结论或自己的探究结论进行理论论证	能够选择恰当的论证方式	能够创造性运用或综合运用论证方式，而且会对论证方式进行反思和检验
预测与选择	指标系列 1	能够设计出一个可行的方案	能够设计出多个可行的方案	能够设计出多个可行的方案，而且了解主要方案的优缺点	能够对每个可行方案进行优劣利弊比较，并做出最佳选择
	指标系列 2	能够从最主要最常见的维度对方案的结果或影响进行预测	能够从多个主要维度对方案的结果或影响进行预测	能够从多个维度（包含非主要维度）对方案的结果或影响进行预测	能够根据任务情境的要求和特点，选择合适的、恰当的维度进行预测
	指标系列 3	能够正确运用一个学科知识和方法对方案的合理性和可行性进行论证	能够正确运用多个学科知识和方法对方案的合理性和可行性进行论证	能够恰当选择学科知识和方法对方案的合理性和可行性进行论证	能够创造性运用或综合运用学科知识和方法对方案的合理性和可行性进行论证，而且能够加以反思
辨析与评价	指标系列 1	能够正确运用某一个学科技能与方法进行辨析	能够正确运用多个学科技能与方法进行辨析	能够选择恰当的学科技能与方法进行辨析	能够创造性运用或综合运用学科技能与方法，而且会对辨析结论、所用的学科技能与方法进行反思和检验

续表

<table>
<tr><th rowspan="2">基本任务</th><th colspan="5">任务完成质量的评价指标</th></tr>
<tr><th>水平</th><th>水平 1</th><th>水平 2</th><th>水平 3</th><th>水平 4</th></tr>
<tr><td rowspan="2">辨析与评价</td><td>指标系列 2</td><td>能够运用典型事实材料对辨析与评价的结论进行实证</td><td>能够运用学科原理对辨析与评价的结论进行理论论证</td><td>能够选择恰当的论证方式</td><td>能够创造性运用或综合运用论证方式，而且会对论证方式进行反思和检验</td></tr>
<tr><td>指标系列 3</td><td>能够运用最主要最常见的维度进行评价</td><td>能够运用多个主要维度进行评价</td><td>能够运用多个维度（包含非主要维度）进行评价</td><td>能够根据任务情境的要求和特点，选择合适的、恰当的维度进行评价</td></tr>
</table>

下面以一道高考题为例加以说明。

阅读材料，完成下列要求。

近年来，随着经济进一步发展和国家全民健身战略的不断推进，国内掀起了马拉松热。2011 年中国马拉松赛事仅有 22 场，2017 年增长到 1 100 场。据预测，2020 年中国马拉松赛事将达 1 900 场。

马拉松赛事的参与人数多、涉及领域广。2017 年参加马拉松比赛的人次超过 500 万，覆盖全国 234 个城市，赛事带动安保、保健、住宿、餐饮、旅行、体育文化等服务业的发展。据测算，2017 年全国马拉松主办方的直接营业收入超过 270 亿元，主办城市的间接收入超过 1 350 亿元。

结合材料，运用经济知识分析近年来我国马拉松热的驱动因素。

这道题涉及的学科任务为“解释与论证”，基于上述对这一学科任务完成质量的评价指标，我们设计了一个等级评分量表（表 6–16）。

本书提供的基于学科任务完成质量的等级评分量表技术，既有理论指导价值，又经过了实践检验。这种以学科任务为核心，通过学科任务的完成质量来对学生进行评分的方式有效地解决了新课标带来的评分挑战，即使学生在面对同一情境、同一任务、同一难度的试题以及调动相同的知识范围的情况下，也能对不同学生的学业成就进行评价。

▶▶ 表 6-16 基于“解释与论证”任务的等级评分量表

基本任务	任务完成质量的评价指标			
	水平 1	水平 2	水平 3	水平 4
解释与论证	能够正确运用某一个学科技能与方法进行探究	能够正确运用多个学科技能与方法进行探究	能够恰当选择用于探究的学科技能与方法	能够创造性运用或综合运用学科探究技能与方法，而且会对探究结论、探究技能与方法进行检验
	答案样例：居民收入增加，消费结构升级，人们对马拉松赛事的需求上升，因此出现了马拉松热这一现象	答案样例：居民收入增加，消费结构升级，推动马拉松赛事的需求上升，并且马拉松赛事覆盖面宽，商业价值大，不断刺激赛事的供给	答案样例：居民收入增加，消费结构升级，推动马拉松赛事的需求上升；马拉松赛事覆盖面宽，商业价值大，刺激赛事的供给；赛事能够带动相关服务业发展，服务业发展又进一步促进更多马拉松赛事举办	答案样例：居民收入增加，消费结构升级，推动马拉松赛事的需求上升；马拉松赛事覆盖面宽，商业价值大，刺激赛事的供给；赛事能够带动相关服务业发展，服务业发展又进一步促进更多赛事举办；全民健身战略的实施、经济结构转型升级支持马拉松赛事发展

双层多维细目表技术→学科思维属性考查等价技术→必备知识情境化模式下的试题难度控制进阶技术→基于学科任务完成质量的等级评分量表技术，覆盖命题框架、命题蓝图、命题技术（包括试题难度控制技术）、评分技术等命题工作的主要流程。它们构成了学科任务导向型测评框架中的操作性转化技术体系，推动着核心素养从教育之河的彼岸通过操作性转化，变为可测可评的现实。这是笔者和团队成员呼应新一轮基础教育改革和新高考的重大实践需要，长期扎根评价实践的探索性成果。

第七章 学科本质与课堂教学

课程（学科）核心素养源于学科本质，它强调以回归学科本质应对未来社会发展的挑战。课堂教学要回归学科本质，必须先根据新课标对学科本质进行多维审视，并由此确定体现学科本质的课堂教学的基本模式与基本原则。本章的创新点在于提出要从本体论、认识论、价值论角度对学科本质进行多维的全面审视，以及要通过“做事”落实学科本质，对接新课标和课堂教学。

第一节
学科本质的三重理解与课堂教学的本质偏离问题

笔者和其他学者在多年的课堂观察中均发现当前有一些课堂教学缺乏学科“味道”，究其原因，主要是课堂教学偏离了学科本质。新一轮基础教育课程改革倡导核心素养立意的课堂教学，就是呼吁课堂教学回归学科本质。因此，教师落实新课标的基本功之一就是要全面深刻准确地理解自己所任教学科的本质。[①] 学科（课程）核心素养原本就源于学科本质，那为什么指向学科（课程）核心素养的课堂教学会偏离学科本质呢？根本原因还是操作性转化问题。学科（课程）核心素养反映了学科（课程）独特的育人价值，但是，凝结着这些育人价值的核心素养缺乏可操作性，这就意味着我们必须对学科（课程）核心素养进行新的、更加全面的理解。

一、学科本质的三重理解

本质是指事物本身所固有的，决定事物属性、面貌和发展的根本属性。“本”有事物的源头、事物的根源或主要本分、本来的、原来之意；“质”有本体、本性之意。本质与现象相对，指事物的内在联系，是这一事物与其他事物相联系与区别的根本属性。本质的东西不是直接显露于外的，而是映现在他物中，间接地表现出来的。要把握事物的本质，必须透过直接性的东西深入到它的背后或内里，即以它物为中介。

从词源看，“本质”一词可以追溯到拉丁语的“essentia”。它是由“esse”（to be，即存在）和“entia”（essence，即本质）这两个词根组合而成的。因此，“essentia”原意是“存在的本质”或“本质的存在”。这个词在中世纪通过拉丁语进入了欧洲的哲学和其他学术领域，并在文艺复兴时期被广泛使用，逐渐演变成了现代英语中的“essence”和“essential”。

在哲学中，本质（essence）是一种或一组永远不变的属性，它们是一个

---

① 特别说明：本书不区分学科本质和课程本质。

实体或物质的根本所在，并且它必然存在，如果没有它，事物就失去了它的身份。因此，“本质”是一物之为此物而非他物的决定性的规定属性。[①] 本质与偶然性形成对比：偶然性即实体或物质偶然存在的性质，没有这种性质，物质仍然可以保留其身份。而本质是一个事物之所以成为它自身的依据或基础；同时，本质是可以被认识的，而且就其存在状态而言也是等待“被揭示”的。[②]

总之，本质即事物之根本，追问本质是一种探索和理解事物的方法。通过不断追问本质，我们可以揭示隐藏在现象背后的规律和逻辑，深入理解事物的根本原因和作用机制；不断追问本质，有助于挖掘问题的根本原因，更好地解决问题，而不仅仅是应对问题的表象；不断追问本质也是创新的基础，通过挖掘问题的本质，我们可以发现新的解决方案、改进现有方法，甚至创造全新的理论和技术。总之，追问本质有助于更全面、更深入地理解事物，帮助人们独立思考，不被表象束缚。

追问学科本质是为了回到教育教学的本源，回归人类教育的初心。马克思主义教育学的基本观点认为教育源于生产劳动实践这一基本的社会生活实践。由于现实的社会生活实践满足不了人类社会不断发展的需求，因此必须推动社会实践的不断变革，推动社会实践形态的不断丰富。社会实践不仅包括改造自然的实践活动，也包括改造社会的实践活动，并发展出科学文化活动，这一过程符合发生学逻辑。[③] 为了表达方便，依据中国高考评价体系，我们把改造自然和改造社会的实践活动合称为“生活实践”。

科学文化活动是为了更好地服务于生活实践。科学文化活动包括两大类重要的实践活动：一是认识世界和改造世界的科学研究活动；二是传承人类在认识世界和改造世界中所积累的种族经验的专门的学校教育活动。随着社会实践的不断发展，科学文化活动又呈现出以下趋势：科学研究活动学科化，出现学科实践；学校教育教学活动课程化，出现课程实践。

学科实践是课程实践的基础，而学科实践又植根于生活实践，它以学科

---

① 韩震. 本质范畴的重建及反思的现代性［J］. 哲学研究，2008（12）：54–57.

② 石中英. 本质主义、反本质主义与中国教育学研究［J］. 教育研究，2004（1）：11–20.

③ 发生学是一种源于生物学的研究方法，后来被广泛用于心理学和人文社会科学研究，马克思和皮亚杰是运用发生学的杰出代表。本书从社会生活实践出发，经过学科实践、课程实践、课堂实践，一步步认识课堂教学应该采取的方法，就是一种发生学方法。它强调通过回溯事物的本源以认识事物的性质。

特有的方式参与生活实践活动。但是随着社会实践形态的不断发展与分化，教育教学活动课程化导致课程可能与学科实践和生活实践脱离，即课程实践不再是为了满足生活实践、学科实践等原初需求，而是为了满足课程实践本身导致的派生需求，如做事变为做题。莫雷教授领导的本源性学习与教学理论研究团队认为，教育教学活动应该回归生活实践和学科实践这一本源，这就是中国高考评价体系提出考试评价需要应对两大类情境（生活实践情境和学习探索情境）的根本依据。因此，对学科本质的理解要回归教育教学的本源，即学科本质是学科通过学科实践，以学科特有方式参与生活实践。这是对学科本质的本体论理解。

对学科本质的深入理解，应该在本体论基础上从认识论、价值论角度进行多维哲学审视，这代表了对学科本质的全面认识。

在学科教育教学中，本体论主要讨论关于学科教育教学的本质、分类以及与其他实体的关系等内容，回答好某一门学科在这个世界及课程体系中“是什么”的根本性质问题。

认识论研究认识的起源、本质、范围、方法等问题，探讨人类对世界的认识过程，以及认识过程中所涉及的思维活动、认知能力和知识结构等方面的内容。在学科教育教学中，认识论主要探讨关于学科教育教学过程中认识的本质、获取知识的方式、学科教育教学对认知能力和认识水平的影响等内容，回答好以下问题：某一门学科是通过什么样的基本学科思维方法和研究方法认识与改造世界的？

价值论研究价值的本质、来源、判断标准以及价值在人类社会中的作用等问题。在学科教育教学中，价值论涉及学科教育的目标定位、价值取向以及学科教育实践中的伦理道德等内容，回答好以下问题：某一门学科在促进社会发展与个体终身发展方面能够发挥什么独特的根本作用？

在学科本质的本体论认识的基础上进行认识论和价值论认识，能够帮助我们从操作层面上明了该门学科的立德树人意义，从根本上明确“操作是什么”“如何操作”。

下面以普通高中语文、数学、英语、物理、化学、生物学、历史、地理、思想政治九门学科的课程标准（2017 年版 2020 年修订）为例，总结对学科本质的本体论、认识论和价值论的认识（表 7-1）。

表 7-1　普通高中代表性学科本质一览表

学科	维度	描述
语文	本体论	语文课程是一门学习祖国语言文字运用的综合性、实践性课程。工具性与人文性的统一，是语文课程的基本特点
	认识论	语文课程应引导学生在真实的语言运用情境中，……发展思辨能力，提升思维品质……培养高尚的审美情趣，积累丰厚的文化底蕴，理解文化多样性。 语言文字运用和思维密切相关，语文教育必须同时促进学生思维能力的发展与思维品质的提升；语文教育也是提高审美素养的重要途径，要让学生在语言文字运用的学习中受到美的熏陶，培养自觉的审美意识和高尚的审美情趣，培养审美感知和创造表现的能力…… 思维发展与提升是指学生在语文学习过程中，通过语言运用，获得直觉思维、形象思维、逻辑思维、辩证思维和创造思维的发展，促进深刻性、敏捷性、灵活性、批判性和独创性等思维品质的提升。 审美鉴赏与创造是指学生在语文学习中，通过审美体验、评价等活动形成正确的审美意识……，并在此过程中逐步掌握表现美、创造美的方法
	价值论	普通高中语文课程，应使全体学生在义务教育的基础上，进一步提高语文素养，形成良好的思想道德修养和科学人文修养，为终身学习奠定基础，为传承和发展中华文化、增强民族凝聚力和创造力发挥独特的功能，为培养德智体美劳全面发展的社会主义建设者和接班人发挥应有的作用。 普通高中语文课程，必须以习近平新时代中国特色社会主义思想为指导，坚持立德树人，弘扬民族精神，融入社会主义核心价值观教育，培养热爱中华文明、热爱祖国、热爱人民、热爱中国共产党的深厚感情，以及热爱美好生活和奋发向上的人生态度，使学生逐步形成自己的思想、行为准则，增强为中华民族伟大复兴而努力的历史使命感和社会责任感。坚持加强语文课程内容与学生成长的联系，引导学生积极参与实践活动，学习认识自然、认识社会、认识自我、规划人生，在促进学生全面而有个性的发展方面发挥应有的功能
数学	本体论	数学是研究数量关系和空间形式的一门科学。数学源于对现实世界的抽象，基于抽象结构，通过符号运算、形式推理、模型构建等，理解和表达现实世界中事物的本质、关系和规律。数学与人类生活和社会发展紧密关联。数学不仅是运算和推理的工具，还是表达和交流的语言

续表

学科	维度	描述
数学	认识论	数学教育帮助学生掌握现代生活和进一步学习所必需的数学知识、技能、思想和方法；提升学生的数学素养，引导学生会用数学眼光观察世界，会用数学思维思考世界，会用数学语言表达世界；促进学生思维能力、实践能力和创新意识的发展…… 数学学科核心素养是数学课程目标的集中体现，是具有数学基本特征的思维品质、关键能力以及情感、态度与价值观的综合体现，是在数学学习和应用的过程中逐步形成和发展的。数学学科核心素养包括：数学抽象、逻辑推理、数学建模、直观想象、数学运算和数据分析。 通过高中数学课程的学习，学生能在情境中抽象出数学概念、命题、方法和体系，积累从具体到抽象的活动经验；养成在日常生活和实践中一般性思考问题的习惯，把握事物的本质，以简驭繁；运用数学抽象的思维方式思考并解决问题。 通过高中数学课程的学习，学生能掌握逻辑推理的基本形式，学会有逻辑地思考问题；能够在比较复杂的情境中把握事物之间的关联，把握事物发展的脉络；形成重论据、有条理、合乎逻辑的思维品质和理性精神，增强交流能力。 通过高中数学课程的学习，学生能有意识地用数学语言表达现实世界，发现和提出问题，感悟数学与现实之间的关联；学会用数学模型解决实际问题，积累数学实践的经验…… 通过高中数学课程的学习，学生能提升数形结合的能力，发展几何直观和空间想象能力；增强运用几何直观和空间想象思考问题的意识；形成数学直观，在具体的情境中感悟事物的本质。 通过高中数学课程的学习，学生能进一步发展数学运算能力；有效借助运算方法解决实际问题；通过运算促进数学思维发展，形成规范化思考问题的品质，养成一丝不苟、严谨求实的科学精神。 通过高中数学课程的学习，学生能提升获取有价值信息并进行定量分析的意识和能力；适应数字化学习的需要，增强基于数据表达现实问题的意识，形成通过数据认识事物的思维品质；积累依托数据探索事物本质、关联和规律的活动经验

续表

学科	维度	描述
数学	价值论	数学承载着思想和文化，是人类文明的重要组成部分。数学是自然科学的重要基础，并且在社会科学中发挥越来越大的作用，数学的应用已渗透到现代社会及人们日常生活的各个方面。数学直接为社会创造价值，推动社会生产力的发展。 数学在形成人的理性思维、科学精神和促进个人智力发展的过程中发挥着不可替代的作用。数学素养是现代社会每一个人应该具备的基本素养。 数学教育承载着落实立德树人根本任务、发展素质教育的功能
英语	本体论	普通高中英语课程是高中阶段全面贯彻党的教育方针、落实立德树人根本任务、发展英语学科核心素养、培养社会主义建设者和接班人的基础文化课程。 普通高中英语课程作为一门学习及运用英语语言的课程，与义务教育阶段的课程相衔接，旨在为学生继续学习英语和终身发展打下良好基础。普通高中英语课程强调对学生语言能力、文化意识、思维品质和学习能力的综合培养，具有工具性和人文性融合统一的特点
	认识论	语言能力指在社会情境中，以听、说、读、看、写等方式理解和表达意义的能力，以及在学习和使用语言的过程中形成的语言意识和语感。英语语言能力构成英语学科核心素养的基础要素。英语语言能力的提高蕴含文化意识、思维品质和学习能力的提升，有助于学生拓展国际视野和思维方式，开展跨文化交流。 发展多元思维和批判性思维，提高英语学习能力和运用能力。 思维品质指思维在逻辑性、批判性、创新性等方面所表现的能力和水平。思维品质体现英语学科核心素养的心智特征。思维品质的发展有助于提升学生分析和解决问题的能力，使他们能够从跨文化视角观察和认识世界，对事物作出正确的价值判断
	价值论	普通高中英语课程应在义务教育的基础上，帮助学生进一步学习和运用英语基础知识和基本技能，发展跨文化交流能力，为他们学习其他学科知识、汲取世界文化精华、传播中华文化创造良好的条件，也为他们未来继续学习英语或选择就业提供更多机会。普通高中英语课程同时还应帮助学生树立人类命运共同体意识和多元文化意识，形成开放包容的态度，发展健康的审美情趣和良好的鉴赏能力，加深对祖国文化的理解，增强爱国情怀，坚定文化自信，树立正确的世界观、人生观和价值

续表

学科	维度	描述
英语	价值论	观，为学生未来参与知识创新和科技创新，更好地适应世界多极化、经济全球化和社会信息化奠定基础。 实施普通高中英语课程应以德育为魂、能力为重、基础为先、创新为上，注重在发展学生英语语言运用能力的过程中，帮助他们学习、理解和鉴赏中外优秀文化，培育中国情怀，坚定文化自信，拓宽国际视野，增进国际理解，逐步提升跨文化沟通能力、思辨能力、学习能力和创新能力，形成正确的世界观、人生观和价值观
物理	本体论	物理学是自然科学领域的一门基础学科，研究自然界物质的基本结构、相互作用和运动规律。 高中物理课程是普通高中自然科学领域的一门基础课程，旨在落实立德树人根本任务，进一步提升学生的物理学科核心素养，为学生的终身发展奠定基础，促进人类科学事业的传承与社会的发展
	认识论	“科学思维”是从物理学视角对客观事物的本质属性、内在规律及相互关系的认识方式；是基于经验事实建构物理模型的抽象概括过程；是分析综合、推理论证等方法在科学领域的具体运用；是基于事实证据和科学推理对不同观点和结论提出质疑和批判，进行检验和修正，进而提出创造性见解的能力与品格。 “科学思维”主要包括模型建构、科学推理、科学论证、质疑创新等要素。 “科学探究”是指基于观察和实验提出物理问题、形成猜想和假设、设计实验与制订方案、获取和处理信息、基于证据得出结论并作出解释，以及对科学探究过程和结果进行交流、评估、反思的能力。 “科学探究”主要包括问题、证据、解释、交流等要素
	价值论	高中物理课程在义务教育的基础上，……引领学生认识科学的本质以及科学・技术・社会・环境（STSE）的关系，形成科学态度、科学世界观和正确的价值观，为做有社会责任感的公民奠定基础。 高中物理课程注重体现物理学科的本质，从物理观念、科学思维、科学探究、科学态度与责任等方面提炼学科育人价值，充分体现物理学科对提高学生核心素养的独特作用，为学生终身发展、应对现代和未来社会发展的挑战打下基础。

续表

学科	维度	描述
物理	价值论	“科学态度与责任”是指在认识科学本质，认识科学·技术·社会·环境关系的基础上，逐渐形成的探索自然的内在动力，严谨认真、实事求是和持之以恒的科学态度，以及遵守道德规范，保护环境并推动可持续发展的责任感。 “科学态度与责任”主要包括科学本质、科学态度、社会责任等要素
化学	本体论	化学是在原子、分子水平上研究物质的组成、结构、性质、转化及其应用的一门基础学科，其特征是从微观层次认识物质，以符号形式描述物质，在不同层面创造物质。 普通高中化学课程是与义务教育化学或科学课程相衔接的基础教育课程，是落实立德树人根本任务、发展素质教育、弘扬科学精神、提升学生核心素养的重要载体
	认识论	能从不同层次认识物质的多样性，并对物质进行分类；能从元素和原子、分子水平认识物质的组成、结构、性质和变化，形成“结构决定性质”的观念。能从宏观和微观相结合的视角分析与解决实际问题。 能认识物质是运动和变化的，知道化学变化需要一定的条件，并遵循一定规律；认识化学变化的本质特征是有新物质生成，并伴有能量转化；认识化学变化有一定限度、速率，是可以调控的。能多角度、动态地分析化学变化，运用化学反应原理解决简单的实际问题。 具有证据意识，能基于证据对物质组成、结构及其变化提出可能的假设，通过分析推理加以证实或证伪；建立观点、结论和证据之间的逻辑关系。知道可以通过分析、推理等方法认识研究对象的本质特征、构成要素及其相互关系，建立认知模型，并能运用模型解释化学现象，揭示现象的本质和规律。 认识科学探究是进行科学解释和发现、创造和应用的科学实践活动；能发现和提出有探究价值的问题；能从问题和假设出发，依据探究目的，设计探究方案，运用化学实验、调查等方法进行实验探究；勤于实践，善于合作，敢于质疑，勇于创新
	价值论	化学不仅与经济发展、社会文明的关系密切，也是材料科学、生命科学、环境科学、能源科学和信息科学等现代科学技术的重要基础。化学在促进人类文明可持续发展中发挥着日益重要的作用，是揭示元素到生命奥秘的核心力量。

续表

学科	维度	描述
化学	价值论	引导学生关注人类面临的与化学有关的社会问题，培养学生的社会责任感、参与意识和决策能力。 具有安全意识和严谨求实的科学态度，具有探索未知、崇尚真理的意识；深刻认识化学对创造更多物质财富和精神财富、满足人民日益增长的美好生活需要的重大贡献；具有节约资源、保护环境的可持续发展意识，从自身做起，形成简约适度、绿色低碳的生活方式；能对与化学有关的社会热点问题作出正确的价值判断，能参与有关化学问题的社会实践活动
生物学	本体论	生物学是自然科学中的一门基础学科，是研究生命现象和生命活动规律的科学。它是农业科学、医药科学、环境科学及其他有关科学和技术的基础。 高中生物学课程是科学领域的重要学科课程之一，是义务教育阶段相关课程的延续和拓展，其精要是展示生物学的基本内容，反映自然科学的本质
	认识论	“生命观念”是指对观察到的生命现象及相互关系或特性进行解释后的抽象，是人们经过实证后的观点，是能够理解或解释生物学相关事件和现象的意识、观念和思想方法。 “科学思维”是指尊重事实和证据，崇尚严谨和务实的求知态度，运用科学的思维方法认识事物、解决实际问题的思维习惯和能力。学生应该在学习过程中逐步发展科学思维，如能够基于生物学事实和证据运用归纳与概括、演绎与推理、模型与建模、批判性思维、创造性思维等方法，探讨、阐释生命现象及规律，审视或论证生物学社会议题。 “科学探究”是指能够发现现实世界中的生物学问题，针对特定的生物学现象，进行观察、提问、实验设计、方案实施以及对结果的交流与讨论的能力。学生应在探究过程中，逐步增强对自然现象的好奇心和求知欲，掌握科学探究的基本思路和方法，提高实践能力
	价值论	生物学课程要求学生主动地参与学习，在亲历提出问题、获取信息、寻找证据、检验假设、发现规律等过程中习得生物学知识，养成科学思维的习惯，形成积极的科学态度，发展终身学习及创新实践能力。学习生物学课程是每个公民不可或缺的教育经历，其学习成果是公民素养的基本组成。本课程是以提高学生生物学学科核心素养为宗旨的学科课程，是树立社会主义核心价值观、落实立德树人根本任务的重要载体。

续表

学科	维度	描述
生物学	价值论	“社会责任”是指基于生物学的认识，参与个人与社会事务的讨论，作出理性解释和判断，解决生产生活问题的担当和能力。学生应能够以造福人类的态度和价值观，积极运用生物学的知识和方法，关注社会议题，参与讨论并作出理性解释，辨别迷信和伪科学；结合本地资源开展科学实践，尝试解决现实生活问题；树立和践行“绿水青山就是金山银山”的理念，形成生态意识，参与环境保护实践；主动向他人宣传关爱生命的观念和知识，崇尚健康文明的生活方式，成为健康中国的促进者和实践者
历史	本体论	历史学是在一定历史观指导下叙述和阐释人类历史进程及其规律的学科。 中学历史课程承载着历史学的教育功能。普通高中历史课程，是在义务教育历史课程的基础上，进一步运用历史唯物主义观点，以社会形态从低级到高级发展为主线，展现历史演进的基本过程以及人类在历史上创造的文明成果，揭示人类历史发展的基本规律和大趋势，促进学生全面发展的一门基础课程
	认识论	唯物史观是揭示人类社会历史客观基础及发展规律的科学的历史观和方法论。 人类对历史的认识是由表及里、逐渐深化的，要透过历史的纷杂表象认识历史的本质，科学的历史观和方法论是非常重要的。唯物史观使历史学成为一门科学，只有运用唯物史观的立场、观点和方法，才能对历史有全面、客观地认识。 时空观念是在特定的时间联系和空间联系中对事物进行观察、分析的意识和思维方式。 任何历史事物都是在特定的、具体的时间和空间条件下发生的，只有在特定的时空框架当中，才可能对史事有准确的理解。 史料实证是指对获取的史料进行辨析，并运用可信的史料努力重现历史真实的态度与方法。 历史过程是不可逆的，认识历史只能通过现存的史料。要形成对历史的正确、客观的认识，必须重视史料的搜集、整理和辨析，去伪存真。 历史解释是指以史料为依据，对历史事物进行理性分析和客观评判的态度、能力与方法。

续表

学科	维度	描述
历史	认识论	所有历史叙述在本质上都是对历史的解释，即便是对基本事实的陈述也包含了陈述者的主观认识。人们通过多种不同的方式描述和解释过去，通过对史料的搜集、整理和辨析，辩证、客观地理解历史事物，不仅要将其描述出来，还要揭示其表象背后的深层因果关系。通过对历史的解释，不断接近历史真实
	价值论	学生通过高中历史课程的学习，进一步拓宽历史视野，发展历史思维，提高历史学科核心素养，能够从历史发展的角度理解并认同社会主义核心价值观和中华优秀传统文化，认识并弘扬以爱国主义为核心的民族精神和以改革创新为核心的时代精神，具有广阔的国际视野，树立正确的世界观、人生观、价值观和历史观，为未来的学习、工作与生活打下基础。 家国情怀是学习和探究历史应具有的人文追求，体现了对国家富强、人民幸福的情感，以及对国家的高度认同感、归属感、责任感和使命感。 学习和探究历史应具有价值关怀，要充满人文情怀并关注现实问题，以服务于国家强盛、民族自强和人类社会的进步为使命
地理	本体论	地理学是研究地理环境以及人类活动与地理环境关系的科学，具有综合性和区域性等特点。 高中地理课程是与义务教育地理课程相衔接的一门基础学科课程，其内容反映地理学的本质，体现地理学的基本思想和方法
	认识论	地理学兼有自然科学和社会科学的性质，在现代科学体系中占有重要地位，对于解决当代人口、资源、环境和发展问题，建设美丽中国，维护全球生态安全具有重要作用。 地理课程旨在使学生具备人地协调观、综合思维、区域认知、地理实践力等地理学科核心素养，学会从地理视角认识和欣赏自然与人文环境，懂得人与自然和谐共生的道理，提高生活品位和精神境界，为培养德智体美劳全面发展的社会主义建设者和接班人奠定基础
	价值论	人地协调观指人们对人类与地理环境之间关系秉持的正确的价值观。人地关系是地理学研究的核心主题。面对不断出现的人口、资源、环境和发展问题，人们越来越深刻地认识到，人类社会要更好地发展，必须尊重自然规律，协调好人类活动与地理环境的关系。“人地协调观”素养有助于人们更好地分析、认识和解决人地关系问题，成为和谐世界的建设者。

续表

<table>
<tr><th>学科</th><th>维度</th><th>描述</th></tr>
<tr><td>地理</td><td>价值论</td><td>综合思维指人们运用综合的观点认识地理环境的思维方式和能力。人类生存的地理环境是一个综合体，在不同时空组合条件下，地理要素相互作用，综合决定着地理环境的形成和发展。“综合思维”素养有助于人们从整体的角度，全面、系统、动态地分析和认识地理环境，以及它与人类活动的关系。
区域认知指人们运用空间—区域的观点认识地理环境的思维方式和能力。人类生存的地理环境多种多样，将其划分成不同尺度、不同类型的区域加以认识，是人们认识地理环境复杂性的基本方法。“区域认知”素养有助于人们从区域的角度，分析和认识地理环境，以及它与人类活动的关系</td></tr>
<tr><td rowspan="2">思想政治</td><td>本体论</td><td>高中思想政治课程是落实立德树人根本任务的关键课程，以培育社会主义核心价值观为目的，是帮助学生确立正确的政治方向、提高思想政治学科核心素养、增强社会理解和参与能力的综合性、活动型学科课程。
高中思想政治课程具有学科内容的综合性、学校德育工作的引领性和课程实施的实践性等特征，它与初中道德与法治、高校思想政治理论等课程相互衔接，与时事政治教育相互补充，与高中其他学科教学和相关德育工作相互配合，共同承担思想政治教育立德树人的任务</td></tr>
<tr><td>认识论</td><td>面对当前社会变革和实践创新中的新挑战、新问题，要用历史的眼光、国情的眼光、辩证的眼光、文化的眼光和国际的眼光，引领学生通过观察、辨析、反思和实践，真学真懂真信真用马克思主义，在人生成长的道路上把握正确的思想政治方向。
本课程力求构建学科逻辑与实践逻辑、理论知识与生活关切相结合的活动型学科课程。
我国公民的科学精神，就是在认识世界和改造世界的过程中表现出来的一种精神取向，即坚持马克思主义的科学世界观和方法论，能够对个人成长、社会进步、国家发展和人类文明作出正确的价值判断和行为选择。</td></tr>
</table>

续表

学科	维度	描述
思想政治	认识论	当代中国正经历广泛而深刻的社会变革，正进行宏大而独特的实践创新。在这一社会变革和实践创新的过程中发扬科学精神，必须坚持辩证唯物主义和历史唯物主义基本观点，领会习近平新时代中国特色社会主义思想，认清社会发展规律和阶段性特征，解放思想、实事求是、与时俱进、求真务实，在全面深化改革的进程中，把握发展机遇，应对各种挑战。培养青少年的科学精神，有助于他们形成正确价值取向和道德定力，提高辩证思维能力，立足基本国情、拓展国际视野，在实践创新中增长才干
	价值论	高中思想政治课程紧密结合社会实践，讲授马克思主义基本原理，讲授马克思主义中国化成果特别是习近平新时代中国特色社会主义思想，引导学生经历自主思考、合作探究的学习过程，理解中国特色社会主义进入新时代的历史方位，了解新时代中国特色社会主义经济、政治、文化、社会、生态文明建设和党的建设进程，培育政治认同、科学精神、法治意识和公共参与等核心素养，逐步树立共产主义远大理想和中国特色社会主义共同理想，坚定中国特色社会主义道路自信、理论自信、制度自信、文化自信，基本形成正确的世界观、人生观、价值观。 本课程坚持理论与实践相结合的原则，对学生进行马克思主义基本理论教育，用习近平新时代中国特色社会主义思想铸魂育人，培养德智体美劳全面发展的社会主义建设者和接班人，使他们理解马克思主义中国化就是马克思主义基本原理同中国具体实际相结合的过程，习近平新时代中国特色社会主义思想是马克思主义中国化最新成果

以上表格是从本体论、认识论、价值论角度对九门学科的学科本质进行集中概括，充分体现了中国核心素养框架对学科本质的高度重视以及新课标对其认识的深刻性。在新课标中，学科本质散布在“课程性质”“基本理念”“学科核心素养”等部分，上述表格中的文字是从这三个部分中摘录的。需要说明的是：摘录并不全面，但核心内容均已经摘录，能够代表该学科对学科本质的三重审视；课程标准中的文字表达并非完全泾渭分明，如认识论

表达与价值论表达就很难截然区分，这种区分仅仅是相对的；义务教育课程标准对学科本质的三重认识可以参照普通高中课程标准的做法。

应该说，指向学科（课程）核心素养在凸显学科育人价值的同时，存在本体论的学科实践缺失和认识论的学科思维缺失。因此，笔者在实践探索中主张，课堂教学应将学科思维与学科实践相结合，以实现学科独特的育人价值。这凸显了对学科本质的认识论、价值论的理解，是对学科育人价值的操作性转化。

二、课堂教学偏离学科本质的典型表现

在多年的课堂观察与指导中，我们发现当前有一部分课堂越来越缺乏学科“味道”，其根源在于课堂教学偏离了学科本质。“偏离”一词是指从某种标准、方向或规范中移开或背离，它通常表示不符合预期、不符合要求或者不符合规定的情况。在不同的上下文中，“偏离”可能具有不同的含义，但通常都是指与某种标准或者期望相比较，结果出现了差异或者不同的情况。在学科本质课堂教学中，“偏离”通常是指教学内容或者教学方法与学科的核心目标、基本原则等体现学科本质的要求相去甚远，没有达到预期的教学效果或者学科发展的基本要求。

总结我们的课堂观察与指导发现，偏离学科本质在课堂教学中有各种表现。下面以科学课程为例，概括偏离科学本质的典型表现。

（一）重知识轻思维

基于科学本质共识，科学课程不仅要求学生掌握科学知识，更重要的是要培养学生的科学思维能力。新课标提到的科学思维包括模型建构、推理论证、创新思维等。然而，在当前的科学课堂中，不少教师过于注重传授已有科学结论，或只是简单地呈现实验结果，直接展示科学知识结论，而忽视通过实验、观察和探究帮助学生自主构建知识，忽视引导学生观察现象、提出问题、解释和推理实验现象，更忽视引导学生对真实世界进行合理抽象及如何以创造性方法解决科学问题，获得科学知识。即课堂教学过度关注科学知识本身，忽视培养学生的思维能力。例如，学习“光的反射”时，教师通过图片、视频等告诉学生，光碰到镜面后改变了传播方向，以及“入射角=反射角”，而没有让学生亲自动手，尝试从不同的角度向镜子照射光，最后归

纳总结出“入射角=反射角”的结论，即没有经过对比观察、发现异同点进行归纳总结，只是简单地让学生记住结论或者知识本身。又如，教师设置了一个实验，让学生观察种子在不同条件下（如阳光、水和肥料的影响）的生长情况，只是简单地展示植物生长的结果，没有引导学生思考为什么在不同条件下植物的生长情况会有所不同，以及这些条件对植物生长的影响机制是什么。在这种情况下，学生只能简单地记住植物在不同条件下的生长情况，而没有深入理解植物生长背后的生物学原理（如光合作用、呼吸作用等）。

科学思维的发展要基于对科学知识的综合性系统理解。不少教师在课堂教学中将科学知识相互割裂，没有深入认识它们之间的相互联系，从而无法深入认识科学现象的本质。例如，“物质与能量”是新课标中的四个跨学科核心概念之一，在学习水循环与碳循环等物质循环知识、食物链与食物网等能量流动知识的时候，教师应该将两者联系起来，让学生深入理解物质循环和能量流动之间的关系，如果学生只是看到了食物链中“吃与被吃”的现象，就无法理解其背后“物质循环和能量流动”的实质。

教师采取的重知识教学策略难以产生高品质的思维成果，高速而压缩化的知识讲授课堂看似传授了大量科学知识，但是它与缓慢而复杂的学生思维发展之间存在巨大的落差，这会造成大量的课堂困境。

（二）轻探究实践

基于科学本质共识，注重探究实践是科学教育的本质性要求。新课标的课程理念“激发学习动机，加强探究实践”明确指出：倡导以探究和实践为主的多样化学习方式，让学生主动参与、动手动脑、积极体验，经历科学探究以及技术与工程实践的过程。同时，新课标对科学课程要培养的学生核心素养之一“探究实践”的丰富内涵进行了详细描述。但是由于各种因素的影响，在实际的课堂中探究实践活动的开展情况不容乐观，不少教师注重讲解，倾向于用模拟实验代替真实实验，喜欢直接演示或给出实验步骤，致使学生缺乏自主探究和动手机会。例如，在“光是怎样传播的”教学中，光线通过 5 张中间打了孔的卡纸，最终会在纸屏上显示出光点，当移动其中一张卡纸时，光线就无法通过小孔照射在纸屏上了。这种实验完全可以让学生亲自操作，但是很多时候教师只进行口头讲解，并不组织学生进行实验。又如，在一个机械工程实验中，教师准备了一个简单的杠杆实验。在开始实验之前，教师直接告诉学生结论：在特定条件下，杠杆的长度与所需的力量成反比。然后，教师演示了一个预先设计好的实验，展示了杠杆在特定条件下的运动效果。学生没有机会自行设计实验、收集数据和分析结果，而是仅仅被告知实验结论。这种“亦步亦趋”“按部就班”式的实验教学限制了学生自主探究能力和实践能力的发展。在实际教学中，教师更倾向于使用视频、模拟实验或虚拟实验，而不是进行真实的实验操作。虽然这些方法也可以在一定程度上帮助学生理解知识，但是学生可能会因此失去与真实世界互动的机会，从而限制了他们的学习体验。正如袁隆平院士说的：书本知识非常重要，电脑技术也很重要，但是书本和电脑里面种不出水稻来，只有在田里才能种出水稻来。教学一旦缺乏真实的实践探索过程，学生就会因为缺乏真实体验而不能通过实际操作发现问题、提出问题，减少了深度理解和创新发现的机会。

（三）忽视科学方法训练

科学知识包括陈述性知识和程序性知识，科学概念和原理属于陈述性知识，而科学方法属于程序性知识。基于科学本质共识，科学课程的关键目标之一是要培养学生运用科学方法探究和解决问题的能力。常见的科学方法包括分析与综合、比较与分类、归纳与演绎、推理与论证等。例如，探究实验的一般过程为：提出问题、作出假设、设计实验、进行实验、分析数据、得出结论、讨论与分享等。在设计实验和进行实验时，都必须遵循控制变量原则、对照原则、重复原则。这三个原则是将自变量与因变量建立因果联系的重要方法，是科学实验教学必须传授的科学研究方法。

忽视科学方法训练会导致学生对科学知识体系的掌握严重不完整。例如，在“摆的快慢”教学中，学生要思考、讨论影响摆的快慢的因素，设计并执行实验方案，最终得出结论。自制的摆由铁架台、摆绳（无弹性）、摆锤构成，影响单摆摆动快慢的因素有摆绳长短和当地的重力加速度，但学生还会猜想摆锤的质量和释放摆的角度是否也会影响摆的快慢。在掌握控制变量原则、对照原则、重复原则的前提下，设计并进行实验、记录并分析数据便能得到实验结果。在实验设计方面，设置 A、B、C、D 共 4 个摆。A 的摆绳长 20 厘米，铁球质量为 10 克；B 的摆绳长 20 厘米，塑料球质量为 5 克；

C 的摆绳长 15 厘米，铁球质量为 10 克；D 的摆绳长 15 厘米，塑料球质量为 5 克。A 与 B、A 与 C、B 与 D、C 与 D 之间均遵循控制变量原则，每一组实验的摆之间均遵循对照原则。然而，在实际教学过程中，不少教师只要求学生简单地观察和记录实验现象，得出既定的结论。这种忽视科学方法训练的教学导致学生在面对真实科学问题时束手无策。

重知识轻思维、轻探究实践、忽视科学方法训练是当前科学课堂最为典型的偏离学科本质现象。当然，科学思维、探究实践与科学方法这三者之间并不能截然分开，它们之间存在着复杂的交错关系，并且相互渗透，相互影响。科学思维是科学方法的基础，探究实践是培养和应用科学思维的重要途径。科学方法的每一步（如提出问题、作出假设、进行实验等）都依赖科学思维的逻辑和分析能力。在应用科学方法的实践过程中，科学思维会不断指导和修正每一个实践探索步骤。此外，忽视科学伦理和社会责任也与忽视学科本质有着密切联系。

（四）忽视科学伦理和社会责任

基于科学本质的价值论审视，科学不仅是一种知识体系，还包括了科学伦理和社会责任等方面的内容。但不少教师的教学过程忽视了对学生科学伦理和社会责任的培养，只注重科学知识的传授，导致学生对科学的社会影响和责任认识不足。

例如，化学学科教学存在以下问题：第一，未重视与环境保护和可持续发展的联系。化学知识教学可能与环境保护和可持续发展的实践之间存在脱节。虽然学生学习了化学反应的理论知识，但没有思考这些化学反应对环境的影响以及如何通过化学技术解决环境问题。第二，化学实验常常需要使用各种化学品进行反应或制备，这些化学品的使用会产生废弃物。然而，在课堂实验中，师生可能会忽视对废弃物的正确处理，在一定程度上造成了环境污染。第三，忽略科学伦理教育。在危险化学品的使用方面，学生在实验中使用盐酸等腐蚀性化学品，但没有系统地了解这些化学品对环境和健康的潜在危害，以及如何安全处理化学废弃物；在科学研究的社会影响方面，教师可能会提到化学反应在工业生产中的应用，但很少讨论这些化学反应对环境和社会的影响，如化工厂排放的污染物对空气和水质的破坏；在历史背景方面，教师在讲授某些化学发现时，未介绍其发现过程中涉及的伦理争议，学生因而无法全面理解科学进步的复杂性和社会责任。

又如，生物学学科教学存在以下问题：第一，忽视生命教育的重要性。教师在实验教学中可能存在对实验动物的不尊重或对生命的轻视，忽视了对动物权益和福利的考量。第二，忽视生物技术的风险提示。教师在讲授基因编辑技术时，未进行充分的伦理讨论和引导，可能导致学生不正确地使用或误解该技术的应用范围，忽视了对基因编辑技术潜在风险的认识。第三，忽视生态保护意识教育。在教学中，可能忽视了对生态系统和生物多样性的重要性以及对可持续发展的社会责任的讨论。

重知识轻思维、轻探究实践、忽视科学方法训练、忽视学科伦理和社会责任等问题不仅存在于科学类课程中，也存在于人文社会类课程中，这里就不再一一举例。当前，课堂教学存在严重的偏离学科本质的现象是多种因素长期累积造成的。具体而言，除了对学科本质缺乏操作性理解外，还有以下原因：

第一，专业化教师严重短缺，科任教师素质参差不齐。以科学学科为例，在许多地区，即便是大湾区，专职科学教师的数量也严重不足，而有些地区更是几乎没有专职科学教师，大量的语文、数学、英语老师兼任科学教学工作，这些教师可能无法准确把握科学本质，对新课标的理解不到位，使得科学课程的教学质量难以满足学生探索科学知识的需求，影响了学生科学素养的形成与发展。

第二，政策的“指挥棒”效应。当课程需要统一考试时，学校会极度关注学生的成绩，这会导致教师过度强调学生对学科知识内容的掌握，而忽视学生思维能力的培养，以及对学科本质的深入理解和探索。学生则可能因为应试需求而关注知识点本身，不注重对学科概念的深层理解。如果课程不需要统一考试，可能会导致学校对其重视程度不够，课时被语文、数学等学科占用，此时，学生连学习学科知识的机会都没有了，更不会顾及其他。

第三，教学方式不当。有些教师过于依赖传统教学方法，如传统的“传递—接受式”授课，采取机械的“填鸭式”教学，忽视对学生思维的激发以及创造力和实践能力的培养。这种教学往往使课堂变成了“读课本”“勾画重点词句”“做笔记”，使课程失去教学的魅力，变得单调乏味。

第四，课程安排不合理。课时量不够、课时被挪用也在客观上限制了师生深入探究的时间，使得教师在课堂上没有足够的课时引导学生准确把握学科的核心理念和原则，准确理解学科的本质。

第五，教学资源严重不足。一些地区或学校可能由于教学资源匮乏，无法提供完善的教学设施设备，使得学科本质无法通过活动或实验的开展得到有效的展现、传达与理解。

以上各种原因导致当前不少课堂出现表面化学习现象，如机械记忆与死记硬背、注重结论满堂灌，这种偏离学科本质的教学方式不利于培养学生的独立思考能力和创造性解决问题的能力。因此，深化新一轮基础教育改革不可缺少的行动之一就是要从操作层面让各学科的课堂教学回归和体现学科本质。

第二节 体现学科本质的课堂教学应遵循的基本模式与基本原则

在课堂教学操作中如何回归和体现学科本质，让课堂更加具有学科“味道”，是新一轮基础教育课程改革中的一项创造性劳动。笔者在参与课程标准制定和指导各地的实践教学中对该问题有着比较深入的探索。以下论述和总结均来自笔者基于亲身经历的思考。

一、以“做事”落实课堂教学的学科本质

新课标研制遵循的基本思路是：根据学科本质提炼核心素养，根据核心素养确定课程目标和课程内容，再结合核心素养和课程内容形成期望学习结果的集中表达——学业质量标准。学业质量标准对学生的学业成就期望进行规范性、综合性的描述，反映了核心素养发展的水平要求，是该门课程的学

科本质在学业成就上的表现。研制学业质量标准的基本目的之一就是引导教师树立正确的教学质量观，以学生的核心素养发展水平及课堂教学有没有体现学科本质作为评价课堂质量高低的基本遵循。因此，课堂教学要体现学科本质并非易事，必须深入认识学业质量标准和课堂教学体现学科本质带来的影响，达成预期的学业质量水平。

学业质量标准实现了对学生学业成就刻画的根本性转变，但是这种根本性转变在解决一个问题的同时又带来了另一个新问题。传统课堂教学对学生学业成就的刻画主要有两条：学生需要掌握多少知识点及每一个知识点需要掌握到什么程度，这是一种学科知识立意的学业成就观。这种学业成就观的最大优点是学习结果本身就直接指明了课堂教学的操作对象，教师只要看到对学习结果期望的描述就能够清晰地知道课堂应该教授哪些知识以及至少教授到何种程度。因此，传统学业成就观具有课堂教学操作的直接性和直观性，但是它对课堂教学带来了一种不好的导向，割裂了知识与生活的联系，导致学生解决实际问题的能力不强。这一致命缺陷是推动新一轮基础教育课程改革的重要原因。

学业质量标准用基于学科本质的核心素养发展水平衡量学生的学习成就，刻画学习结果，这是一种核心素养立意或学科本质立意的新型学业成就观。但是，这种学业成就观并没有直接向教师指明课堂教学各操作要素的内容。在课堂教学中，教师需要创设情境、设置学科任务、选择学科知识，学生则要通过在真实情境中理解、掌握和运用学科知识以发展核心素养，即核心素养是真实情境、学科任务和学科知识的综合产物，是这些课堂教学操作要素综合生成的结果。显然，核心素养立意的学业成就观导致了一种特殊性：学习结果集合与教师课堂教学操作内容集合不一致。在传统学业成就观中，这两个集合的元素是相同的，而在核心素养立意的学业质量标准中，学习结果并没有直接明了地反映课堂教学的操作内容，这就是学业质量标准在陈述方式上的特殊性，即采取了“学习结果与教师课堂教学操作内容不一致”的陈述方式，使得学业质量标准具有教学操作的间接性和隐示性。面对这种陈述方式，教师可以采取两个截然不同的态度：一是因为教学操作内容不直接不直观而简单地对学业质量标准置之不理，把它搁置起来；二是进行操作性转化，即根据学习欲达成的期望成就和结果合理地倒推出课堂教学中各操作要素的内容。

以高中思想政治为例，它是一门综合性课程，横跨人文学科和社会学科两大学科群，涉及哲学、经济学、政治学、法学等众多具体学科。但是，长期以来，不少一线教师的课堂教学存在着一种根深蒂固的倾向——专业主义倾向，即模仿和按照大学专业学习的要求进行知识内容教学。例如，在教授法律知识时，教师把高中生当成了大学法学专业的学生，从专业知识角度加深加难加细相关法律知识的教学，其培养目标事实上已经被异化成培养法律专业工作者。这种专业主义的教学倾向体现的是一种顽固的“纵向延伸观念”，即对学科知识沿着专业知识维度进行拓展和深化。专业主义倾向和纵向延伸观念不仅导致学生知识学习难度加深和学习负担繁重，而且混淆了思想政治课程的性质。高中阶段的哲学、经济学、政治学、法学等学科均是高中思想政治课程的重要组成部分，而高中思想政治课程是落实立德树人根本任务的关键课程，是对高中生进行思想政治方向引领、正确价值方向引领和科学思想方法引领的课程。高中阶段的哲学、经济学、政治学、法学等学科究竟应该如何根据思想政治课的课程性质，而不是专业知识教学的要求进行课堂教学，是课程标准研制的焦点和难点之一。针对该难题的创造性研究成果集中反映在学业质量标准中，学业质量标准基于高中思想政治课程性质对学生学习哲学、经济学、政治学、法学等的期望学业成就进行了规范描述，指明了这些内容在思想政治教育方面的根本育人价值。学业质量标准是以一种整合的方式规定了高中思想政治课堂教学的基本要求。这种整合性是三重整合的结果：一是核心素养之间的整合；二是不同模块内容之间的整合；三是核心素养与课程内容之间的整合。三重整合描述了学生在学习了相关课程内容后核心素养的综合表现，然而课堂教学必须按照学科逻辑一节课一节课地逐次展开，因此，学业质量标准表述的“整合性”使得任课教师必须对标准进行操作性转化，即将整合的学业质量标准转化为某一个组成学科具体知识点的教学要求和学习目标。也就是说，要对学业质量标准进行教学操作性转化，使对学习结果的陈述转变为对教学和学习过程的要求，使整合的表述转变为对具体课堂教学目标的描述，只有这样学业质量标准及其蕴含的学科本质才能切实落实在课堂教学中，切实发挥其对课堂教学的引领作用。

但是，对学业质量标准进行教学操作性转化并非易事，它需要解决好两个主要矛盾：一是学业质量标准表达方式与教材表达方式之间的矛盾。课堂教学的直接依据并不是学业质量标准，而是教材，但二者之间存在矛盾：学业质量标准表达的是学科核心素养的关键行为表现，而教材表达的是学科基本知识。核心素养的关键行为表现不是教学的直接对象，而是学科知识教学与学习的结果。那么如何确保该结果正好就是学业质量标准所期望的结果呢？这是教师在课堂教学实践中面临的重大挑战之一，即教师外显行为的学生内化问题、教学中的知识生成素养问题。二是学业质量标准表达的整合性与课堂教学的分割性之间的矛盾。学业质量标准是对学生学习该课程的学业成就进行整体刻画，但是课堂教学毕竟是基于具体知识模块和具体知识点的，是由无数节课组成的，而核心素养是这无数节课合力协作的结果。如何保证这些课堂教学都朝着所期望的最终目标——学业质量标准前进呢？这是教师在教育教学实践中面临的又一个重大挑战：如何将总的、整合的学业质量标准转化为具体学科下具体知识点的教学要求和学习目标，即如何处理课堂教学的分割性与核心素养的综合性之间的矛盾。

只有解决好了这两个主要矛盾，学业质量标准及其背后蕴含的学科本质才能变成课堂教学的实际遵循。挑战虽然看起来不同，但是因为解决这两个主要矛盾都是为了发展学生的核心素养，所以这两个主要矛盾的解决思路是一致的，即回到核心素养的本源，从这个原点出发寻找解决挑战的办法。

核心素养的本源是学科实践与生活实践，即“做事”。做事是指在真实情境中运用知识、技能和方法完成具体的学科任务，学科本质就存在于做事之中。因此，核心素养是做事的素养。做事是解决上述两个主要矛盾、对核心素养立意的学业质量标准进行操作性转化的钥匙，这就是本书提出的教学操作性转化的基本模式——以“做事”为核心对接好学业质量标准和课堂教学，落实好课堂教学的学科本质。

围绕“做事”在课堂教学中体现学科本质，首先必须提炼具有学科特色的具体学科任务，再根据具体的学业质量标准和知识教学内容合理选择具体学科任务活动。

任务活动既包括认知操作任务，又包括生活实践任务。无论是自然科学还是人文社会科学，均包括“是什么、为什么、怎么做”等方面的任务活动，但不同学科对这些任务活动关注的视角并不相同，这种差异就体现了学科本质，彰显了学科特色。以高中思想政治课程为例，针对事物及事物之间的关系“是什么”，它特别强调发掘事物和关系的本质属性；针对现象追问“为什么”则特别强调从事物的必要性、重要性与合理性认识现象发生的必然性；针对解决问题时该“怎么做”，它不仅强调措施、策略的合理构建，还强调依据价值目标追问“做得怎么样”。无论是揭示事物的本质属性，分析必要性、重要性与合理性，还是反思和评价做得如何，都是对事物或现象的价值评价，是对实践行为的反思，充分体现了思想政治课程注重思想政治方向引领、正确价值方向引领、科学思想方法引领的特性。据此，笔者在研制高中思想政治课程标准时提出了描述与分类、解释与论证、预测与选择、辨析与评价等四个学科任务，横跨认知操作任务和生活实践任务。

其他学科同样可以根据课程标准对核心素养特征的描述和学业质量标准提炼出能够体现学科本质的学科任务，以完成学科任务作为课堂教学体现学科本质的抓手。

二、体现学科本质的课堂教学需要遵循的基本原则

以“做事”或“完成学科任务”落实学业质量标准，从而体现学科本质，是教学操作性转化的基本模式。这一模式要充分体现学科本质，必须遵循以下四个基本原则。

（一）要以真实情境为基础

学科素养指向人们能否运用其所学的知识与技能应对复杂真实情境的挑战。学科真实情境是核心素养必不可少的载体，是表现学科核心素养的“舞台”，学科内容只有与具体情境相融合，才能真实地体现它的素养价值；学科任务只有依托具体情境才能充当诱发核心素养表现特征的媒介。对于被评价者来说，唯有凭借这个“舞台”，运用学科知识、技能和方法应对各种复杂的、不确定的问题和挑战，才能表现自己的能力与品格。因此，真实的有递进关系的情境活动序列应当成为课堂教学的基本依托。

双层操作框架：道德与法治学业质量标准在考试命题中的操作性转化工具

在课堂教学中设置真实情境对体现学科本质主要有三个好处：第一，真实情境为学科知识应用提供了场景和机会。将学科知识置于真实情境中，学生能够更好地理解学科知识的实际运用及其意义。第二，真实情境使学生能够通过参与实践性学习，在实践操作中加深对学科概念和原理的理解，并将

其融会贯通。而且，真实情境通常涉及多个学科领域的知识和技能，需要学生运用跨学科知识，从而更好地体会学科差异与联系。第三，真实情境有助于学生培养问题解决能力。真实情境往往伴随着各种实际问题或挑战，学生需要运用学科知识解决这些问题。通过解决真实情境中的问题，学生能够培养解决问题的能力和学科思维，进而更深入地理解学科的本质。

（二）要渗透科学方法训练

以科学课程为例，在解决真实的科学情境问题、获得科学知识时，我们需要使用一种或多种科学方法，观察、调查、对比分析、归纳与概括、演绎与推理、模型与建模、科学探究等科学方法，都是科学家认识世界、改造世界的必备工具，理应在教学中进行渗透。科学方法的教育应该润物细无声，教师在传授科学原理的过程中，通过“做中学”让学生在真实情境中完成真实任务，从而掌握科学方法，即做到科学原理学习伴随着科学方法的体验。

（三）要注重学科思维培养

以科学课程为例，教师可以通过观察、实验探究、阅读科学家故事、技术与工程实践活动等培养和发展学生的学科思维。例如，在校园或自然环境中，学生可以通过观察花草、昆虫或小动物，记录所观察到的生物的特征、行为和生存环境，并尝试提出问题：为什么某种植物会生长在特定的地方？普通植物的叶片与沙漠中仙人掌的叶片结构和功能有什么差异？造成差异的原因是什么？从而一方面引导学生理解结构、功能与环境相互适应的观念，便于将获得的科学观念迁移至其他领域，用于分析、思考、推理和解决问题。学科思维是在问题解决过程中发展起来的，笔者团队高度强调围绕问题解决发展学科思维，这也是本书在教学操作性转化方面的鲜明特色。

（四）教学过程要注重实践探究

实践是意识产生和发展的决定性力量。实践意味着将头脑中的思维应用于现实的活动。真正的“懂”不是大脑以为的“懂”，而是心、脑、手、口的和谐统一。以义务教育科学课程为例，课程标准尤其强调以探究实践为主要方式开展教学活动。从实践出发，最终落脚于实践。只有通过大量的实验探究活动，如学生亲自设计实验、进行实验、动手操作，学生才能真正理解科学探究是通过各种研究方法获取科学知识的探索过程。因此，教师要鼓励学生在现实情境中围绕问题解决，通过学科实践，将科学知识学习与社会生活经验相结合，从而实现学科思维的发展。

总之，在基础教育课堂教学实践中，对回归学科本质的课堂教学进行探索和创新是一个持续不断的过程。老师们必须立足一线课堂，扎根基础教育田野，在课堂实践中不断深化对学科本质的操作性认识，改进学科教学理念、模式和方法。围绕着“做事”和上述基本原则，笔者团队在长期的实践中发展出了“基于关键问题解决的课堂教学理论”。

第八章 基于关键问题解决的课堂教学

课堂教学如何落实学科本质？从核心素养的本质内涵出发，上一章提出以“做事”落实学科本质，发展学生的核心素养，并且围绕“做事”提出课堂教学要遵循的基本原则，即要以真实情境为基础，要渗透研究方法训练，要注重学科思维培养，要注重实践探究。但是，如何围绕上述思路和基本原则进行具体的操作性转化呢？笔者团队在长期的实践中总结出基于关键问题解决的课堂教学理论。该理论包括两项具体的操作性转化技术：深度教材分析技术和辅助教学设计技术。这是本书在课堂教学领域的重要实践创新，是核心素养走向课堂教学实践的关键操作性转化技术。

第一节
基于关键问题解决的课堂教学理论的构成

课堂教学理论不应该是理论演绎的产物，而应该是基于教育教学实践的需要，回应实践呼唤。基于关键问题解决的课堂教学理论就是响应教育教学和课程改革实践的结果。

本源性学习与教学理论研究团队以基于关键问题解决的课堂教学理论促进课堂实践或学科教育教学回归做事，回归原初需求或事物的本源，即回归生活实践和学科实践。因此，该理论中的“问题”是指生活实践和学科实践中的问题，并且这些问题要以学科方式加以解决。这种回归也是对学科本质的回归，是学科本质的体现。但是，课程实践要回归本源并非易事，需要解决好两个重要矛盾：一是个体精力的有限性与全面发展之间的矛盾。适应社会生活挑战需要人的全面发展，但是个体用于发展自身的时间和精力是有限的，这就决定了我们不能发展各方面的全部能力和全部品格，只能发展社会生活实践所需要的关键能力和必备品格。二是个体精力的有限性与种族经验的无限性之间的矛盾。在学科实践中，人类以学科知识形态所积累的种族经验是无限的、总是不断更新的，但人类不可能掌握无限的学科知识集合，而只能按照个体的认识发展规律和生活实践的终极需求学习主要学科的必备知识，以及掌握获得这些必备知识的基本思想方法。

无论是关键能力、必备品格还是相关的思想方法，均意味着课堂教学不能随意设置问题，而是要设置关键问题。所谓关键问题，是指该学科中培养关键能力、必备品格和掌握获得必备知识的思想方法所必需的社会生活实践问题。学生在学习中以学科方式解决这些关键问题，从而理解和掌握知识，运用和发展知识，发展正确价值观。

但是，核心素养走向课堂教学实践并非易事。核心素养通过课程标准走向课堂教学实践需要经过两重环环相扣的转化：一是由学科实践向课程实践转化；二是由课程实践向课堂教学实践转化。课程标准和教材回答的是第一重转化问题，而笔者团队提出的基于关键问题解决的课堂教学理论回答的是第二重转化问题。第二重转化旨在解决教学中的知识生成核心素养问题，即知识（一个知识点连着一个知识点地教）的教授如何确保能够发展学生的核心素养。回答好这个问题需要掌握操作性转化技术，具体包括深度教材分析技术与辅助教学设计技术。课堂教学是学生和教材之间的一场对话，深度教材分析技术用于对教材的分析，辅助教学设计技术主要用于对学情和教情的分析，二者共同助力发展学生的学科思维，提高学生解决实际问题的能力。

一、深度教材分析技术

如何才能在教材知识与学生核心素养之间架构桥梁，让课堂实践变成发展学生核心素养的肥沃田野呢？笔者团队的经验就是课堂教学实践必须改变表层教材分析，实施深度教材分析。

教材是对学科概念和原理的有选择的书面表达，是学科知识的课程化，是对学科必备知识的表达，是教师实施教育教学的基本载体或媒介。表层教材分析是指学科知识立意的教材分析，即教材分析局限于对概念和原理的内涵及其关系的理解，局限于对概念和原理的分析。当然，如果教师对这些知识进行纵向延伸，表层教材分析依然可以让学习难度变得很大。表层教材分析的特点是不关心必备知识的形成过程，学生掌握的学科知识不是他们自主建构的，而是外在输入的；不关注学科思维发展，而是着重关注知识本身的理解与掌握。

深度教材分析正好针对表层教材分析的缺点，以呼应基础教育课程改革对发展学生核心素养的新要求，以呼应回归学科本质、回归生活实践和学科实践的本源性教育教学需求。

深度教材分析包括四个循序渐进的环节：提炼核心概念、提炼关键问题、挖掘学科（思维）方法、建构与运用学科知识。这四个环节是教材编写的发生学逻辑，是其他教材编写者和笔者作为国家教材主编的共同心路历程。

教材知识不过是前三个环节的结果，前三个环节隐藏在教材知识的背后。深度教材分析强调为了发展学生的核心素养，教材使用要由知识表层还原出背后隐藏的环节。深度教材分析包括以下四个步骤：

（一）提炼核心概念

概念是对世界的命名，它代表着对存在物的性质、特征和规律的认识。任何一个成熟的学科都必然会沉淀出一些架构着学科基本框架的概念，这些概念就是核心概念。核心概念可能对应着学科发展中的重大科学革命成就，对应着社会生活实践中的重大现象和重要主题。围绕着任何一个核心概念，都能够形成一个有层级的概念网络图。例如，市场供求理论是经济学的核心概念，笔者将它引入高中《经济生活》教材（这是上一轮课程改革时的必修1教材，由笔者主编），并围绕它建构了由需求法则、供给法则、市场均衡、需求价格弹性、供给价格弹性等概念构成的知识图谱。核心概念是这些重要概念的上位概念，学生的学科学习要对学科知识进行结构化，知识结构化的纽带就是这些核心概念。在深度教材分析中，必须认识到模块内容是由哪些核心概念建构起来的，能够认识到建构模块知识体系的核心概念本身就是教师学科专业素养的重要体现。例如，笔者主编的国家统编教材《经济与社会》就是围绕所有制、社会主义市场经济、政府经济职能、新发展理念、经济高质量发展、个人收入分配、社会保障等七个核心概念进行内容设计的，这些概念不仅内蕴着一系列下位概念，而且下位概念之间也有着内在的学科联系，这种联系是基于中国特色社会主义政治经济学的逻辑进行关联的，这在课程标准、教材的单元导语和课导语中均有不同角度的说明。又如，笔者参与编写的国家统编教材《当代国际政治与经济》则是围绕国家、世界多极化、经济全球化、国际组织等四个核心概念展开的。这些核心概念不仅是架构相关教材模块的基本构造物，也是对社会生活实践中相关领域重大主题或现象的提炼，还是学生进入相关社会生活实践世界的重要钥匙。

（二）提炼关键问题

任何一个核心概念所对应的社会实践、学科实践均包含着一系列具体问题，这些具体问题可以称为“问题簇”。受制于学生成长的认知发展规律和精力的有限性，学生并不需要在每个学段都学习问题簇中的所有问题，而是应该学习和了解其中的关键问题。关键问题关乎必备品格、关键能力的形成与必备知识的学习，对应着相关生活实践与学科实践领域中的重要实际问题。在教学中提炼关键问题需要考虑学生的学段特征和学习进阶，即通常一个学段需要学习的关键问题不同于另一个学段，而且低学段的关键问题与高学段的关键问题要形成循序渐进的学习进阶。例如，笔者在研制高中思想政治课程标准中的“经济与社会”模块内容和主编《经济与社会》教材时，认真研读课程标准和课程改革要求，充分考虑与初中相关内容的衔接，确定了每个核心概念的关键问题，如表 8–1 所示。

表 8–1 《经济与社会》教材每个核心概念的关键问题

核心概念	关键问题
所有制	为什么所有制重要？为什么要以公有制为主体？为什么要大力发展非公有制经济？为什么公有制经济与非公有制经济要共同发展？如何发展壮大公有制经济？如何发展非公有制经济？
社会主义市场经济	市场如何有效配置资源？市场配置资源有什么优点？如何建设高标准市场体系？市场调节存在哪些缺陷？
政府经济职能	社会主义市场经济有哪些基本特征？我国政府有哪些基本经济职能？政府如何进行科学宏观调控？
新发展理念	如何坚持以人民为中心的发展思想？如何贯彻新发展理念？
经济高质量发展	什么是经济高质量发展？如何推动经济高质量发展？
个人收入分配	为什么要坚持按劳分配？为什么要多种分配方式并存？如何完善我国个人收入分配？
社会保障	社会保障有哪些功能和形式？如何完善我国社会保障体系？

这些问题都是学生参与中国特色社会主义经济建设与社会建设必须要了解的关键问题。问题既然已经存在，下一步要做的就是思考如何解决这些关键问题，用什么样的思维方法解决这些关键问题，或解决这些关键问题需要什么样的思维能力等。

（三）挖掘学科思维方法

一门成熟学科的精髓不在于它对世界的结论，而在于它认识世界、分析问题、解决问题有自己独特的方法，而且这种方法以其对世界的认识能力而展现出自身的力量。学科思维方法与学科知识是手段与目的的关系。学科思维方法是这个学科获取知识独有的手段和方式，是这个学科的世界观、方法论和认识论。每个成熟学科都有一套不经过专业训练而难以掌握的观察世界、认识世界、改造世界的思想方法和分析工具，如从生产力与生产关系、经济基础和上层建筑的关系认识社会现象，就是马克思主义社会历史哲学的思维方法。在新一轮基础教育课程改革中，人们最为关心的问题之一就是学科知识与学科素养的关系。任何一门学科都有自己的具体性、细节性知识，学科素养则是留在学生血脉中、脑海里的学科思维方法，它是学生经过某个学科的系统训练后获得的标识性成就，是这个学科赋予学生的独有的气质和“味道”。笔者认为基础教育的学科训练主要不在于传授知识，而是获取知识的思想方法与观察世界的思维视角，即基础教育应该少教学科知识，多教思想方法。一个人能否应对来自真实生活的挑战，从学科视角看，就是要看他能否运用本学科的思维方法观察世界、分析问题和解决问题。在学科素养的阶梯上，最能衡量学科素养高低的维度就是看学生能否运用本学科孕育出来的思维方法观察和描述世界，分析和解决问题。

学科思维方法隐藏在教材的“探究与分享”栏目中。例如，《经济与社会》教材第三课的第一个“探究与分享”栏目设计了两个问题：结合材料，分享本地经济社会建设取得的成就并加以评价；谈谈你对经济发展与民生福祉之间关系的理解。第一个问题可以引导学生从各个维度全面客观地看待本地经济社会建设取得的伟大成就，并运用辩证思维对取得的成就加以客观评析，学会用证据和逻辑支撑自己的观点；第二个问题可以引导学生通过思考“经济发展与民生福祉”的相互作用，进一步掌握思考问题的辩证思维。而且这两个探究问题均可以通过引导学生运用新视角思考问题来发展其创新思维。

学科思维方法通常直接隐藏在学科知识表达的背后。笔者在本书第九章以《经济与社会》教材为例提供了一个生动的例子，本章的第二节也提供了诸多丰富的例子，大家可以参阅。

（四）建构与运用学科知识

与其让学生掌握具体答案，不如让学生掌握解决问题的方法。掌握了方法，学生就可以自己建构知识体系，不再拘泥于具体的文字表达，这种通过自己解决问题建构起来的知识是一种难以遗忘的知识，实现了学科知识的内化。例如，通过回答与所有制有关的关键问题，学生可以自己建构关于所有制的核心知识结论。

在提炼核心概念、提炼关键问题、挖掘学科（思维）方法、建构与运用学科知识这个链条中，关键问题承上启下，所以这是一种以关键问题为引领的深度教材分析技术，是课程实践转化为课堂教学实践的关键操作性转化技术。该技术突出强调生活实践问题和学科实践问题的解决，强调在解决实际问题的过程中发展学科思维，强调在运用学科思维解决问题中自主建构学科知识。这充分体现了本书以做事落实学科本质的主张，也是对上一章倡导原则的体现，同时还是中国高考评价体系对学科核心素养进行考试评价操作性转化时把核心素养归为思维能力和实际问题解决能力的体现。

二、辅助教学设计技术

深度教材分析要变成课堂教学的有效设计，成为课堂实践，还需要辅以关键问题驱动的辅助教学设计技术。

辅助教学设计技术强调用关键问题驱动课堂，而不是用知识驱动课堂，课堂教学要有鲜明的问题意识，教师要清楚每节课应该帮助学生解决什么具体问题，解决到什么程度，怎样解决。教师应在鲜明的问题意识引领下，在深度教材分析的基础上，结合课程标准，对学情开展以下两种具体分析：

（一）教学目标做事化

教学目标做事化要求教师必须回答好一个至关重要的问题：这些关键问题究竟解决到哪一步？这就是要基于关键问题明确具体的教学目标。我们在长期实践中发现：教师在课堂教学中明确关键问题并不难，真正困难的是不清楚这些关键问题到底要解决到哪一步。在课堂教学中，教师围绕关键问题讲得过深是普遍现象。笔者在一次课堂观察活动中告诉授课老师：这个问题不用讲得那么深。而老师反问笔者：万一考了呢？你能保证不会考得这么深吗？这是典型的基于传统学科知识立意的考试评价而形成的课堂教学观念。事实上，考试评价早已转向核心素养立意，着重考查学生的思维能力和实际问题解决能力。但是，一部分教师依然囿于传统考试评价观念而选择纵向延伸。

所谓明确关键问题要解决到哪一步，是指要明确学生学习这些内容后能够做哪些事情，所以这是一种基于做事的教学目标。学生学习相关内容后能够做哪些事情，是由课程标准中的学业质量标准决定的。按照学业质量的表达方式，基于做事的教学目标要有机整合四个要素——真实情境、学科任务、学科内容、行为表现，从而形成如下表达：在什么样的情境下，（综合）

运用什么内容完成什么任务，达到何种行为表现。试举以下两例。

笔者主编的《经济与社会》教材第二课第二框题需要解决三个关键问题：社会主义市场经济有哪些基本特征？我国政府有哪些基本经济职能？政府如何进行科学宏观调控？针对这三个关键问题，按照学业质量标准的要求，学生学习结束后应该能够做以下三件事情：

（1）能够结合我国社会主义市场经济实践中复杂的典型事例与成就，能够准确辨识社会主义市场经济的基本特征，能够令人信服地运用典型事实论证社会主义市场经济的优势，能够掌握经济体制比较的基本维度。

（2）在简单或一般的经济与社会建设情境中，能够针对我国政府采取的实际行动，准确识别政府行使的各项经济职能。

（3）能够结合社会主义市场经济中简单的宏观经济情况，正确理解科学宏观调控以及财政政策与货币政策。

笔者参与编写的《当代国际政治与经济》教材第三单元需要解决三个关键问题：推动经济全球化的力量有哪些？经济全球化有哪些利与弊？如何适应和引导经济全球化？针对这三个关键问题，按照学业质量标准的要求，学生学习结束后应该能够做以下四件事情：

（1）能够在各种情境中准确识别全球化的类型和推动因素。

（2）能够结合具体情境分析经济全球化的推动因素，认识到经济全球化是不可逆转的世界大势。

（3）能够结合具体情境分析跨国公司在经济全球化中发挥的具体作用。

（4）能够结合具体情境分析经济全球化带来的机遇与挑战，并能够就如何抓住机遇、迎接挑战提出初步的合理建议。

当然，这里的“做事”主要是做认知操作方面的事情。教学目标做事化是连接知识与素养的重要桥梁，它的核心要义是知识学习本身并非目的，学习的最终目的是能够将知识转化为做事的工具，从而化知识为素养。

（二）多维度重难点分析

传统的教学重难点分析是一维的，即对知识进行教学重难点分析，核心素养立意的课堂教学强调改变这种一维的分析模式。核心素养是在真实情境中通过运用学科知识应对真实任务挑战而发展起来的。正如核心素养测评框架是多维的，核心素养立意的课堂教学的学情和教情分析也是多维的，即要基于发展核心素养的需要进行教学要素分析。基于发展核心素养的目标，多维度重难点分析至少要包括情境创设重难点分析、任务创设重难点分析、知识教学重难点分析三个维度。

下面以笔者主编的《经济与社会》第二课第二框题为例，说明多维度重难点分析方法。

1. 情境创设重难点分析

为了把知识转化为素养，达成具体的教学目标，应该创设何种适宜的情境？情境创设的难点何在？如何突破这些难点？

在讲述社会主义市场经济基本特征时，情境创设的复杂性在于一个情境包括两个以上的特征，可以考虑“党的领导”“追求共同富裕”“集中力量办大事”三大特征，寻找能够容纳两大特征的典型情境（如精准扶贫、我国一盘棋抗疫情）作为情境素材。

在讲述政府经济职能时，建议先识别单一职能情境，筛选或改编真实例子，使之具有单一职能，然后在此基础上筛选和构建具有两个以上职能的复杂情境。建议创设两类情境：宏观调控类情境和非宏观调控类情境，使学生不会错误地把政府的一切经济行为都叫作宏观调控。

在讲述宏观调控时，建议引述近年来我国宏观调控的真实事例并进行改造，使其至少包括两大目标或包括财政政策与货币政策。鉴于宏观调控的复杂性，一定要对真实事例进行筛选和改造，使之具有某个目标和手段的突出性。

2. 任务创设重难点分析

为了把知识转化为关键能力，达成具体的教学目标，应该在真实情境中创设哪些恰当的具体学科任务？可能会遇到哪些困难？如何有效克服困难？

在讲述社会主义市场经济基本特征时，着力培养学生辨识与判断基本特征的能力，着力培养学生综合运用各种典型事例论证社会主义市场经济体制的优势的能力，因此可以创设基本特征辨识、优势列举论证等任务。

在讲述政府经济职能时，着力培养学生辨识与判断经济职能的能力，因此可以创设依据情境识别经济职能、依据经济职能列举恰当事例等任务。

在讲述宏观调控时，着力培养学生的方案设计与选择能力，因此可以创设依据宏观经济形势与宏观调控目标合理选择宏观调控经济手段的任务。

这些任务都是认知操作方面的具体任务，背后隐藏着学生需要发展的关键能力。这些认知操作方面的关键能力其实就是学生核心素养中的思维能力和思维品质。

3. 知识教学重难点分析

学生在理解和掌握知识时，需要重点理解和掌握哪些概念和原理？在这个过程中，容易犯哪些常见的错误？遇到哪些常见的混淆点？如何有效帮助他们避开这些易错易混点？如何激发他们进一步学习的兴趣？

在讲述社会主义市场经济基本特征时，如何讲清楚“基本特征”是个重点，也是难点。教师要让学生明确这些基本特征是与资本主义市场经济进行对比而得出的；要结合中国特色社会主义制度的显著优势，讲清楚社会主义市场经济的基本特征。

宏观调控是本节课又一个重点和难点。在长期的教学中，许多老师习惯了把所有的政府经济职能当作政府宏观调控。教师应该指出政府各主要经济职能的主要特征，并让学生知道以下几点：宏观调控是针对经济总量的；宏观调控只是政府众多经济职能之一，属于经济调节职能的一部分；宏观调控有四大目标，初步知道目标之间的冲突性即可；宏观调控主要有四大经济手段，即经济发展战略规划、财政政策、货币政策、就业优先政策，但高中生只要初步明白如何根据不同宏观经济状况运用财政政策和货币政策即可。

以上就是笔者团队在实践中探索和总结的深度教材分析技术和辅助教学设计技术。由于它们都以关键问题为引领或由关键问题驱动，因此把这两项紧密相连的技术合称为基于关键问题解决的课堂教学理论，旨在推进核心素养或学科本质在课堂教学中得以实施，让核心素养或学科本质从课程立意走向课堂实践，实现学生与教材之间的有效对话。基于关键问题解决的课堂教学理论的核心观点或理念可以总结如下：

第一，以核心概念为单位进行教学内容整体设计，对知识进行结构化，并以此组织课堂教学。

第二，以关键问题驱动课堂教学，即强调课堂教学的问题意识，主张凡是课堂必有问题。

第三，在真实情境中解决关键问题，把真实情境作为发展学生核心素养的载体，坚持情境化教学。在核心素养测评框架下，测试试题为情境化试题，情境化试题与情境化教学交相辉映，学生通过与真实情境的互动发展学科核心素养。

第四，教学目标做事化。这是指向核心素养的教学目标，强调把核心素养目标转化为做事目标，以“做事”对接学科知识和核心素养，为知识与素养架桥，主张凡是问题必有解决目标。

第五，多维度重难点分析。强调从情境、任务、知识等维度对学情和教情进行全面系统分析，主张凡是问题必有解决措施。

第六，强调知识和思维的探究建构。在真实情境中，通过真实问题的解决或“做事”，学生自主建构知识并将学科知识内化于心，发展出解决问题的思维能力，将必备知识思维化。

第二节 基于关键问题解决的课堂教学理论的代表性学科示例

基于关键问题解决的课堂教学理论虽然源于普通高中思想政治课堂，但是它所包含的技术适用于不同学段的各门学科。下面以一些代表性学科的案例加以说明。

一、深度教材分析技术的示例

（一）语文学科

1. 小学语文

以人教版语文五年级下册第五单元习作“形形色色的人”为例。

（1）提炼核心概念：根据义务教育语文课程标准对本节课程内容的描述，提炼出核心概念“文学阅读与创意表达”，围绕此核心概念建构了“细节描写”等概念。

（2）提炼关键问题：人物描写的基本方法有哪些？如何运用人物描写的基本方法？如何具体地表现一个人的特点？

（3）挖掘学科思维方法：义务教育语文课程标准指出，思维能力是指学生在语文学习过程中的联想想象、分析比较、归纳判断等认知表现，主要包括直觉思维、形象思维、逻辑思维、辩证思维和创造思维。思维具有一定的敏捷性、灵活性、深刻性、独创性、批判性。有好奇心、求知欲，崇尚真知，勇于探索创新，养成积极思考的习惯。

分析比较：学生通过阅读习作例文，分析例文是如何描写人物的（如人物的语言、外貌、动作、神态等方面），并且分析这样描写有什么好处。学生在习作过程中要选择典型的事例来描写以突出人物特点。

归纳判断：学生通过与同学交流讨论，归纳本单元学过的描写人物的方法；通过习作和交流，判断习作是否具体地表现出人物特点。

（4）建构与运用学科知识：人物描写的基本方法有语言描写、外貌描写、动作描写、神态描写等。在描写人物时，要选择典型事例，并通过描写人物的语言、外貌、动作、神态等，具体地表现人物特点。

2. 初中语文

以人教版语文七年级下册第一单元写作“写出人物特点”为例。

（1）提炼核心概念：根据义务教育语文课程标准对本节课程内容的描述，提炼出核心概念“文学阅读与创意表达”，围绕此核心概念建构了“细节描写”等概念。

（2）提炼关键问题：运用细节描写有什么好处？如何通过细节描写把握人物特点，理解人物的思想感情？运用细节描写展现人物精神需要注意哪些方面？

（3）挖掘学科思维方法：义务教育语文课程标准指出，思维能力是指学生在语文学习过程中的联想想象、分析比较、归纳判断等认知表现，主要包括直觉思维、形象思维、逻辑思维、辩证思维和创造思维。思维具有一定的敏捷性、灵活性、深刻性、独创性、批判性。有好奇心、求知欲，崇尚真知，勇于探索创新，养成积极思考的习惯。七年级重点培养学生的写作兴趣和良好的写作习惯，在此基础上初步培养学生写人记事的能力。

分析比较：学生通过深入分析和学习本单元课文，学会从细节描写中把握人物特点，并理解人物的思想感情，同时思考在创作中运用细节描写的好处。

归纳判断：写人物的外在表现是为了突出人物的内在精神，因此在写作过程中要精心选择自己印象深刻并能够反映人物精神的内容。选择合适的修辞手法（如比喻、夸张等）和描写方法（如外貌描写、语言描写、动作描写、神态描写、心理描写等）来表现人物特点。

（4）建构与运用学科知识：

写出人物特点：写人物要注重突出其精神，如思想、气质、品格等，以确保可以给人留下深刻印象。在塑造人物形象时，应注重描绘其精神特质，如思想深度、独特气质和高尚品格等，通过细节描写使人物形象更加鲜明。

精心选择内容：写人物时应精心挑选能够体现其特点的典型事例，并通过对人物外在细节的描述来彰显其内在品质。基于真实的生活体验，从身边挑选出自己印象最深刻的一个人，通过细致的细节描写彰显其个性和特质。

饱含真情实感：要特别强调所描写对象的个性和特质，确保细节描写基于真实体验，并在细节描写中倾注对这个人物的真情实感。

多元呈现方式：在描写人物精神时，可以先概括人物的精神特质，然后通过丰富的细节描写来印证这些特质；也可以先呈现细节特征，再综合运用多种表达方式（议论、抒情等）进行总结；还可以运用比喻、拟人等修辞手法来增强文本的文学感染力。在写作实践二中，学生需要从多个角度刻画人物在争论中的不同表现，以全面展现人物的复杂性和多样性，更立体地塑造人物形象。

3. 高中语文

以统编版高中语文必修上册第二单元单元学习任务中的“写人要关注事例和细节”为例。

（1）提炼核心概念：根据普通高中语文课程标准对本节课程内容的描述，提炼出核心概念“文学阅读与写作”，围绕此核心概念建构了“文学欣赏”“文学写作”等概念。

（2）提炼关键问题：如何描写人物？（描写人物时应抓住哪些方面？）

（3）挖掘学科思维方法：普通高中语文课程标准指出，思维发展与提升是指学生在语文学习过程中，通过语言运用，获得直觉思维、形象思维、逻辑思维、辩证思维和创造思维的发展，促进深刻性、敏捷性、灵活性、批判性和独创性等思维品质的提升。

语言运用：多读一些优秀的人物描写作品，如经典小说、散文等，学习作者是如何描写人物的。在日常生活中多进行人物描写的练习，描写对象可以是身边的人、陌生人或者虚构的人物。通过不断的写作实践，逐渐提高人物描写技巧。将自己的作品展示给老师、同学或家人看，听取他们的意见和建议，不断改进自己的写作方法和技巧。

形象思维：在单元学习任务四中，题目已举例说明了生活中很多平凡的劳动者，如教过两代人的山村小学教师、抗击疫情护佑生命的医护人员、精心擦拭每一块玻璃的保洁阿姨、春耕秋收辛勤劳作的农民。学生应在日常生活中多发散形象思维，多观察身边的人，注意他们的外貌特征、言谈举止、行为习惯等，从而积累丰富的感性材料。

创造思维：要鼓励学生在写作时自由想象和创造，将观察到的人物特点进行艺术加工和再创作，使人物形象更加生动、有趣。

（4）建构与运用学科知识：

选取典型事例：描写人物时，要注意选取典型事例，写出人物特点，勾勒人物形象。例如，在描写教过两代人的山村小学教师时，可以突出教师坚守岗位的品质，尽管山村条件艰苦，教育资源匮乏，但这位教师几十年如一日地坚守在岗位上，为村里的孩子们传授知识，点亮他们心中的希望之光；在描写抗击疫情护佑生命的医护人员时，可以突出医生的无私奉献精神，他们长时间穿着厚重的防护服，忍受着高温和不适，但始终坚守在岗位上，为患者提供精心的治疗和护理；在描写精心擦拭每一块玻璃的保洁阿姨时，可以突出阿姨乐于助人，除了完成本职工作，还经常帮助他人解决一些力所能及的问题，如帮忙搬运物品、整理文件等，赢得了大家的尊敬和喜爱；在描写春耕秋收辛勤劳作的农民时，可以突出农民对田地的精心管理，在作物生长过程中，密切关注天气变化和作物生长情况，及时浇水、除草、防治病虫害，确保作物健康生长。

抓住感人细节：若想将人物写活，让人留下深刻印象，重要的是捕捉人物生活或工作中的细节，通过微乎其微的细节，凸显人物的品质特征，让一个“活生生”的人站在读者面前。

从小学到中学，在讨论如何描写人物这一主题上，学科思维的升级表现为对人物描写手法的深入理解与运用。小学阶段的重点在于学习运用细节描写等文学表现手法，属于基础阶段的学习。初中阶段更加强调要抓住人物特点进行人物形象刻画，并且强调通过典型事例突出人物形象，以及在刻画人物形象时要运用多元的呈现方式融入自己的真情实感。高中阶段仍然强调典型事例的选取，但在此基础上进行了深化，强调抓住典型事例中的感人细节来凸显人物的品质特征，以求更加细腻精准地刻画人物形象。

（二）数学学科

1. 小学数学

以人教版六年级下册第一单元“负数”为例。

（1）提炼核心概念：根据义务教育数学课程标准对本节课程内容的描述，提炼出核心概念“数与代数”，围绕此核心概念建构了“负数的概念”“负数的意义”“负数的简单运算”等概念。

（2）提炼关键问题：负数的概念是什么？负数在生活中有什么实际意义？负数在数轴上的位置意味着什么？小学生应初步掌握的负数运算规则有哪些？负数能帮我们解决什么现实问题？

（3）挖掘学科思维方法：

抽象思维与符号转化：学生通过观察日常生活中的负数实际应用案例，从具体的生活情境中抽象出负数的概念并掌握负数的符号表示，理解负数表示的是具有相反意义的量以及负数在数学运算中的意义和作用。

模型建构与比较思维：学生通过建构数轴等模型对正数与负数、负数与负数之间的大小关系进行比较，这样的模型建构与比较有助于学生更好地理解负数的概念和运算规则。

归纳与推理：学生从气温的变化、海拔高度的差异等多个负数的具体实例中归纳出负数的概念和运算规则。归纳与推理有助于学生更好地掌握负数知识，形成系统的数学认知结构。

（4）建构与运用学科知识：理解负数的概念与表示方法，掌握负数的简单运算，初步理解负数与数轴的关系。负数表示相反意义的量，负数能解决一些与温度、海拔、收支等相关的实际问题。

2. 初中数学

以人教版数学七年级上册第一章“有理数”第二节“有理数及其大小比较”为例。

（1）提炼核心概念：根据义务教育数学课程标准对本节课程内容的描述，提炼出核心概念“数与代数”，围绕此核心概念建构了“有理数”“数轴”“相反数”“绝对值”等概念。

（2）提炼关键问题：有理数、数轴、相反数、绝对值的概念是什么？如何比较有理数的大小？如何借助数轴理解相反数和绝对值的意义？

（3）挖掘学科思维方法：

抽象思维：在理解负数的意义时，学生需要将实际生活中温度下降、海拔降低等与负数相关的现象抽象为数学中的负数概念；在理解分数、整数等有理数时，学生需要理解它们身为有理数的共同特征（分母不为零的情况下，它们都可以表示为两个整数的比）。

符号变化思维：在比较有理数大小、求相反数和绝对值时需要注意数的符号。

逻辑推理与逆向思维：在比较有理数大小时，学生需要运用逻辑思维，根据数轴上的位置关系或数的性质（正数大于零，两个正数比较大小，绝对值大的数大；负数小于零，两个负数比较大小，绝对值大的数小）做出判断。除此之外，在求有理数的相反数时，学生需要运用逆向思维，理解一个数与其相反数的逆向关系，并在实际运算中灵活运用。

模型建构与数形结合：数轴是表示有理数的重要工具。学生需要理解数轴上的点与有理数之间的对应关系，通过建构数轴模型，用数形结合的方式来直观地比较有理数的大小。

分类归纳：在求有理数的绝对值时，学生需要运用分类归纳的思维。绝对值是指一个数到零的距离，因此正数的绝对值是其本身，负数的绝对值是它的相反数，零的绝对值是零。学生需要根据数的正负性对正数和负数进行分类归纳，并求出相应的绝对值。

（4）建构与运用学科知识：理解负数的意义，理解有理数的意义，能用数轴上的点表示有理数，能比较有理数的大小，能借助数轴理解相反数和绝对值的意义，掌握求有理数的相反数和绝对值的方法。

3. 高中数学

以人教版（A 版）高中数学必修第二册第七章“复数”第一节“复数的概念”为例。

（1）提炼核心概念：根据普通高中数学课程标准对本节课程内容的描述，提炼出核心概念“几何与代数”，围绕此核心概念建构了“数系的扩充”“复数的概念”“复数的几何意义”等概念。

（2）提炼关键问题：数系的扩充与复数有什么联系？复数的概念是什么？复数的几何意义是什么？

（3）挖掘学科思维方法：

抽象思维：在学习复数的概念时，学生需要从具体情境与案例中抽象出复数的概念和规律。在此过程中，学生需要理解引入复数的必要性，这涉及对数学运算体系的扩展和完善的认识。学生需要认识到复数是为了解决某些实数范围内无法解决的问题（如方程的根）而引入的，从而理解复数在数学体系中的位置和作用。这种抽象思维有助于学生对复数的概念形成深刻理解。

逻辑推理：在学习复数的概念时，学生需要运用逻辑规则进行推理和判断。在此过程中，学生需要掌握复数的表示方法，包括代数形式和几何形式。这要求学生能够清晰地理解复数与实数之间的关系，以及复数在复平面上的表示方法。同时，学生还需要理解两个复数相等的含义，即它们的实部和虚部分别相等。这种逻辑思维有助于学生准确地进行复数的运算和比较。

数形结合：在学习复数的几何意义时，学生需要将数学概念与图形相结合，通过图形来直观地理解数学概念；需要将复数与复平面上的点或向量相对应，理解复数在复平面上的几何表示。这种数形结合的方式有助于学生直观地理解复数的模等概念，以及复数在复平面上的运算规律。

类比推理：在学习复数时，学生需要通过比较不同数学对象之间的相似性来推断它们的性质。学生通过将复数与实数进行类比，理解复数在运算、比较等方面的规律。例如，可以通过类比实数的乘法运算来掌握复数的乘法运算规则；可以通过类比实数的大小来掌握复数在复平面上的位置关系。

（4）建构与运用学科知识：复数是为了解决实数范围内无法解决的问题而引入的。复数包含实数，可以用代数形式和几何形式表示。我们把形如

$a+b\mathrm{i}$（a，$b\in\mathbf{R}$）的数叫作复数，其中 i 叫作虚数单位，全体复数构成的集合 $\mathbf{C}=\{a+b\mathrm{i}\mid a,\ b\in\mathbf{R}\}$ 叫作复数集，方程 $x^2+1=0$ 在复数集 **C** 中有解 $r=\mathrm{i}$。

复数通常用字母 z 表示，即 $z=a+b\mathrm{i}$（a，$b\in\mathbf{R}$）。复数 $z=a+b\mathrm{i}$ 都有 a，$b\in\mathbf{R}$，其中的 a 与 b 分别叫作复数 z 的实部与虚部。

在复数集 $\mathbf{C}=\{a+b\mathrm{i}\mid a,\ b\in\mathbf{R}\}$ 中任取两个数 $a+b\mathrm{i}$，$c+d\mathrm{i}$（a，b，c，$d\in\mathbf{R}$），我们规定 $a+b\mathrm{i}$ 与 $c+d\mathrm{i}$ 相等，当且仅当 $a=c$ 且 $b=d$。对于复数 $a+b\mathrm{i}$（a，$b\in\mathbf{R}$），当且仅当 $b=0$ 时，它是实数；当且仅当 $a=b=0$ 时，它是实数 0；当 $b\neq0$ 时，它叫作虚数；当 $a=0$ 且 $b\neq0$ 时，它叫作纯虚数。

复数的共轭复数性质，若二者的实部相等、虚部相反，那么这两个复数互为共轭复数。

复平面是一个建立了直角坐标系的平面，其中 x 轴叫作实轴，y 轴叫作虚轴，复数 $z=a+b\mathrm{i}$ 在复平面上对应点 Z（a，b），复数 $z=a+b\mathrm{i}$ 的模 $|z|$ 定义为点 Z 到原点的距离，即 $|z|=\sqrt{(a^2+b^2)}$。

在负数、有理数、复数等相关概念的学习过程中所提炼的核心概念是一致的。无论是小学阶段、初中阶段还是高中阶段，都要总结各种数与代数所具有的共同特征——符号表示、运算规则、数形结合等，并进行整合，从而帮助学生形成“数与代数”的数学观念与认知结构，以培养并发展学生的核心素养。但是，由于不同学习阶段学生已有经验、认知发展特点存在差异，以及目前已学的数与代数知识无法解决更广泛领域问题的实际需求，因此不同学习阶段对同一个核心概念所需解决的关键问题、解决问题所需的思维方法和所运用的学科知识也会有所不同。由上述案例分析可发现，数与代数的学习进阶至少体现在概念深化、运算难度提升、抽象程度提高、思维广度和深度增加、迁移难度提升等方面，教师在授课之前一定要思考每个学习阶段的进阶关系，循序渐进地帮助学生发展核心素养。

（三）英语学科

1. 小学英语

以人教版小学英语三年级上册第一单元“Making friends”为例。

（1）提炼核心概念：结合教材内容，根据义务教育英语课程标准对课程内容的描述，提炼出核心概念“Making Friends”。

（2）提炼关键问题：How do we greet friends? How can we be a good friend?

（3）挖掘学科思维方法：

具体形象思维：小学三年级学生更多依赖事物的外在特征进行学习，本单元作为起始单元，涉及字母的书写，教材中丰富的插图给了学生更多观察与发现事物特征的机会。学生在初步学习本单元的字母和单词时，需认真观察图片，并与相应的单词建立联系。例如，一幅"装有苹果的包"的图，学生需要识别图中的元素，仔细观察后将包的图像对应单词 bag，将苹果的图像对应单词 apple。通过教材提供的 4 幅图片，学生建立起 8 个元素与 8 个单词之间的对应关系。同时，在训练字母书写时，学生也需认真观察每个字母的书写，掌握正确的笔画书写顺序。

比较思维：在学习本单元时，学生需要认读单词，将单词的词形与发音对应。在认读过程中，需要仔细比较单词的不同之处，辨别不同单词的发音，并尝试总结其发音规律。例如，在学习 ear 和 eye 两个有关身体部位的单词时，两个单词的字母数量相同，首字母相同，学生需要仔细比较两者的发音不同。又如，发音练习中的 dad 和 bad 的字母数量相同，词形非常相似，但认真比对后不难发现，发音的不同是由于字母 b 和字母 d 的区别。

（4）建构与运用学科知识：学生在语境中运用"Hello!/Hi!""I'm…/My name is…"等句型与别人打招呼、介绍自己，使用 smile，listen，help，share 等词汇灵活表达自己的某些动作和行为，能使自己拥有更多的好朋友。

2. 初中英语

以人教版初中英语七年级上册第一单元"You and Me"为例。

（1）提炼核心概念：结合教材内容，根据义务教育英语课程标准对课程内容的描述，提炼出核心概念"Making Friends"。

（2）提炼关键问题：How do we get to know each other? What do we need to know about a new friend?

（3）挖掘学科思维方法：

信息转换思维：在本单元的学习中，学生需要对语音信息和文本信息进行转换。在学习 Section A 的 2e 部分时，学生根据所听到的内容填写表格中每个人物的姓名、年龄、国籍、班级、班主任等信息，这是将听到的语音信息转换为非文本（表格）信息的过程。同样，在学习 Section B 时，学生在阅读完文章 Making new friends 后填写表格中两名主人公的年龄、国籍、家庭情况、宠物名称、最喜爱的食物、最喜欢的地方、兴趣爱好等信息，这是将文本信息转换为非文本（表格）信息的过程。

归纳与演绎思维：本单元的重点语法知识点是一般现在时与人称代词主格，重点需要掌握不同的主语搭配不同的 be 动词。通过前面的学习，学生已经积累了不少含有 be 动词的主谓一致的语句。在教师的引导下，学生需要从众多的语句中发现不同主语后 be 动词的用法规律。具体说来，I 后面接的是 be 动词 am，you/we/they 后面接的是 be 动词 are，he/she/it 后面接的是 be 动词 is，并进一步提炼第一人称、第二人称、第三人称的概念。从众多例子中归纳其共性，这是归纳思维的体现。在选词和填空等练习中，学生将所总结的规律应用到更多的情境中，实现知识的迁移，这是演绎思维的体现。

（4）建构与运用学科知识：学生需要灵活使用各种日常问候语，并能根据身份与亲疏关系自然得体地与老师、同学、朋友打招呼，运用 name，age，grade，hobby，be good at 等词汇与短语，恰当使用一般现在时和 be 动词的基本结构，介绍自己和他人，描述人物的外貌、性格和爱好，从而增进对彼此的了解。

3. 高中英语

以人教版高中英语必修第一册过渡单元“Welcome Unit”为例。

（1）提炼核心概念：结合教材内容，根据普通高中英语课程标准对课程内容的描述，提炼出核心概念“Welcome to Senior High School”。

（2）提炼关键问题：How to get to know new people? How to write a student profile?

（3）挖掘学科思维方法：

逻辑思维：本单元的语法知识点是基本句型结构，学生需要重点辨别、分析句子成分并了解其功能。有学者认为，更多的语言结构及其表意功能不是任意的，而是具有理据的，有的还蕴含着严密的逻辑关系。[①] 句子成分作为语言结构的具象化表现，其结构与功能也是有理可循的。从词性的角度分析，一般来说，名词可作主语、宾语、表语等；形容词可作定语、表语等，

① 程晓堂. 英语学习对发展学生思维能力的作用［J］. 课程·教材·教法，2015（6）：73-79，127.

修饰名词或代词；副词可作状语等，修饰动词、形容词、副词等。准确划分句子成分并分析它在句子中的位置，这是逻辑思维的体现。同样，在写作任务 Write a student profile 中，学生需要分析教材提供的阅读文章的写作要素与语言风格来完成个人简介，个人简介通常包括姓名、年龄、年级、学校、性格、爱好等要素，这种分析的过程就是逻辑思维的过程。

批判思维：Listening and Talking 部分探讨了有关学习风格与学习策略的问题，在提供的活动中，要求学生思考 What is the best strategy for you to learn new words？ What is the best way for you to improve your reading skills？回答这些问题，学生需要结合自己的学习经历，辩证地看待学习策略，并给出自己的观点。同样，在 Reading for Writing 部分，阅读文章提供了问题，引导学生思考 Which profile do you like better? Why? 要求学生阐明自己的立场，立场无高下之分，但需要以论据支撑自己的立场。这些都体现了在解决关键问题的过程中对批判性思维的运用。

（4）建构与运用学科知识：学生运用 nationality、senior、outgoing 等词汇和正确的句子结构，开展向老师或同学打招呼、介绍自己或他人、谈论喜欢的学科等交际活动，归纳个人简介的构成要素与语言风格，结合自身情况，创作一份语言简洁、结构清晰、有吸引力的个人简介。

在提炼核心概念和关键问题方面，结交朋友、打招呼与介绍自己等是英语学习中常见的话题。小学阶段学习的 Making Friends 与初中阶段学习的 You and Me 两个单元主题属于“人与社会”范畴，涉及“同伴交往，相互尊重，友好互助”核心概念；高中阶段学习的 Welcome Unit 单元主题属于“人与社会”范畴，涉及“良好的人际关系与人际交往”核心概念，三个单元所涉及的核心概念紧紧围绕“结交朋友”展开。小学阶段局限于日常问候、简单语句的学习；初中阶段注重从表达方式的探索到背后意义的探寻，并寻求更多与结交朋友有关的表达方式；高中阶段则强调在交际语境中使用得体的语言交流表达，建立良好的人际关系，并在思辨中不断建构主题知识，培育正确的交友观。由此可见，三个阶段的内容纵向深化，不断丰富主题意义。

物理、化学、生物学学科的案例

在挖掘学科思维方法和建构与运用学科知识方面，语言与思维有着密不可分的联系，语言离不开思维，思维依托语言。在学习英语的过程中，学生的思维遵循着从低阶思维向高阶思维发展的规律。在小学阶段，学生依靠事物的外在特征发现规律，以形象思维、比较思维为主；在初中阶段，学生经验得到增长，能接收和处理更多信息，以信息转换思维、归纳与演绎思维为主；在高中阶段，学生的抽象逻辑思维进一步发展，并逐渐向高阶思维发展，以逻辑思维、批判思维为主。三个阶段的思维发展契合学生的年龄特征与身心发展规律，不是完全独立的，而是相互联系且有主要与次要之分的。

二、辅助教学设计技术示例

（一）语文学科

围绕语文学科“思辨性阅读与表达”这一核心概念，列举不同学段（小学、初中和高中）基于关键问题驱动的辅助教学设计技术案例。

1. 小学

（1）教学目标做事化。小学阶段“思辨性阅读与表达”这一核心概念在人教版小学语文五年级下册第六单元有所涉及。教师在教学时需要解决三个关键问题：如何设计教学活动以培养学生的思辨意识和能力？如何创设有利于思辨性阅读与表达的学习环境？如何评估学生的思辨性阅读与表达能力？

针对这三个关键问题，按照学业质量标准的要求，学生学习结束后应该能够辨析态度与立场，辨别是非、善恶、美丑，并养成勤学好问的习惯；能够负责任、有中心、有条理、重证据地表达自己的观点（不仅包括口头表达，也包括书面表达），解决实际生活中的问题；能够初步掌握比较、分析、概括、推理等思维方法，辩证地思考问题，并运用这些方法对文本进行深入解读，形成自己的独特见解，且能够与他人进行有效的交流和讨论。

（2）多维度重难点分析。以人教版小学语文五年级下册第六单元有关“思辨性阅读与表达”的内容为例进行多维度重难点分析。

第一，情境创设重难点分析。人教版小学语文五年级下册第六单元的内容以“思维”为核心，旨在通过一系列教学活动，引导学生树立结合实际思考问题的意识，学会根据具体情况选择恰当的解决问题的办法。这一单元的教学重难点是如何有效地创设情境，激发学生的思维活力，帮助他们深入理解文本内容，提升思辨能力和表达能力。以《田忌赛马》这节课为例，情境创设的重难点是如何构建一个既贴近学生生活实际，又能引发他们深入思考的情境。教师需要借助生动的故事情节和丰富的教学资源，如多媒体动画、角色扮演等，将赛马比赛的紧张氛围和策略思维生动地呈现在学生面前。教师可以通过引导学生观察比赛过程，分析比赛策略，讨论比赛结果，帮助学生理清故事的起因、发展、高潮和结局，理解人物的思维过程，从而培养他们的思辨能力。

在情境创设中，教师还需要注重引导学生从多个角度思考问题，鼓励他们提出自己的见解和疑问。例如，在《田忌赛马》的教学中，教师可以设问："如果你是田忌，你会如何调整赛马的顺序来赢得比赛？"或者"如果你是孙膑，你会如何观察和分析比赛过程，制定出最佳策略？"这些问题可以激发学生的想象力和创造力，促使他们深入探究文本背后的思维逻辑，进一步提升他们的思辨能力和表达能力。同时，教师还需要注意在情境创设中培养学生的批判性思维，引导他们学会质疑和反思。例如，在《田忌赛马》的教学中，教师可以引导学生思考："孙膑的策略是否完美无缺？如果有其他因素介入，如齐威王也调整了赛马顺序，比赛结果会怎样？"这些问题可以帮助学生跳出文本框架，从更广阔的视角审视问题，提升他们的批判性思维能力。

第二，任务创设重难点分析。本单元的内容重点是培养学生的思辨性阅读与表达能力，这要求教师在任务创设上不仅要注重学生对文本内容的理解，还要引导他们进行深入思考和有效表达。在任务创设的过程中，教师面临的主要重难点是如何设计既有深度又具吸引力的任务，以激发学生的阅读兴趣，促进他们的思维发展，提升他们的表达能力。以《田忌赛马》这篇课文为例，任务创设的重难点是如何设计一系列既符合学生认知水平，又能引导他们深入探究文本内涵的任务。教师需要精心构思，将课文内容与现实生活相结合，设计出能够引导学生理解故事背景、分析人物心理、评价策略优劣、反思结果影响等多维度的任务。这些任务不仅要能够激发学生的学习兴趣，还要能够培养他们的批判性思维和创新性思维。

具体来说，教师可以设计角色扮演任务，让学生分别扮演田忌、孙膑和齐威王等角色，通过模拟赛马的过程，深入理解故事中人物的心理变化和策略选择过程。此外，教师还可以设计辩论任务，让学生围绕"孙膑的策略是否是最优解"进行辩论，以此培养他们的逻辑思维和表达能力。同时，教师还可以引导学生撰写读后感或续写故事，让他们在理解故事的基础上，进行个性化的思考和表达。

第三，知识教学重难点分析。知识教学重难点在于如何通过多样化的教学活动，使学生深入理解文本内容，同时培养他们的思辨能力和表达能力。以《田忌赛马》为例，这篇课文的教学重难点是如何通过细致的阅读理解，引导学生认识到孙膑的智谋和田忌的应对策略，并理解其背后的思维逻辑。学生需要深入理解文本中人物的行为和对话，以及这些行为和对话所反映出的思维方式和解决问题的策略。这要求学生不仅要理解故事情节，还要能够分析故事中人物的思维过程，理解孙膑如何观察比赛、分析形势，最终制定出合理的策略。同时，学生还需要理解田忌在面对困境时的心态变化，以及他如何接受孙膑的建议，最终赢得比赛。

2. 初中

（1）教学目标做事化。同样是有关“思辨性阅读与表达”这一核心概念，教师在教学人教版初中语文九年级上册第二单元“阅读”时需要解决三个关键问题：如何有效引导学生进行思辨性阅读？如何培养学生的思辨性表达能力？如何评估学生的思辨性阅读与表达能力？

针对这三个关键问题，按照学业质量标准的要求，学生学习结束后应该能够明确思辨性阅读与表达的定义，理解其在语文学习中的重要作用，以及它对培养个人思维能力、表达能力和批判性思维的意义；能够运用提问、分析、比较、推理等方法来深入理解文本，挖掘文本的深层含义和作者的观点；能够识别文本中的论证方式和逻辑结构，评估文本的可信度和价值；能够清晰、有条理地表达自己的观点，并能够运用事实、证据和逻辑来支持自己的观点；能够将思辨性阅读与表达的方法应用到实际问题中，如分析社会现象、评价文学作品、参与讨论等。

（2）多维度重难点分析。以人教版初中语文九年级上册第二单元“阅读”中有关“思辨性阅读与表达”的内容为例进行多维度重难点分析。

第一，情境创设重难点分析。在学习本单元的“阅读”内容中，情境创设成为一个至关重要的教学环节，旨在通过模拟或再现文本中的情境，帮助学生更深入地理解和感受文本的内涵与情感。这一单元的文本涵盖了诸如《敬业与乐业》等充满哲理与思辨性的文章，以及反映民族精神和时代变迁的经典篇目。其情境创设的重难点是如何准确捕捉文本中的情感色彩和核心思想，并将其转化为生动、具体的教学场景。对于《敬业与乐业》这样的文章，教师需要精心设计教学场景，以模拟梁启超先生的演讲现场，通过语言、动作、神态等多方面的描绘，让学生仿佛置身于那个时代，亲身感受梁启超先生对于敬业与乐业的激情阐述和深刻理解。这样的情境创设不仅有助于学生更好地理解文章的主旨和论证结构，还能激发他们对文本的情感共鸣，提升他们的阅读兴趣和思维能力。

同时，情境创设也面临着一些挑战。例如，如何确保情境的真实性和可信度，避免过度夸张或虚构；如何平衡情境创设与文本解读的关系，确保学生在享受情境带来的乐趣的同时，不偏离文本的核心内容；如何针对不同层次的学生进行差异化的情境创设，以满足他们的不同需求和学习特点等。

第二，任务创设重难点分析。任务创设旨在通过一系列精心设计的任务，引导学生深入理解文本，提升他们的阅读能力和思辨能力。以《敬业与乐业》这节课为例，任务创设的重难点是如何设计出既能激发学生阅读兴趣，又能引导他们深入理解文本主旨的任务。一方面，任务需要具有足够的吸引力，能够引发学生的好奇心和探索欲，促使他们主动投入到文本的阅读和思考中。另一方面，任务还需要具有一定的挑战性，能够引导学生深入挖掘文本中的细节和深层含义，培养他们的批判性思维和问题解决能力。

在具体实施时，教师可以通过情境模拟、角色扮演、小组讨论等多样化的任务形式，增强学生的参与感和体验感。例如，可以让学生分组扮演梁启超及听众，通过模拟演讲和互动问答的方式，深入理解《敬业与乐业》中的核心观点和论证逻辑。这样的任务不仅能够帮助学生更好地把握文本的主旨和精髓，还能提升他们的表达能力和团队协作能力。

然而，任务创设也面临着一些挑战。例如，如何确保任务的难度适中，既能激发学生的思考，又不至于让他们感到过于困难或无聊；如何平衡任务的趣味性和教育性，让学生在享受阅读乐趣的同时，也能获得实质性的知识提升和思维训练。这些都需要教师在任务创设过程中进行深入的思考和精细的设计，以确保任务的有效性和针对性。

第三，知识教学重难点分析。本单元“阅读”部分的内容丰富且深入，教学重难点主要集中在对学生阅读理解能力的提升、文学素养的积累和思辨能力的培养上。在这一单元中，学生需要掌握不同类型文本的阅读方法，理解文章深层含义，并能从中提炼出作者的主要观点或情感态度。以《敬业与乐业》这篇课文为例，本文章是梁启超先生的一篇宣讲人生与事业关系的演讲词，全文主旨鲜明，层次清晰，语言通俗，但文短意长。教学这篇课文的重难点是引导学生深入理解敬业与乐业的主旨，并学习文章中的论证方法。学生需要把握文章的主要观点和思路，理解演讲词的结构安排，以及真切领悟敬业与乐业的精神实质，并联系自己的实际，用敬业与乐业的态度对待学习和生活。

3. 高中

（1）教学目标做事化。高中阶段关于“思辨性阅读与表达”这一核心概念在人教版高中语文教材必修上册第六单元有所涉及。关于“思辨性阅读与表达”，高中阶段需要解决三个关键问题：如何引导学生理解思辨性阅读？如何培养学生的思辨性表达能力？如何实施有效的教学活动以促进学生思辨能力的发展？

针对这三个关键问题，按照学业质量标准的要求，学生学习结束后应该能够理解思辨性阅读与表达在日常学习和生活中的应用价值；能够分析文本中的语言特点、作者的态度和观点阐述方法，多角度思考问题，进行有效的反驳，并做到有理有据、以理服人；能够运用这些方法分析和解决实际问题，提升自己的思维能力和语文素养。

（2）多维度重难点分析。以人教版高中语文教材必修上册第六单元有关“思辨性阅读与表达”的内容为例进行多维度重难点分析。

第一，情境创设重难点分析。人教版高中语文教材必修上册第六单元以“学习与思考”为核心主题，精选了包括《劝学》在内的多篇经典文本，旨在通过跨越时空的智慧对话，引领学生深入探索学习的真谛和方法论的精髓。

在情境创设方面，教师需要充分利用这些经典文本，构建一个全面、深入且富有成效的学习体验。例如，在讲授《劝学》时，教师可以通过历史背景的铺垫，引导学生理解荀子所处的战国末期的社会背景及其思想主张，如人性本恶、后天学习的重要性等。通过模拟古代学宫的情境，让学生仿佛置身于荀子讲学的现场，感受其劝勉学习的热情与智慧。同时，结合现代学习理念，引导学生进行古今对比，思考不同时代背景下学习理念的变化及其背后的社会原因，从而深化对学习与时代关系的理解。

在重难点分析方面，《劝学》这节课的重难点主要集中在对文本内容的理解、思想内涵的把握以及文言字词的掌握上。首先，学生需要理解文本中深刻的比喻论证、对比论证等手法，梳理文本的脉络，并背诵课文。这要求学生具备较高的文言阅读能力和逻辑思维能力。其次，学生需要把握文本中“劝学”的思想内涵，理解荀子强调的持之以恒、后天努力的学习精神及其对个人成长和社会发展的深远影响。这要求学生能够进行深入的思考和讨论，形成自己的见解。最后，《劝学》是文言文，学生还需要掌握大量的文言字词、通假字、古今异义词等，这对学生的语言建构与运用能力提出了较高的要求。

第二，任务创设重难点分析。本单元的任务创设是一个旨在引领学生深入探索“学习与思考”主题的过程，它融合了经典文本的解读、思维能力的培养和实践活动的应用，而《劝学》作为这一单元的开篇之作，更是承载了丰富的教育意义和实践价值。

在任务创设方面，教师需要精心设计一系列与《劝学》相关的任务，以激发学生的学习兴趣和主动性。这些任务不仅要求学生深入理解文本内容，把握荀子的学习观，还要求学生能够将文本中的道理与现实生活相结合，进行批判性思考和创造性表达。例如，教师可以引导学生通过角色扮演的方式，模拟荀子与弟子的对话场景，让学生亲身体验文本中的情境，感受学习的紧迫性和重要性。同时，还可以布置一些写作任务，如撰写学习心得、评论文章等，鼓励学生结合自己的生活经验和学习实际，对文本中的观点进行思考和反思，从而深化对“学习之道”的理解。

在重难点分析方面，《劝学》这节课的任务创设面临的主要挑战是如何引导学生深入理解文本中的思想内涵，并将其转化为实际的学习动力和方法。一方面，《劝学》是一篇文言文，其语言表述和思维方式与现代汉语存在较大差异，学生需要克服语言障碍，准确理解文本中的意思和主旨。这要求教师在讲解过程中，要注重文言字词的讲解和句子的翻译，帮助学生建立起对文本的基本理解。另一方面，文本中的思想内涵较为深刻，学生需要具备一定的逻辑思维能力和批判性思维能力，才能把握文本中的核心观点和论证逻辑。因此，教师在创设任务时，要注重培养学生的思维能力，通过引导学生分析文本中的论证过程、对比不同观点等方式，帮助学生理清思路，形成自己的见解。

第三，知识教学重难点分析。在知识教学中，重难点具体体现在对论述类文本的阅读与理解上，特别是要引导学生把握作者的观点和态度，理解作者思考问题的角度，学习作者有针对性地表达观点的方法。同时，还要让学生理解论述类文本的现实针对性，把握作者的观点、态度和语言特点，感受文章的思辨力量。以《劝学》这节课为例，教学的重难点是深入剖析文言文的阅读和理解，尤其是对劝学观点的深入解读。这包括理解劝学的核心论点，如学习的态度、方法和成果，以及在实际语境中应用所学知识解决实际问题。同时，还需要掌握《劝学》中的比喻论证手法，理解设喻的基本原则和方式，包括正面设喻、正反设喻和反复设喻等。学生需要通过分析把握这些比喻方式的内在联系，从而深入理解学习的意义、作用和方法。此外，背诵全文、积累文言词语也是教学的重要环节，这有助于学生更好地理解和运用文言文，提高语文素养。

（二）数学学科

在数学教学中，各学段的学习过程是由各领域的主题呈现的，并表现出横向和纵向的拓展与深化。以小学阶段数与代数领域中的“方程”，初中阶段数与代数领域中的“一次函数”，以及高中必修一中的“函数的概念与性质”为例介绍数学学科的辅助教学设计技术。

1. 小学

（1）教学目标做事化。小学阶段“方程”这一内容在北师大版小学数学四年级下册第五单元“认识方程”中。本单元学习需要解决三个关键问题：在日常生活中如何用数学的方法表示数量关系？当面对复杂的数量关系时，怎么才能更准确地描述和简化？如何利用解方程的方法找到数量关系中的未知数？

针对这三个关键问题，按照学业质量标准的要求，学生学习结束后应该能够结合生活实践的情境，逐步提取出其中的数量关系；能够用字母或含字母的式子表示这些数量关系，并理解式子的意义。

（2）多维重难点分析。以北师大版小学数学四年级下册第五单元“认识方程”为例进行多维度重难点分析。

第一，情境创设重难点分析。小学生在日常生活中并不总是能直接意识到各种数量之间的关系，尤其是复杂的情境问题。因此，在“认识方程”单元教学中，如何通过创设生活中的实际情境，帮助学生感知各种数量之间的关系并将其转化为数学问题，是一个重要的教学难点。对此，教师可以通过真实生活中的例子，如购物时称重量、数数量等情境，帮助学生初步建立对数量关系的认知，使学生能够在具体情境中感知等式和数量之间的关系。在此过程中，要注重学生观察、讨论、分析。

学生从日常生活中学习如何表示数量关系后，还需要理解从具体的数量关系到抽象的符号表达，如何将这些关系抽象成数学表达式（如方程式）是教学中的一大挑战。教师可以根据情境中数量关系的多少调整复杂度并不断深化，在教学过程中可以先从单一数量关系情境入手，如“购买一支笔的价格”，逐步过渡到更复杂的“购买多支笔的打折价格”。教师在讲解具体的生活问题时可以使用图示或表格，再逐步过渡到使用含字母的式子表示，逐渐让学生理解字母不仅仅代表数字，更是表示不确定量的工具。

第二，任务创设重难点分析。在教学过程中，任务创设应从表示等量关系和列出并计算数学表达式两个方面展开。

① 等量关系的理解与表述。学生需要通过不断的实践，特别是通过对生活中的具体例子进行量化分析，理解在实际问题中有哪些数量关系。教师可以通过任务让学生在实际问题中识别等量关系，如“总价 = 单价 × 数量”等，从而为后续的方程学习奠定基础。

② 数学表达式的列出与求解。学生要学会通过文字描述或情境问题列出方程，这是方程学习的核心技能。教师可以通过具体的任务设计，如通过表格、模型或图形帮助学生列出表达式，逐步引导学生认识未知数，并用代数式表达它们。

任务创设要从简单到复杂逐渐过渡，避免用过于抽象或困难的题目直接引入；要紧密结合生活实际，让学生在解决实际问题的过程中提高数学思维，并感受到数学的实用价值。

第三，知识教学重难点分析。在北师大版小学数学四年级下册第五单元“认识方程”这一单元的教学中，知识的重难点主要集中在以下四个方面：

① 等式和方程的基本概念及性质。等式和方程是整个单元的基础，理解它们的基本性质是学生掌握后续内容的关键。具体来说，学生需要理解等式的基本性质。等式的两边如果加上（或减去、乘上、除以）相同的数（等式两边同时除以相同的数时，除数不能为 0），等式仍然成立。学生还需要理解方程的含义。方程是包含未知数的等式，解方程的目的是找到未知数的值，使方程成立。在教学中，教师要帮助学生从生活情境中识别等式的存在，进而理解等式两边“等”的含义。在此基础上，通过简单的例子帮助学生逐步掌握等式变形的基本操作，如加减乘除等的变换。同时，要帮助学生理解方程中的未知数并通过方程求解，培养学生的抽象思维和逻辑推理能力。

② 从具体情境到抽象数学表达的过渡。学生在刚开始学习方程时，常常依赖具体的实物或图示来帮助理解。教师要特别关注三个方面的内容：一是让学生从实际情境出发，逐步提取出其中的数量关系；二是帮助学生用字母或含字母的式子表示这些数量关系，并理解其意义；三是帮助学生认识到字母不仅仅代表数字，它还在方程中充当未知数的角色，具有不确定性。在教学中，教师要引导学生感知数量的表示从具体到抽象的过程，并加强对数学符号的理解。

③ 方程的解法。方程的解法是本单元的核心内容。学生需要掌握如何通过变形等方法解方程，尤其是在解含有未知数的简单方程时。具体内容有两个：一是一元一次方程的解法。教师应当让学生通过等式的性质（如加减乘除）来进行方程的简化与求解，尤其是掌握如何将一个含有未知数的方程转化为简单的等式。二是列方程解决实际问题。学生能够根据等量关系列出方程，并通过求解得出未知数的值。在教学中，教师要通过分步讲解和示范，帮助学生理解方程的求解过程，从而培养学生的逻辑思维和问题解决能力。教师可以设计一些简单的方程题目，如“某商品一只需要 3 元，总共花了 12 元，买了多少只？”通过具体情境让学生逐步掌握方程的实际应用。

④ 抽象与应用的结合。学生在学习过程中需要不断地将抽象的方程知识与实际生活问题结合起来，找到方程在日常生活中的应用。教师在教学中要注意两点：一是通过与实际问题的结合，帮助学生意识到数学不仅仅是抽象的符号，方程和等式可以在解决实际问题中发挥作用。二是让学生通过实际问题练习，理解方程不仅仅是解等式，更是解决问题的工具。教师可以设计

一些购物、资源分配等实际问题，帮助学生将方程与解决生活问题的方法相结合，让学生体会到学习方程的实际价值。

2. 初中

（1）教学目标做事化。在初中数学课程中，“一次函数”这一内容在人教版数学八年级下册第十九章。在学习这个单元内容前，学生已经学习了复杂的代数和代数运算，因此，在学习这个单元时可以从函数的角度来看一元一次方程。本单元学习需要解决三个关键问题：①函数是什么？如何理解一次函数？（一次函数和一元一次方程有什么关系？）②一次函数有什么特征？（表达式有什么特征？图象有什么特征？）③如何应用一次函数解决生活中的实际问题？

针对这些关键问题，按照学业质量标准的要求，学生学习结束后应该能够做以下事情：能探索简单实例中的数量关系和变化规律，了解常量、变量的意义；了解函数的概念和解析式，能举出函数的实例；能画出对应的直线图象，理解直线的斜率、截距对图象形状和位置的影响，同时进行求值、比较大小及利用图象进行函数变化分析；能结合生活和现实问题，将具体问题转化为一次函数关系，并利用函数图象和代数方法分析、解答问题。

（2）多维重难点分析。以人教版数学八年级下册第十九章“一次函数”为例进行多维度重难点分析如下：

第一，情境创设重难点分析。在一次函数教学中，情境创设是学生直观感知函数意义和应用的关键。教师需要通过创设贴近学生生活的实际问题情境，引入一次函数模型并展示函数关系的变化规律。但部分学生可能难以理解抽象概念，特别是在需要将实际问题转化为函数关系时。对此，教师在课堂中可以通过交通行驶问题、家庭用水收费等具体实例，引导学生理解变量之间的线性关系，借助实际现象构建直观的函数模型；在讲解一次函数图象时，可以借助图示、动画等动态演示直线函数的变化特征，如斜率变化带来的直线倾斜角度变化，帮助学生直观理解一次函数的图象特性。

第二，任务创设重难点分析。在教学过程中，如何通过具体的任务来激发学生探究一次函数的变化规律和培养学生的建模能力是难点。任务需要涵盖函数的定义、性质、图象绘制以及实际应用等多方面内容。

① 等量关系的建立与理解。学生需要准确理解两个变量之间的线性关系

如何通过一次函数模型表示，并在实际问题中识别等量关系。这一过程通常涉及抽象思维和逻辑推理。教师可以从真实情境入手，设计与日常生活相关的任务情境，如打折销售中价格与折扣的线性关系，让学生通过数据表格和观察变量变化来发现线性趋势，体会变量之间的关系。

② 函数表达与图象的建立。学生需要掌握将一次函数的解析式转化为图象的方法，并理解函数图象的特征，如直线的斜率和截距，以及根据图象反向判断函数表达式。教师可以设计任务要求学生在坐标平面上绘制不同的一次函数图象，并通过变更斜率 k 和截距 b，观察一次函数的图象如何随 k、b 的变化而变化，强化理解图象与解析式之间的联系。

③ 实际问题中的模型建构与应用。学生需要能够提取实际问题中的核心变量并建立等式，并通过一次函数模型解决具体问题。这要求学生具有较强的建模能力和对函数本质的理解能力。教师可以设计生活化问题情境，如电话计费问题、出租车收费问题、水池蓄水问题，逐步引导学生从实际情境中抽象出变量关系，再通过构建模型进行求解，引导学生理解模型构建的步骤和内在逻辑，增强数学应用能力。

第三，知识教学重难点分析。一次函数的核心知识包括函数的概念与性质、函数图象绘制与分析、函数表达式与实际问题建模、函数关系变化等，学生需要在学习中逐步掌握这些知识的内在联系与应用。

① 函数的定义与性质。通过对比分析不同函数表达式的图象特征，帮助学生认识一次函数的基本形式和参数变化的影响，深化理解。

② 函数图象绘制与分析。通过演示和作图，让学生掌握一次函数图象的绘制方法，体会函数斜率、截距变化对直线位置和形状的影响。

③ 函数表达式与实际问题建模。通过解决生活中的实际问题，如工厂生产成本与数量的关系、水费与用水量的关系，让学生熟练运用一次函数进行建模和分析。

④ 函数关系变化。通过分析不同形式的一次函数表达式，学生能够总结函数变化的规律，如“当 $k>0$ 时，函数图象从左向右上升，当 $k<0$ 时，函数图象从左向右下降”，并能推理不同参数的实际意义。

3. 高中

（1）教学目标做事化。在高中数学课程中，“函数的概念与性质”这一内容位于人教版（A 版）高中数学必修第一册第三章。在学习这一单元内容前，学生已经学习了多种方程和函数。本单元学习需要解决以下关键问题：①什么是函数，如何准确理解并描述函数的概念及其对应关系？②如何通过图象、解析式等形式表示函数，并对其基本性质进行分析？在分析函数性质时，如何使用单调性、奇偶性、周期性等概念描述函数的变化特征？③在具体问题中，如何判断变量之间是否构成函数关系？如何构建函数模型并运用其性质解决问题？

针对这些关键问题，按照学业质量标准的要求，学生学习结束后应该能够在具体情境中分析变量之间的取值范围和对应关系，判断其是否构成函数，并通过不同方式（如表格、图象和解析式）表达和描述函数；能够理解函数的单调性、最大（小）值，了解函数的奇偶性、周期性；能够掌握幂函数的背景、概念和性质，分析并归纳函数的变化趋势；能够结合生活和现实问题，构建函数模型，并利用所学的性质对问题进行建模和求解。

（2）多维重难点分析。以人教版（A 版）高中数学必修第一册第三章“函数的概念与性质”为例进行多维度重难点分析如下：

第一，情境创设重难点分析。在高中阶段“函数的概念与性质”的教学中，教师要创设情境帮助学生从具体的生活或自然现象中提炼出抽象的函数概念。例如，教师可以通过引入日常生活中的数据变化（如温度随时间的变化、物体的运动轨迹）来展示函数的变化关系，使学生意识到“函数是刻画变量间关系的工具”。此外，在实际问题中运用函数的基本性质分析和解读情境变化趋势，帮助学生将抽象的数学思想与具体情境紧密结合，也是一个重要的教学难点。

第二，任务创设重难点分析。在教学中，任务的创设需要注重将抽象的数学理论与实际应用相结合，促使学生在解决问题的过程中加深对函数概念和性质的理解。

任务的设计应注重引导学生在表格、图象和解析式之间进行灵活转换，理解它们的关联和区别。情境可以选择自然现象、经济现象、工程应用等领域，让学生感受到函数的实际应用，并在建模过程中理解变量之间的关系，同时培养学生对不同函数表示形式的直观理解和表达能力。

教师要引导学生在任务中自主发现问题并提出假设，可以设计探索性任务，如观察特定现象变化并建立相关的函数模型。学生在建模过程中不仅要解决实际问题，还要运用所学的函数知识（如单调性、奇偶性等）分析变量间的关系。这种任务既要求学生理解函数的多种性质，也锻炼其综合运用知识和解决问题的能力。通过这种探索与建模，学生能够逐步提升数学建模能力和逻辑思维能力，增强函数学习的实用性和深度。

第三，知识教学重难点分析。在“函数的概念与性质”单元的教学中，学生将面对一些重要的知识点，掌握这些知识点是理解和运用函数的基础。

① 函数概念的理解与应用。理解函数的概念是学生学习的基础。函数作为一种描述两个数量之间关系的数学工具，其本质是确定性映射的过程。学生需要理解“任意一个自变量都对应唯一的因变量”的核心定义，掌握函数的图象、解析式、表格等不同表示方式，且能够根据实际问题选择合适的表示方法。

② 函数的基本性质与特征。函数的性质，特别是单调性、奇偶性、周期性等特征是学生在学习过程中常常遇到的重要内容。函数的性质和特征对实际问题的建模和推理有重要作用。

③ 幂函数的理解与应用。幂函数作为函数家族中的重要成员，在高中阶段具有非常广泛的应用。学生需要掌握幂函数的形式、性质以及如何通过幂函数描述某些实际问题。理解幂函数的图象特征（如对称性、极值问题）是学习的重要内容。

④ 函数的应用能力与建模能力。将函数应用于实际问题的建模过程是学生学习函数的核心任务之一。学生常常在如何将实际问题转化为数学模型时遇到困难，尤其是在复杂情境问题中，如何通过函数来表达数量关系并求解以及函数图象与解析式之间相互转化，如何从图象中推导出准确的解析式或通过解析式绘制图象，是学习的一个关键难点。

（三）英语学科

义务教育英语课程标准提出了由主题、语篇、语言知识、文化知识、语言技能和学习策略等六要素构成的课程内容，普通高中英语课程标准则提出了由主题语境、语篇类型、语言知识、文化知识、语言技能和学习策略等六要素构成的课程内容。尽管部分表述不同，但不同学段的各要素相互对应，内涵是相同的。本案例根据义务教育英语课程标准内容要求中的主题内容要求与普通高中英语课程标准课程内容中的主题语境内容要求，结合人教版英语教材，列举与“饮食”具有高度关联性的各学段教材内容，提供以下基于关键问题驱动的辅助教学设计技术案例。

1. 小学

（1）教学目标做事化。人教版义务教育英语三年级上册第六单元“Food”涉及与“饮食”相关的内容。结合教材中“In this unit，you will”的提示，提出需要解决的两个关键问题：常见的早午晚餐食物有哪些？你想选择哪些食物作为你的早午晚餐？

针对这两个关键问题，按照学业质量标准的要求，学生学习结束后应该能够做以下事情：能够结合生活实践的情境，听懂日常生活中简单的饮食用语并进行互动交流，礼貌用语；能够通过简单的动画、配图故事等语篇材料初步了解中国与外国的饮食文化用具以及健康饮食的重要性；能够通过简单的语言介绍自己熟悉的食物和个人饮食喜好；能够正确书写有关食物的单词和句子，参照范例仿写简单句；能够观察生活中简单的饮食现象，通过读、看等方式，认读或说出典型的中外饮食，尝试从不同角度看待事物。

（2）多维重难点分析。以案例单元为例进行多维度重难点分析。

第一，情境创设重难点分析。创设情境是为了让学生联系生活实际，用学生熟悉且语言使用频次高的场景提高学生的学习兴趣，营造使用英语的环境，让学生更易接受外语学习，帮助学生夯实英语词汇与语句基础，增强学生的语言实践能力。本单元的内容主要围绕“Food”进行，教材呈现了丰富的食物图片和文字，创设情境的难点在于将创设的情境与本单元所要学习的词汇、简单句式进行重新构造，并能为后续小节内容的学习做铺垫。由于本单元所学习的基础词汇涵盖学生日常生活中常接触的中式食物（如鸡蛋、米饭、面条、汤羹、蒸鱼、土豆丝等）和西式食物（如牛奶、面包、蛋糕等），这些食物可能同时出现在学生家庭的早午晚餐中，因此笔者认为可以以早午晚餐的时间顺序构造情境，将食物简单归纳为早午晚餐桌上会出现的食物，结合情境呈现出来。后续的情境创设可以以中西方的饮食差异为基点进行，在学生了解本国的早午晚餐基础上，认识外国常见的食物，初步感知中西方饮食差异。还可以在情境创设中加入有关“健康饮食”的内容，如学生挑食、偏食，进而融入家长、营养师、医生的相关信息进行初步的“健康饮食”渗透。

在使用家庭用餐情境的同时也可以使用亲友聚餐、外出郊游等情境，增加情境丰富度。此外，互动游戏情境的设计也能有效地帮助学生巩固词汇和使用简单语句，如设计简单的“连线”游戏，让学生将对应词汇和语句与图片进行匹配连线，巩固学生对词汇和语句的再认与使用。

第二，任务创设重难点分析。在教学时，任务的创设应当紧密围绕教学目标，通过关键问题展开。任务设计需要考虑培养学生的感知与积累、表达与沟通、归纳与推断等能力，以下是几种任务的创设及重难点分析：

① 观察与复述任务。通过观察身边的食物并根据呈现的语言文字材料进行跟读与复述。例如，通过情境材料联系自己生活中的早午晚餐食物，对文字材料进行跟读与复述，感知语言信息，积累与食物有关的简单词汇和句式。

② 拼读与书写任务。能借助图片理解文字中的基本信息，并进行正确的拼读和单词、句子书写。

③ 选择与归纳任务。通过阅读文字或聆听音频，选择与材料信息有关的食物，并简单将食物归纳为早午晚餐的食物或归纳为个人喜好的食物。任务的难点在于学生能否通过材料，正确抓取信息并根据习得的词汇和语句进行匹配。例如，设计“观看视频选择中国学生 Li Ming 与外国学生 Lily 喜欢的午餐食物”的任务，让学生根据视频中 Li Ming 与 Lily 的相关叙述正确选出图片中的食物并简单归纳。

第三，知识教学重难点分析。在本单元的教学中，学生对食物词汇和语句的识记拼读与应用是重点。让学生在此基础上初步认识中西方饮食区别和健康饮食是难点。

① 应用所学词汇和语句进行交流。学生首先需要习得简单的食物词汇和语句，在识记拼读和复述的基础上，使用简单句式，以介绍、分享、扮演等形式，在不同的情境中灵活表达自己需要的早午晚餐食物。

② 认识中西方饮食区别。由于外来文化的融合，面包、蛋糕等西方传统食物可能经常出现在学生的餐桌上，学生对中西方饮食区别并不敏感。并且学生初步习得的是静态的词汇与模板语句，学生进行仿写和仿读，进而使用所学词汇和语句进行交流只是知识内化的第一步，引导学生对中西方不同情

境下的知识进行应用与归纳才是知识内化的高阶形态。

2. 初中

（1）教学目标做事化。初中阶段与“饮食”相关的内容在人教版义务教育英语八年级上册第八单元“How do you make a banana milk shake?”中有所涉及。结合教材中“Language Goals”的提示，提出需要解决的三个关键问题：制作食物需要何种和多少材料？制作食物的动作有哪些？制作食物的流程是什么？

针对这三个关键问题，按照学业质量标准的要求，学生学习结束后应该能够做以下事情：能够根据呈现材料或教师提示识别不同语音特征所表达的意义，听懂发音清晰、语速较慢的有关食物制作的简短口头表达，并获得关键信息；能够结合生活情境，运用与食物制作有关的词语搭配和句式进行互动交流，语音、语调、用词基本正确，表达比较连贯；能够在书面表达中很好地介绍不同食物的制作流程；能够通过阅读与食物制作相关的语篇，提取、整理、概括、归纳关键信息和主要内容，认识中外食物及制作的不同；能够主动参与课外食物制作的实践活动，并积极使用英语进行交流；能够通过简单的语言介绍自己喜好的食物及其制作流程；能够正确书写有关食物制作的单词和句子，梳理所学内容的基本结构特征，利用简单的连接词建立语义联系。

（2）多维重难点分析。以案例单元为例进行多维度重难点分析。

第一，情境创设重难点分析。创设情境的首要目的是引出学习内容，其次是让学生联系生活实际，在熟悉的语言使用场景中构建英语词汇和语句基础，提高学生的学习兴趣、让学生更易接受和理解所学内容、创造英语使用及交流氛围。本单元的内容以“How do you make a banana milk shake?”为开头，主要围绕“食物制作”进行，教材呈现的内容主要包括食物词汇、相关动词词组、数词、连接词、与食物制作相关的常用句式、食物制作流程及材料、中西方饮食介绍等。结合学生的英语学习逻辑和教材内容，情境创设的难点在于情境的复杂程度和内容含量需要随着教学的深入而不断进阶。在本单元前面的学习中，学生已经掌握了一部分与食物相关的词汇，因此应选择学生熟悉的食物词汇进行食物制作的情境创设。创设的情境可以是学生制作健康早餐、为学校郊游准备饮品、为派对制作食物或售卖食物的社会实践等。制作食物的步骤和所涉及的动词词组要简单，与教材中香蕉奶昔的制作类似。后续的情境创设要考虑引入中西方不同的饮食文化，如临近感恩节为外国留学生做一顿“家乡菜”，在美食交流节上中国学生制作具有地方特色的小吃与外国学生交换，中国学生过生日时教外国学生制作长寿面等，这些情境在所学内容的基础上从饮食文化的视角介绍中西方传统节日与地方的饮食制作流程。

以上情境创设无论是在具体的复杂程度还是所包含的学习内容都体现了情境创设的进阶性。

第二，任务创设重难点分析。在教学时，任务的创设应当紧密围绕教学目标，通过关键问题展开。任务设计需要考虑培养学生的感知与积累、表达与交流、归纳与判断等能力，以下是几种任务的创设及重难点分析：

① 观察与选择任务。通过观察语言文字、图片、视频材料进行阅读复述或聆听，选择出食物和与之搭配的动词词组，进而初步学习食物制作的动词词汇和句式。例如，通过情境材料联系自己生活中的食物制作流程，先根据材料提供的已有动词词组进行选词填空，匹配动词词组和名词，进而初步构造食物制作短语，在所有短语构造完毕后再根据观察获得的信息进行流程排序。

② 选择与归纳任务：在具体的食物制作情境中引入数词以及可数名词和不可数名词概念，对数词和名词的匹配进行选择和归纳。例如，在制作水果奶昔时，要求学生填写配料表，将配料表按数量分为 one、two、one cup、two spoons 等，将这些名词进行选择并填写在对应数词的栏目下，用 how many、how much 归纳出可数名词和不可数名词。

③ 比较与判断：通过具体情境中具有代表性的中西方食物制作文字或音频材料，获取中西方食物的文化背景和制作流程关键信息，简要比较食物制作材料和流程的不同，在此基础上结合生活实际和其他学科的知识判断中西方饮食文化的主要区别。

④ 书写与交流任务：结合学生生活实际，借助所学知识，利用合适的动词词组和连接词罗列食物配方，构造简要的食物制作短语，并进行加工排序，利用口语和其他同学交流。例如，学生先进行书面整理，再以口语的形式向他人介绍家乡或节日美食，传授制作美食的流程。

第三，知识教学重难点分析。在本单元的教学中，学生对食物制作的动词词组与名词搭配、可数名词和不可数名词匹配、食物制作流程的书面和口语交流应用是重点。让学生理解和灵活应用可数名词和不可数名词，认识中西方饮食文化的区别是难点。

① 动词词组与名词搭配。学生对动词的学习容易联系中文进行，如剥香蕉中的剥对应 peel、喝奶昔中的喝对应 drink，但有些动作在英文中以动词词组的形式存在，如切香蕉的切对应 cut up，而不是 cut，这就需要教师着重强调说明，而不是直接给学生呈现和使用。

② 可数名词和不可数名词的使用。语文是学生的母语，学生学习中文时没有明确学习可数或不可数的概念，学习这部分内容时很可能会有障碍，教师要利用好分类与归纳方式，先借助具体事物引导学生对可数和不可数进行区分，如苹果是按照个为单位进行可数的数量统计的，而酸奶是按照一杯为单位进行不可数的数量统计的，因此可以用 many 和 much 进行区分。

③ 认识中西方饮食文化的区别。以教材中的感恩节火鸡和云南米粉制作为例，教师除了帮助学生学习具体的文字，还要着重引导学生寻找具体的关键信息，如食物的材料有什么区别？制作过程用到的工艺有什么区别？并让学生采用归纳与对比的方式，初步认识中西方饮食文化的区别。

3. 高中

（1）教学目标做事化。高中阶段与“饮食”相关的内容，在人教版高中英语选择性必修第二册第三单元“FOOD AND CULTURE”有所涉及。结合教材中“In this unit，you will”的提示，提出四个需要解决的关键问题：中国文化和中国饮食有什么关系？在中国和在美国如何点餐，它们有什么区别？如何为餐厅设计新菜单？如何进行健康饮食？

针对这四个关键问题，按照学业质量标准的要求，学生学习结束后应该能够根据呈现材料或教师提示识别英文大意，获取有关饮食和文化关系的主要事实、观点，整理出典型菜肴和地方文化的联系，知悉不同文化背景；能够在听的过程中根据重音、语调、节奏的变化，感受不同语音特征所表达的意义、意图和饮食文化背后的情感态度，并注意到图片、符号、表格、动画、流程图等传递的信息；能够结合生活情境，运用积累的制作食物的词语搭配和句式对食物与文化的关系、自己家乡的饮食与文化、中外点餐方式以及选取自己喜欢的饮食创作菜单等内容进行互动交流，语音、语调、用词基本正确，表达比较连贯，并能举例说明；能够口头介绍中外主要的文化传统、背景、饮食、点餐方式，并根据不同场合和交际对象的身份选择合适的表达方式，借助手势、表情、图表、图式等非语言手段提高表达效果；能够识别语篇直接陈述的有关饮食与文化的情感态度、价值观和社会文化现象；能够通过介绍中外饮食文化、点餐方式异同、创作菜单等以书面的形式简要描述自己的相关经历、表达观点并举例说明，书面表达所用词汇和语法结构能够表达主要意思。

（2）多维重难点分析。以案例单元为例进行多维度重难点分析如下：

第一，情境创设重难点分析。创设情境的首要目的是引出学习内容，联系学生的生活实际，创建熟悉的语言使用场景与交流氛围，便于学生自主建构词汇和语法句式。本单元的内容以“饮食与文化”为主题，教材呈现的内容主要包括地方菜肴词汇、日常饮食相关词汇（如 recipe）、其他词组和语法句式。情境创设的重难点主要体现在控制情境的复杂程度以及情境的内容含量。经过义务教育阶段英语和高中必修课程的学习，学生已经掌握了足够多的词汇量以及基本时态、语法、句型等，因此需要创设包含更丰富和高阶内容的、学生不太熟悉的、复杂程度高的情境。基于四个核心问题，可以选择国内外学生在中国的旅游活动、厨艺大赛、饮食文化节、节日庆祝等包含不同地域、不同文化、不同节日习俗、不同菜系典型菜肴信息的活动进行情境创设。也可以选择中国学生去国外旅行、研学以及与国外学生创办西餐厅等包含中外点餐方式与创作健康饮食菜单等内容的活动进行情境创设。

第二，任务创设重难点分析。在教学时，任务的创设应当紧密围绕“中国文化和中国饮食有什么关系？在中国和在美国如何点餐，它们有什么区别？如何为餐厅设计新菜单？如何进行健康饮食？”这四个关键问题展开。任务设计需要考虑如何培养学生的阅读与积累、表达与交流、归纳与判断等能力，以下是几种任务的创设及重难点分析：

① 概括与归纳任务。高中阶段英语学习的多模态阅读部分相较于义务教育阶段含量更多、重要程度更高，学生需要通过语言文字、图片、表格等材料进行多模态阅读，从中摘选出关键信息，理解信息背后所蕴含的意义、情感、观点态度等内容，并能根据提取的信息进行概括、归纳等高阶加工，即

以表格的形式进行概括与归纳。例如，通过情境材料的多模态阅读，让学生以不同地域作为基本维度，对典型菜肴、菜系、烹饪手法、当地人的饮食习惯、地理气候条件、节日习俗等子维度进行信息检索，并以图表的形式进行概括与归纳，用口头表达的形式进行师生、生生交流。

② 问题探究任务：在具体情境中进一步引导学生发现问题，如根据阅读与归纳任务的前置学习，进一步提出问题"为什么不同地理条件下的饮食差别很大"，然后让学生对信息进行加工，并以解释的形式进行应用。还可以根据餐厅点餐的情境，让学生以合作的形式对"中外餐厅点餐有什么异同"等问题进行探究。中外点餐的异同背后所隐含的文化原因较为复杂和庞大，以问题探究的形式组织教学，不仅可以让学生的学习投入度更高，还可以营造良好的问题解决氛围，高效完成这部分内容的学习。

③ 跨学科创作任务：根据本单元关键问题——如何为餐厅设计新菜单？如何进行健康饮食？可以设置制作菜单与提出健康饮食建议的任务，让学生借助英语、美术等学科的知识，创作出包含餐厅菜系与文化介绍、菜单名录与价格、菜品图片绘制、健康饮食点单建议等内容的跨学科菜单作品，还可以进一步让学生用口语介绍菜单的具体信息。

第三，知识教学重难点分析。在本单元的教学中，理解更高阶的词汇和语句是重难点，多模态阅读、表达运用和文化认同都以此为基础，因此教师需要更关注学生自主完成任务过程中相关知识的学习和语句背后文化含义理解的引导。

① 陌生词汇和难句解释。根据学生发展阶段和课程标准要求，教材和教师提供的情境和文本材料所包含的词汇、短语、语法等知识性内容数量多、层级高，因此教师首先要解决的是学生的基础知识学习问题，并对陌生词汇和难句进行充分解释。

② 词汇信息的归纳和探究帮助。学科任务多以学生自主探究获取信息和归纳为主，有些词汇和语句需要学生进行逻辑梳理、联系生活实际进行加工，才能得出归纳和探究结果。教师要帮助学生完成知识向任务解决的转化工作。

③ 材料补充。除了教材和教师提供的指向教学目标的必备材料，有些辅助性材料需要教师补充，如学生在探究中西方点餐的异同时，为了避免学生

的探究目的指向不明确，探究信息范围过广，可以直接提供中西方点餐方式背后的历史起源等内容资料。

从以上案例可以发现，以“饮食”为主题的三个学段教材内容高度相关，这些内容通过辅助教学设计很好地明确了做事化的教学目标，回答了针对不同内容课堂教学所设立的关键问题应解决到哪一步的问题，克服了传统一维教学重难点分析模式的弊端，进行了包括情境创设、任务创设、知识教学的多维教学分析，真正指向核心素养立意的课堂教学，并且在宏观上厘清了不同学段相关内容的教学方式异同，体现了进阶性。

物理、化学、地理学科的案例

第九章 “教—学—评”一致性的多维理解

在本书中，笔者从实践操作层面对核心素养如何走进考试评价和课堂教学进行了回答，提出了一系列创新性技术，这些技术的提出既是笔者长期参与国家课程标准研制、国家统编教材编写和高考评价体系改革等顶层设计工作的结晶，也是笔者团队自2015年下半年以来长期扎根基础教育一线的实践经验的结晶。从探索历程来看，笔者先聚焦于核心素养测评问题的操作性转化问题的研究，然后基于评价对教学具有强大的指挥棒作用，不由自主地走向了对课堂教学的操作性转化问题的研究，并发表了一系列有影响力的学术成果。这种历程反映出笔者团队的研究和探索是由问题推动、实践驱动的，新一轮基础教育课程改革和新高考改革的实施问题推动着笔者团队不断思考核心素养在考试评价和课堂教学中如何落地，也说明笔者团队对“教—学—评”一致性的高度关注。本书在结束部分的重大创新在于提出要围绕学科本质对“教—学—评”一致性进行多维理解。

针对核心素养在考试评价和课堂教学中的操作性转化问题，本书分别围绕基于学科任务的测评体系理论和基于关键问题解决的课堂教学理论介绍了一系列具体的操作性转化技术。这两个理论有助于深度认识“教—学—评”一致性。本章结合前面各章的研究，集中总结研究笔者团队的立场和看法。

一、“教—学—评”一致性的理解要超越学科知识层面

教、学、评涵盖了教育教学全过程的多个关键环节，从教育教学决策者的目标制定（课程标准的制定）、教材编写，到教师的教学方法选择、课堂教学活动设计，再到学生学习结果的评估，覆盖课程实践与课堂实践等各个活动环节，这些实践活动环节之间紧密联系，共同促进教育目标的有效达成。但是，这些实践活动环节出现了多个执行主体或实践主体，不同主体对教育目标的具体理解不同，且有着不同的利益诉求，可能导致不同活动环节之间无法形成教育合力，甚至互相抵消。在长期的实践中，笔者接触得最多的疑问是：你们制定的课程标准、编写的教材非常好，但是高考会这么考吗？笔者每年都会接受大量的课程标准解读和教材解读方面的讲座任务，但无一例外，老师们都希望我主要讲授究竟如何进行考试评价。可以说，正是一线教师的这种渴望迫使笔者思考核心素养测评问题，进而走向对课堂教学的思考，走向对“教—学—评”一致性问题的关注。

“教—学—评”一致性问题也是国内学者关注的热点话题。学者们认为教学、学习与评价紧密地绞缠在一起，相互制约，相互影响，三者的目标应该具有一致性。共享目标，这是实现有效教学的基本原理。[①] 从目前我国教育教学的实际情况看，近几年课堂教学与考试评价在认同核心素养立意理念方面已经达成了共识，考试评价部门也高度认可要依据课程标准命题，但是要在实践中真正彻底走向“教—学—评”一致性，不能仅仅停留于理念共识层面。核心素养看似本质内涵清晰，实则外延无比广阔，会让操作者在共同理念旗帜下做出很不一致的理解。例如，有人认为只要不考死记硬背，就是考查核心素养。这是一种在实践操作中以核心素养之名为学科知识立意考试评价大开方便之门的想法。理念一致只是在实践操作中实现“教—学—评”一致性的第一步。在达成理念共识的情况下，我们需要一种可靠的操作方式确保教和考在实践操作层面保持一致，让理念变成具体的操作实践。“教—学—评”一致性是一个内涵非常丰富的概念，既可以从课程意义上加以理解，也可以从课堂教学意义上加以理解。本章所说的“教—学—评”一致性

---

① 崔允漷，夏雪梅. “教—学—评一致性”：意义与含义［J］. 中小学管理，2013（1）：4-6.

是课程意义上的，考试部门通常将其理解称为教考一致。因此，本章在课程意义上将这两个词视为同一含义。

在实践操作层面，目前存在的主要问题是大量教师依然从学科知识层面理解教考一致，即教什么知识就应该考什么知识。这种理解导致高三授课模式依然停留于学科知识层面，无论是一轮、二轮复习还是三轮复习，都是围绕学科知识进行设计，这是目前高三教学的普遍做法。但是，正如笔者在课堂教学指导中经常举的例子：

为什么要以公有制为主体?

以公有制为主体是社会主义初级阶段经济制度的根本特征。公有制经济包括国有经济、集体经济以及混合所有制经济中的国有成分和集体成分。它们是在国家长期发展历程中形成的，为国家建设、国防安全、人民生活改善作出了突出贡献，是社会主义经济制度的基础。我国经济社会发展取得的辉煌成就，离不开公有制经济。

以公有制为主体是促进生产力发展的根本要求。生产资料公有制适应社会化大生产的要求，是社会主义国家对社会生产和经济发展进行宏观调控的制度基础，有利于推动经济高质量发展。

以公有制为主体是实现共同富裕的基本前提。生产决定分配，不同的生产资料所有制决定不同的分配制度。生产资料公有制决定了社会主义国家必须采取按劳分配制度，体现了人们在生产资料占有上的平等关系，能防止两极分化，有利于人民共享发展成果，实现共同富裕。

为什么要大力发展非公有制经济?

非公有制经济是社会主义市场经济的重要组成部分。改革开放以来，非公有制经济不断发展壮大，成为稳定经济增长和改善民生的重要力量、创新就业的主要领域、技术创新的重要主体、国家税收的重要来源，为我国社会主义市场经济发展、政府职能转变、农业富余劳动力转移、国际市场开拓等发挥了重要作用。

为什么要多种所有制经济共同发展?

在社会主义初级阶段，公有制经济与非公有制经济不是相互排斥、相互抵消的，而是相辅相成、相得益彰、共同发展，统一于社会主义现代化建设进程之中。现阶段，我们不能实行单一公有制，更不能搞私有化。

多种所有制经济共同发展，有利于发挥各种所有制的长处，调动不同经济主体的积极性和创造性，有效利用各方面的资源，取长补短，激发社会主义市场经济的活力，推动经济高质量发展。

这是新版高中思想政治教材的三段文字，它们的共同点是：均属于同一类问题，即都是在追问“为什么这么做”；在问题解决过程中，它们都采用了“必然性 + 合理性”的思维方法。再看以下三道典型的高考题。

例题 1

党的十八届三中全会通过的《中共中央关于全面深化改革若干重大问题的决定》强调落实“税收法定原则”，2015 年 3 月，十二届全国人大三次会议表决通过新修订的《中华人民共和国立法法》，明确“税种的设立，税率的确定和税收征收管理等税收基本制度”只能制定法律。

结合材料和所学政治知识，说明我国为什么要坚持税收法定原则。

参考答案：坚持税收法定原则是全面落实依法治国基本方略，加快建设社会主义法治国家的要求。有利于完善税收法律制度；规范政府行为，防止随意增减税负；保护纳税人权益。

例题 2

2009 年，我国将公民个人信息纳入刑法保护。2012 年，全国人大常委会表决通过关于加强网络信息保护的决定。2012 年上半年，20 个省、自治区、直辖市公安机关抓获侵害公民个人信息的犯罪嫌疑人 1 700 余名。2013 年，工业和信息化部联合其他部门制定的个人信息保护国家标准正式实施。该标准规定个人信息管理者在处理个人信息时要遵循安全保障等原则，在收集身份证号码、手机号码和指纹等个人敏感信息之前，要得到个人信息主体的明确授权。

结合材料，运用政治生活知识，阐明为什么要对公民个人信息进行保护。

参考答案：公民个人信息属于公民的合法权益，受法律保护。侵害公民个人信息，不仅是对公民合法权益的侵害，也会扰乱正常的社会秩序。

例题 3

中国是人类命运共同体理念的倡导者。党的十八大报告正式提出“倡导人类命运共同体意识”。2017 年 1 月，习近平主席在联合国日内瓦总部发表题为《共同构建人类命运共同体》的主旨演讲，系统地阐述了人类命运共同体理念。2017 年 2 月，“构建人类命运共同体”理念被写入联合国有关决议。

中国是构建人类命运共同体的先行者。在联合国维和行动中，中国派出维和人员最多，维和摊款出资位居前列。在应对气候变化上，中国率先批准《巴黎协定》。改革开放以来，中国经济增长对世界经济增长的贡献率年均在 30% 以上，中国对全球减贫的贡献率超过 70%。中国积极推进国际合作。“一带一路”倡议提出以来，我国已与 152 个国家、32 个国际组织签署了 200 多份共建“一带一路”合作文件，覆盖我国 83% 的建交国（数据截止到 2023 年 8 月）。

结合材料，运用国际社会知识，说明我国为什么要大力倡导构建人类命运共同体。

参考答案：构建人类命运共同体是经济全球化深入发展的必然，是经济全球化导致国家之间相互依存程度日益加深的结果。构建人类命运共同体有利于促进我国及世界各国在共同发展中实现合作共赢；有利于各国更好地协调政策与行动，共同应对气候变化等全球性挑战；有利于建立国际政治经济新秩序，实现世界的普遍安全与持久和平。

这三道高考题有两个共同点：也是在追问“为什么这么做”的问题；在解决问题的过程中，它们也都采用了“必然性 + 合理性”的思维方法。

从教材内容和高考题的对比中可以发现，虽然涉及的学科具体知识不同，但是二者在同一类问题解决过程中采用了相同的思维方法。教材内容表达中蕴藏的这些思维方法也是高考考试评价几乎每年都会涉及的思维方法，这难道不是教考一致吗？这不仅是教考一致，而且是对教考一致的一种更加深刻的认识。

这种例子比比皆是，这就意味着教师必须超越对教考一致的学科知识层面的单一理解，从多维视角把握“教—学—评”一致性，达成多维共识。

二、“教—学—评”一致性理解的四维共识

在实践中，笔者团队发现：要把核心素养理念落实到课堂教学和考试评价等实践环节，必须基于学科本质从多个维度把握“教—学—评”一致性。具体而言，包括学科本质、学科问题、学科思维、学科知识四个维度，课堂

教学环节和考试评价环节应该在四个维度上达成共识。这四个维度是不可分割的整体，学科本质在其中具有统领性作用。

基于核心素养立意共识，教、学、评在实践操作中要走向一致，必须从核心素养共识出发，回归学科本质，认识学科本质与核心素养的关系。

学科本质是核心素养的基础，核心素养是学科本质的体现，二者可谓“源”与“流”的关系。学科本质是一个学科的核心和灵魂所在，是学科存在的根本价值所在。核心素养则是学科本质在教育教学活动或落实立德树人根本任务过程中的具体体现。学科本质视角是“教—学—评”一致性的出发点，无论课堂教学还是考试评价，在学科认识上都应该达成共识。一旦二者对学科本质的认识出现偏差，便会差之毫厘，谬之千里，对核心素养立意理念的落实带来极大的误导。以高中思想政治课程为例，它是落实立德树人根本任务的关键课程，以培育社会主义核心价值观为目的，是帮助学生确立正确的政治方向、提高思想政治学科核心素养、增强社会理解和参与能力的综合性、活动型学科课程。例如，教师在教学必修课程模块 2“经济与社会”、选择性必修课程模块 2“法律与生活”、选择性必修课程模块 3“逻辑与思维”时必须深刻认识到：它们属于思想政治课程。基于思想政治课程的性质，这些模块应该着力于培养学生的经济眼光、法治意识和观念、逻辑思维与理性观念。一旦考试命题把这些模块视为大学相关专业课程的高中版，持一种专业学习、专业人才培养的眼光进行考试命题，就会导致课程标准的既定目标落实出现重大偏差。

再以义务教育科学课程为例，它是一门体现科学本质的综合性基础课程，具有实践性，因此，在科学课程的课堂教学中，要让学生体会科学本质，形成科学态度和社会责任。在教育教学过程中要注重科学观念形成过程、科技史素材的引入，帮助学生认识科学方法的不唯一性、科学知识的暂定性以及科学技术与社会的关系。例如，讲述历史上关于天体研究的故事（如介绍哥白尼提出的“日心说”，伽利略通过望远镜观测支持“日心说”）时，让学生通过学习这些故事了解科学知识是随着新证据、新发现不断修正和完善的。又如，引入科学家进行假设、实验、数据分析、得出结论的实际案例，让学生体验知识的生成过程，并学会实验（探究）的一般方法。再如，引导学生观察种子发芽的过程，提出假设并通过实验进行验证；观察不同材料的导电性，并进行实验，记录数据，得出结论。

但是，一旦考试评价对科学本质与课堂教学的理解不一致，持知识本位态度，只考查科学知识识记和探究实验的一般结论，就会极大地干扰课堂教学。例如，仅要求学生记住现有的天文学知识（如地球绕太阳公转、月亮绕地球公转），仅要求学生记住实验结论和相关知识点（如种子发芽需要的条件、哪些材料是导体）。

一旦评价方式忽视了科学知识的暂定性，只强调静态知识，而不是动态的科学发现过程，学生就可能因此认为科学知识是绝对的和不变的，无法理解科学知识的演变和发展。一旦评价方式忽视了科学知识的生成过程，学生就会只关注结果和结论，无法真正理解科学发现的过程和科学家的思维方式，忽略获取科学知识所采用的科学方法。

鉴于对学科本质存在多样化认识，课堂教学环节和考试评价环节对学科本质的认识不能各行其是，二者要在对学科本质的认识上达成共识，应该回归课程标准。课程标准不仅代表国家意志，也代表当前学科教育专家对学科本质的共识。随着学科的不断发展，也许未来的课程标准对学科本质的认识会发生变化。但是，在当下这个时期，课堂教学环节和考试评价环节对学科本质的共识应该是一种课程标准共识。笔者在第七章从本体论、认识论、价值论视角总结了课程标准对学科本质的全面认识。

学科本质共识是核心素养立意走向实践操作的认识基础，是实践操作的出发点。在此，笔者再一次强调：落实核心素养立意的课堂教学和考试评价，出发点不是核心素养，而是学科本质。这也是课程标准采取的正确做法，即从课程性质出发落实教育教学的核心素养立意。从基于课程标准的学科本质共识出发，通过教、学、评过程实现教育教学目标，这些过程可以看作完成一个个“学科任务”，每一个学科任务都需要学生运用学科知识与学科思维来解决学科问题。我们可以把“学科任务”看作教、学、评过程的基本活动单位，无论是课堂教学任务还是考试评价中的试题任务，都是“学科任务”，即以学科化方式“做事”。在实践中，学科任务具体化表现为有待学生解决的学科具体（关键）问题。学生要想解决这些学科具体问题，需要调动本学科相应的知识与思维方法。在这个过程中，学生的学科思维得到进一步发展，解决实际问题的能力得到进一步提升，从而使学科本质和核心素养得到具体落实。因此，学科问题、学科思维、学科知识共同构成了学科任务，这些学科任务是体现和落实学科本质的基本单位。学科本质与学科问题、学科思维、学科知识的深刻联系可以通过图 9-1 加以准确把握。图 9-1 基于人类教育实践活动的本源，描述了四者之间的关系。

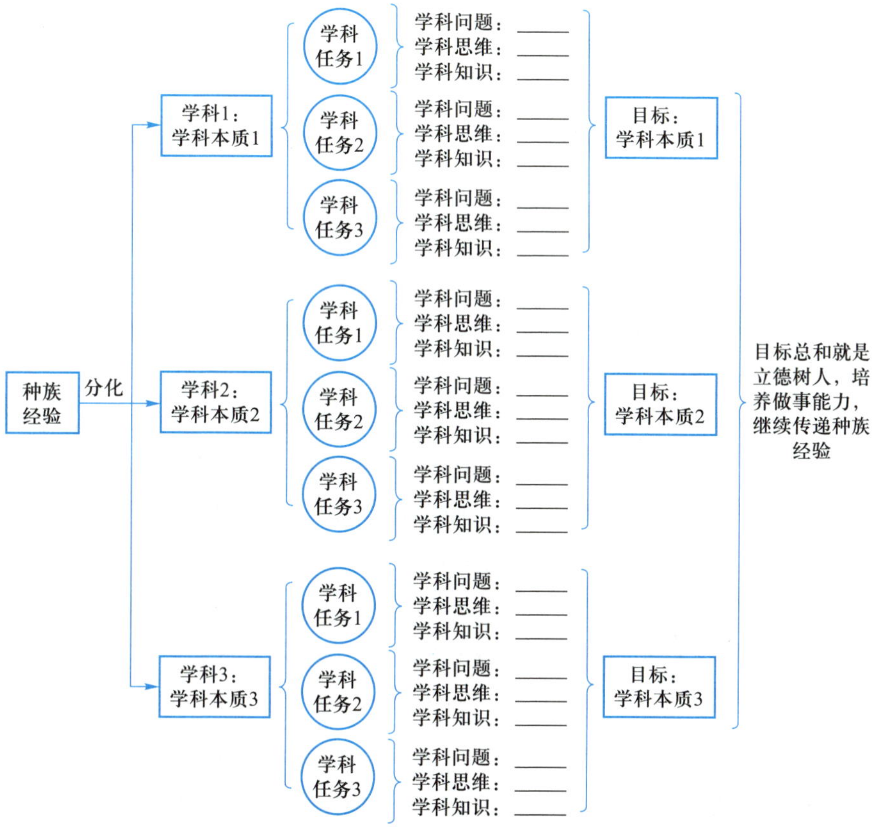

图 9-1　学科本质与学科问题、学科思维、学科知识的深刻联系

基于图 9-1，我们得到另一个重大启示：考试评价本身也是立德树人，是德智体美劳全面发展教育体系的有机组成部分。无论是课堂教学还是考试评价，都是以学科方式完成学科任务，立德树人是它们的鲜明底色。

立德树人是基础教育的根本使命，考试评价和立德树人的关系主要体现在两个方面：考试评价是对日常教育教学工作达成的立德树人成效的检验；考试评价本身就是在立德树人，学生阅读材料、思考问题及作答的过程，不仅是考试过程，也是受教育过程。考试试题在教育学生的同时又对日常教育教学发出导向信号，正如《深化新时代教育评价改革总体方案》指出的：教育评价事关教育发展方向，有什么样的评价指挥棒，就有什么样的办学导向。但是，在试题的分析和评价中，长期以来最为薄弱、最被忽视的就是从考试试题本身的教育功能出发分析它对日常教育教学发出的信号。在此，笔者从分析 2023 年思想政治学科高考试题的教育功能出发，理解它对日常教育教学的引导作用，从而为试题分析和评价提供一个新思路。

思想政治学科的核心使命之一是通过在具体情境中运用学科知识完成相关学科任务，以实现对学生思想政治方向、正确价值方向和科学思想方法的引领。因此，分析思想政治高考试题的教育功能必须着重考虑两个维度：一是承载考查目的和任务的载体——学科情境材料；二是依托学科情境材料学生需要完成的学科任务。总之，无论是分析情境材料还是学科任务活动，都要立足于思想政治学科的特色，从学科本质出发认识它的教育功能。

从学科情境材料看，2023 年的全国卷三套试题涉及的情境材料具体包括以下内容：科学社会主义创立、新时代中国特色社会主义理论、科技成果转化和产业化、我国经济结构优化、加强党建工作、人大代表名额分配、齐白石“岁朝图”、对月球演化历史的认识、使用外资的情况、对圭亚那的医疗援助、肖像权保护、粮食安全、宪法主题公园、全球生物安全、胡凤益多年生稻培育、父子债务纠纷、劳动力再生产、代工企业转型发展、扩大国内需求、税率与税赋关系的对话讨论、收集客户生物特征信息、“十四五”国家老龄事业发展和养老服务体系规划、基层治理、舞蹈诗剧《只此青绿》、青年人进行心理调适、党的二十大相关工作网络征求意见活动的历史唯物主义评价、露营热、统计执法监督、我国菌草科学研究和技术创新、劳动课程、市场服务模式创新、齐桓公服帛降鲁梁、消费补贴与企业减税降费、落实惠民政策、贯彻实施行政处罚法、中国同发展中国家的农业科技交流、乡村体育建设、雷锋精神、返乡潮、生态环境保护、服务机器人、人大开展区域协同立法、传统文化类电视节目热等。

这些琳琅满目、丰富多彩的情境材料具有四个鲜明特点：第一，情境材料具有真实性。所有材料均来自真实世界，而且均是鲜活的材料，是对当下真实社会生活的精心选择和剪辑。第二，情境材料具有典型性。材料在真实生活中具有代表性，而且选择了不少中华优秀传统文化经典素材，也体现了材料具有中华优秀传统文化的典型性。第三，情境材料具有广泛性。这些材料涉及中国特色社会主义事业总体布局的五大建设领域，涉及德智体美劳教育领域。第四，情境材料具有价值性。这些材料没有与我国宪法和法律法规相抵触的内容，没有违背党的路线、方针、政策的内容，没有不当评价各民族的历史文化、传统习俗的内容，没有违反民族政策的内容，没有刻意渲染灾害、灾难以及社会阴暗面的内容，没有违反公序良俗的内容，都在积极传递社会主义核心价值观，充分体现新时代中国特色社会主义建设成就。

2023 年思想政治高考试题情境材料的“四性”构成一个有机的整体，共同让学生感受和体悟中国特色社会主义建设实践和成就，帮助他们进一步深入理解中国化时代化的马克思主义，爱党爱国爱社会主义，发展社会主义先进文化，弘扬革命文化，传承中华优秀传统文化，增强法治意识，树立正确的世界观、人生观、价值观，成为德智体美劳全面发展的社会主义建设者和接班人。

思想政治高考试题情境材料的“四性”在考试育人的同时，也向我们日常的教育教学发出相关信号：与其让学生成天在教室里“刷题”，不如让他们通过直接或间接方式走向社会生活实践，及时关注时代主题，把握生活脉搏，坚持理论性和实践性相统一，课堂学习与社会实践并重，加强课内课外联结，促进学生走向社会，增进学生对国情、社情、民情的了解，增强学生的爱国情感，鼓励学生在社会生活实践中扩展自己的视野，提升自己的能力和素养，学以致用，知行合一。

从学科任务看，认识试题本身的立德树人功能要充分分析和总结高考试题创设的、需要学生完成的学科任务活动。以 2023 年思想政治高考试题的主观题为例，具体包括以下设问：

- 结合材料并运用《政治与法治》相关知识，阐述宪法主题公园的精彩呈“宪”对于坚持依宪治国、建设法治社会的作用。
- 假如你将代表中国出席联合国安理会召开的生物安全会议，请拟一份发言提纲，简要阐明中国的立场。
- 运用价值观的知识并结合材料，分析胡凤益能够实现少年时期梦想的原因。

● 运用《逻辑与思维》中创新思维的知识并结合材料，概括多年生稻培育过程中所运用到的思维方法的具体表现。

● 结合材料并运用经济知识，分析露营热的原因及其对促进经济发展的作用。

● 结合材料，运用《政治生活》知识分析应如何加强统计执法监督。

● 社会实践的需要推动我国菌草科学研究和技术创新不断取得新突破，运用认识论的知识对此加以阐释。

● 结合材料并运用文化交流的知识，说明我国菌草技术的全球应用推广是如何提升中华文化国际影响力的。

● 解读材料一反映的经济信息。

● 有人说，广泛使用服务机器人，会引发失业潮，不利于就业稳定。结合材料一和材料二，运用经济知识对该观点加以评析。

● 结合材料，运用《政治生活》知识，说明三省人大常委会开展区域协同立法的积极作用。

● 结合材料并运用《文化生活》知识，阐明推动优秀传统文化“活起来”“热起来”的意义。

● 创新是传统文化富有生机与活力的重要保证，运用辩证否定观加以说明。

● 请就新时代青年如何为传承中华优秀传统文化作贡献提出两点建议。

阅读和体会这些设问，可以发现2023年的高考试题具有浓郁的学科特色，让学生在完成学科任务的过程中认识社会现实，并在分析、解决实际问题中深化思想认识，形成正确的思想观念。这些具有思想政治学科特色的学科任务也向我们的日常教育教学发出了相关信号：要通过高质量的学科任务引导学生正确看待、辩证认识、理性分析现实问题，辨明大是大非、真假黑白，在对社会假恶丑现象的批判中弘扬真善美；在教学中要以真实问题为导向，深入研究和解答学生关注的、有疑惑的问题，让学生清楚社会事实，透过现象看本质，明了人生道理。

从上述例子可以看出，课堂教学和考试评价都是立德树人教育体系的有机组成部分，正是因为这种根本性的一致才促使我们在实践中要做到理念一致与目标一致，达成学科本质共识。但是，理念层面的一致并不能保证具体操作层面的一致，要做到从理念到实践操作一致，必须有可靠的操作性转化工具。

正如上文所说，学科任务总是在一定情境下体现学科本质，有机融合学科问题、学科思维和学科知识，因此，从实践操作看，要实现教考一致，应该在教与考达成理念一致和目标一致、达成学科本质共识的基础上，进一步达成学科问题共识、学科思维共识、学科知识共识。

学科问题共识是指课堂教学关注的学科问题与考试评价关注的学科问题的类型一致、来源一致，都来自学科实践及相对应的社会生活实践中的真实问题，而不是指具体问题相同。

学科思维共识是指课堂教学要培养的学科思维与考试评价着重考查的学科思维是一致的，这些学科思维都体现了参与社会生活实践的学科特色和学科特有方式，体现了学科对认识世界和改造世界的特有价值。

学科知识共识是指课堂教学建构的学科知识体系与考试评价考查所依托的学科知识体系具有相同的结构，由相同的必备知识统领着知识体系，都注重知识思维化。

国内已有研究高度重视教考理念一致与目标一致等共识，而笔者在长期参与相关实践工作的基础上提出学科本质共识及由此引领的学科问题共识、学科思维共识、学科知识共识，是为了促进教师对新一轮基础教育课程改革和新高考改革形成更加深刻的认识，能够从四个维度深入发掘课程标准实现和引领的考试评价变化，发掘高考评价体系实现的考查变化及引领的教学变化，从而改变对“教—学—评”一致性问题单一维度认识的研究现状，实现对教材的深度分析与课堂教学的深度变革。

主要参考文献

［1］常珊珊，李家清．课程改革深化背景下的核心素养体系构建［J］．课程·教材·教法，2015（9）：29-35.

［2］陈友芳．体现立德树人功能　实现操作性转化：2023年高考思想政治全国卷试题评析的新思路［J］．人民教育，2023（Z3）：62-66.

［3］陈友芳．道德与法治学业质量标准的基本特征与功能实现［J］．思想政治课教学，2022（7）：4-8.

［4］陈友芳．高考思想政治学科素养测评框架的构建［J］．中国考试，2019（10）：1-5.

［5］陈友芳．普通高中思想政治学业质量标准教学操作性转化的策略研究［J］．课程·教材·教法，2023（11）：74-79.

［6］陈友芳．思想政治学科核心素养测试基本框架构建的初步探索［J］．教学月刊·中学版（政治教学），2016（10）：3-6.

［7］陈友芳．义务教育道德与法治学业质量标准操作性转化问题研究［J］．课程·教材·教法，2022（6）：29-34.

［8］陈友芳．知识-语言-思维：学科素养导向下的思想政治学科测评体系新转向［J］．中国考试，2018（7）：53-59.

［9］陈友芳，胡正途．学业质量标准下考试命题的两个误区及其解决策略［J］．中小学德育，2023（10）：10-13.

［10］陈友芳，罗曝忱．基于关键问题解决的思想政治课堂教学：以《当代国际政治与经济》为例［J］．思想政治课教学，2023（10）：34-37.

［11］陈友芳，朱明光．核心素养本位的思想政治学科学业质量评价的策略与指标［J］．中国考试，2016（10）：32-37，57.

［12］崔允漷，雷浩．教—学—评一致性三因素理论模型的建构［J］．华东师范大学学报（教育科学版），2015（4）：15-22.

［13］崔允漷，邵朝友. 试论核心素养的课程意义［J］. 全球教育展望，2017（10）：24–33.

［14］陈贻宇，陈友芳. 坚持核心素养立意　挖掘知识背后的学科思想方法：以《经济与社会》教材为例［J］. 思想政治课教学，2021（2）：14–17.

［15］傅陆根，陈友芳. 学业质量标准虚化问题的解决路径［J］. 思想政治课教学，2022（5）：25–28.

［16］郭宝仙. 核心素养评价：国际经验与启示［J］. 教育发展研究，2017（4）：48–55.

［17］胡传勇，巫阳朔. 基于高考评价体系的思想政治科考试内容改革实施路径［J］. 中国考试，2019（12）：71–77.

［18］胡卫平. 在探究实践中培育科学素养：义务教育科学课程标准（2022 年版）解读［J］. 基础教育课程，2022（10）：39–45.

［19］胡卫平. 科学思维培育学［M］. 北京：科学出版社，2004.

［20］胡卫平，林崇德. 青少年的科学思维能力研究［J］. 教育研究，2003（12）：19–23.

［21］刘徽. 真实性问题情境的设计研究［J］. 全球教育展望，2021（11）：26–44.

［22］雷浩. 基于核心素养的“教—学—评”一致性探讨［J］. 课程·教材·教法，2023（10）：42–49.

［23］师曼，刘晟，刘霞，等. 21 世纪核心素养的框架及要素研究［J］. 华东师范大学学报（教育科学版），2016（3）：29–37，115.

［24］邵朝友，周明. 从双向细目表走向测验设计蓝图：命题活动中双向细目表的改进［J］. 当代教育科学，2007（15）：36–38，59.

［25］汪茂华. 高阶思维能力评价研究［D］. 上海：华东师范大学，2018.

［26］余文森. 论学科核心素养的课程论意义［J］. 教育研究，2018（3）：129–135.

［27］杨向东. 素养本位学业质量的内涵及意义［J］. 全球教育展望，2022（5）：79–93.

［28］杨向东.“真实性评价”之辨［J］. 全球教育展望，2015（5）：36–49.

［29］杨志成. 核心素养的本质追问与实践探析［J］. 教育研究，2017（7）：14–20.

［30］张华. 论我国普通高中教育的性质与价值定位［J］. 教育研究，2013（9）：67–71.

［31］张维迎. 博弈与社会［M］. 北京：北京大学出版社，2013.

［32］赵占良. 试论中学生物学的学科本质［J］. 中学生物教学，2016（Z1）：4–8.

后记

2020 年就想写这本书，出版社也一直在催。但是，这本书直到 2024 年暑假才最终成稿，一是因为自己承担了太多的研究项目和行政工作，没有心思写作；二是想先发表论文，因为高校的考核看重论文。后来被出版社和部分知情读者催问得急，就知道不能再拖了，无论如何要在 2024 年完成。

本书原本是想写成纯理论著作，但后来还是决定听从团队成员和出版社的建议，增加各学科的案例，增强它的可读性和可操作性。这些案例的增加得感谢我的 2022 级和 2023 级研究生邹瑜、杨燕雯、汪玉祥、李裕聪、李舒婷、蔡晓宇、张雨琳、董晨璞、樊京倧、冯田园、郑伊敏、李嘉荣、何思楠、邱彤。他（她）们为本书查阅了大量资料，提供和编写了大量精彩案例，是本书不可缺少的创作者之一。

华南师范大学的老校长、我国著名心理学家莫雷教授领导的“本源性学习和教学理论研究中心”孜孜不倦地探索核心素养在考试评价和课堂教学中的操作性转化问题。我是团队核心成员之一，这个长期支持我的团队无私奉献了大量精彩案例，让我的书显得更加成熟全面。

如果没有港澳台教材国家教材建设重点研究基地的支持，我不可能及时完成此书。研究基地的马早明主任和施雨丹副主任为本书的写作提供了大量的无私支持。

在华南师范大学科学技术与社会研究院和华南师范大学教育科学学院工作时，研究院的范冬萍院长、教科院的李盛兵院长和陈秀珊书记均为我排忧解难，让我潜心于项目的推广和专著的写作。

本书是田野实践的产物。再次感谢广东省佛山市南海区教育局、禅城区教育局、广州市天河区教育局，广西壮族自治区北海市教育局，湖南省长沙市金海高级中学等给予的实践机会和慷慨的资金支持。

特别要感谢高等教育出版社的傅雪林老师，他是本书的重要作者之一，也是不断敦促我成稿的人。我本来素以文字表达自负，但是傅老师对本书文字的锤炼让我惭愧不已，一是因为自己匆匆赶稿，让他付出了太多的修改心血；二是他的文字功夫让我极为佩服，知道“人外有人”。也向高等教育出版社的倪伊瑶老师表示衷心的感谢。

本书仅列举了部分参考文献，但其他未列举的参考文献同样极大地启发了我的思维，在此向这些幕后的智者表达深深的致敬。

还要特别感谢我的夫人、儿子、女儿给予的理解和支持，他们是我不懈努力的力量源泉。我的心愿是希望儿子和女儿将来都能够扎根中国大地，做出顶天立地的学问。

2024 年 9 月 16 日于佛山保利天悦陋室

Hexin Suyang Caozuoxing Zhuanhua——Zhongxiaoxue
Ketang Jiaoxue yu Kaoshi Pingjia Shishi Lujing

图书在版编目（CIP）数据

核心素养操作性转化 ： 中小学课堂教学与考试评价实施路径 / 陈友芳著. -- 北京 ： 高等教育出版社，2025.6. -- ISBN 978-7-04-064356-5

Ⅰ. G632.421

中国国家版本馆CIP数据核字第20256EG697号

出版发行	高等教育出版社
社　　址	北京市西城区德外大街 4 号
邮政编码	100120
印　　刷	北京市密东印刷有限公司
开　　本	787 mm× 960 mm　1/16
印　　张	20
字　　数	310 千字
购书热线	010-58581118
咨询电话	400-810-0598
网　　址	http://www.hep.edu.cn
	http://www.hep.com.cn
网上订购	http://www.hepmall.com.cn
	http://www.hepmall.com
	http://www.hepmall.cn
版　　次	2025 年 6 月第 1 版
印　　次	2025 年 7 月第 2 次印刷
定　　价	59.00 元

本书如有缺页、倒页、脱页等质量问题，请到所购图书销售部门联系调换

物 料 号　64356-00

策划编辑	傅雪林
责任编辑	倪伊瑶
封面设计	张志奇
版式设计	李彩丽
责任绘图	裴一丹
责任校对	刘娟娟
责任印制	存　怡

郑重声明